Herausgeber: Frank Weber

Weihnachtsgedichte

Herausgeber: Frank Weber

Weihnachtsgedichte

2. Auflage
Bibliographische Informationen der Deutschen Nationalbibliothek
Die Deutsche Nationalbibliothek verzeichnet diese Publikation in der Deutschen Nationalbibliographie.
Detaillierte bibliographische Daten sind im Internet über http://dnd.d-nd.de abrufbar.

© 2016 Frank Weber, Herausgeber

Herstellung und Verlag:
BoD Books on Demand, Norderstedt

ISBN 978-3-7347-6393-9

1. Inhalt

	Seite:
Ach Kindlein, Heinrich Vogel	324
Advent, Rainer Maria Rilke	297
Advent, Advent, ein Lichtlein brennt, Unbekannter Dichter	334
Alles still!, Theodor Fontane	176
Altbayrische Weihnachten, F.X. Rambold	304
Alter Berliner Weihnachtsmarkt, Karl Henkell	324
Altes Kaminstück, Heinrich Heine	128
Am 1. Advent - Auf den 9. Psalm, Martin Opitz	18
Am andern Advent - Auf den 77. Psalm, Martin Opitz	19
Am dritten Advent - Auf den 101. Psalm, Martin Opitz	21
Am dritten Sonntage im Advent, Annette von Droste-Hülshoff	116
Am ersten Sonntage des Advents, Clemens Brentano	62
Am ersten Sonntage im Advent, Annette von Droste Hülshoff	112
Am Feste der heiligen drei Könige, Annette von Droste-Hülshoff	124
Am Heiligen Christtage - Auf den 92. Psalm, Martin Opitz	22
Am Sankt Niklastag, Clemens Brentano	63
Am Sonntage nach dem Christtage - Auf den 74. Psalm, Martin Opitz	23
Am vierten Advent - Auf den 140. Psalm, Martin Opitz	20
Am vierten Sonntage im Advent, Annette von Droste-Hülshoff	118
Am Weihnachtstage, Annette von Droste-Hülshoff	120
Am zweiten Sonntage im Advent, Annette von Droste Hülshoff	114
Am zweiten Weihnachtstage – Stephanus, Annette von Droste-Hülshoff	122
Anbetung, Manfred Hausmann	321
Anbetung der Hirten, Ludwig Thoma	258
Andächtige Weyhnachts-Gedanken, Sidonia Hedwig Zäunemann	32
An eine schöne Erscheinung am Dreikönigtag, Clemens Brentano	87
An eine zur Weihnachtszeit geborene Freundin, Justinus Kerner	95
Auf eine Christblume I + II, Eduard Mörike	141
Aus der Brieftasche, Gottfried Keller	173
Berliner Weihnacht 1918, Klabund	317
Blüh denn, leuchte, goldner Baum, Ernst Moritz Arndt	52
Blumen der Weihnacht, August Auch	164
Brief an den lieben Gott, Verfasser unbekannt	338
Bürgerliches Weihnachtsidyll, Klabund	318

Christabend, Hugo Salus	255
Christbaum, Friedrich Wilhelm Weber	153
Christbaum für Alle, Karl Bröger	311
Christbaum, Peter Cornelius	194
Christbaumfeier, Klabund	318
Christbescherung, Louise Otto	172
Christgeschenk, Johann Wolfgang von Goethe	51
Christgeschenke, Adalbert von Chamisso	94
Christkindchen, Anna Ritter	238
Christkind im Walde, Ernst von Wildenbruch	207
Christkind, komm in unser Haus..., Verfasser unbekannt	335
Christmette, Ludwig Thoma	259
Christnacht, August von Platen, 1819.	110
Christnacht, Ferdinand von Saar	193
Christnacht, Hedwig Lachmann	251
Christnacht, Wilhelm Müller	109
Christoph, Rupprecht, Nikolaus; Otto Bierbaum	242
Christrose, Mathilde Leonhardt	287
Das Christkind in der Fremde, Moritz Graf von Strachwitz	180
Das Christkind, Robert Reinick	148
Das Honigkuchenherz, Verfasser unbekannt	343
Das Lied vom verlorenen Jesuskind, Jean Anouilh	327
Das Weihnachtsbäumlein, Christian Morgenstern	291
Das Weihnachtsfest, Theodor Storm	165
Das Wunderblümlein, Richard Dehmel	232
Das Wunder der Heiligen Nacht., Friedrich von Bodelschwingh	189
Das Wunder von Weihnachten, Gustav Falke	211
Denkt euch, ich habe das Christkind gesehen, Anna Ritter	238
Der Abend kommt, Rainer Maria Rilke	295
Der amen Kinder Weihnachtslied, Otto Bierbaum	244
Der Christbaum, Franz Grillparzer	105
Der Christbaum, Franz von Pocci	149
Der Christbaum für die Kinder im Wiener Invalidenhause, F. Grillparzer	106
Der Christbaum im Himmel, Georg Christian Dieffenbach	181
Der Christbaum, Karl Rudolph Hagenbach	137
Der Dezember, Erich Kästner	322
Der erste Schnee, Theodor Fontane	176

Der gleitende Purpur, Conrad Ferdiand Meyer	182
Der Heiland, Hermann Hesse	296
Der Heil'ge Christ ist kommen, Ernst Moritz Arndt	53
Der kleine Nimmersatt, Heinrich Seidel	198
Der letzte Christbaum, Leopold Schefer	126
Der liebe Weihnachtsmann, Richard Dehmel	233
Der Pelzemärtel, Franz Graf von Pocci	150
Der Pfefferkuchenmann, Unbekannter Dichter	341
Der schönste Baum, Karl Gerok	156
Der Stern, Wilhelm Busch	192
Der Traum, Hoffmann von Fallersleben	129
Der Weihnachtsaufzug, Robert Reinick	146
Der Weihnachtsbaum 1847, Ernst Moritz Arndt	57
Der Weihnachtsbaum 1856, Ernst Moritz Arndt	58
Der Weihnachtsbaum, Heinrich Seidel	200
Der Weihnachtsbaum, Hoffmann von Fallersleben	130
Der Weihnachtsbaum in Eger am Marktplatz, Annie Götz-Kollmer	331
Des armen Knaben Christbaum	157
Des Blinden Weihnachtsabend, Clara Müller-Jahnke	220
Des fremden Kindes heiliger Christ, Friedrich Rückert	104
Deutsche Weihnacht, Otto Roquette	171
Dezember - Der Weihnachtsbaum, Robert Reinick	312
Dezember, Wilhelm Müller	108
Die drei Spatzen, Christian Morgenstern	291
Die Flucht der heiligen Familie, Joseph Freiherr von Eichendorff	99
Die gefrornen Fenster, Berthold Heinrich Brockes	30
Die heilige Nacht, Eduard Mörike	142
Die heiligen drei Könige, August Wilhelm Schlegel	52
Die heil'gen Drei Könige, Heinrich Heine	127
Die heiligen drei Könige, Klabund	319
Die hohen Tannen atmen, Rainer Maria Rilke	295
Die Hirten, Peter Cornelius	194
Die Legende vom heiligen Nikolaus, Detlef von Liliencron	204
Die Legende vom Tannenbaum, Marx Möller	288
Die Nacht vor dem heiligen Abend, Robert Reinick	149
Die Schneekönigin, Carl Spitteler	201
Die vier Wünsche, Hoffmann von Fallersleben	131

Die Weihnachtsfee, Peter Hille	214
Die Weihnachtsfeier d. Seemanns Kuttel Daddeldu, Joachim Ringelnatz	306
Die Weihnachtsgeschichte nach Lukas	15
Die Weihnachtsmaus, James Krüss	328
Die Weihnachtsnacht, Rudolf Wittner	340
Drei Lieder vom Christbaum – I + II + III, Karl Gerok	156
Durch stille Dämmrung..., Richard Dehmel	234
Ein Licht, das leuchten will, Hedwig von Redern	253
Ein Lobgesang von der Geburt Christi, Martin Luther	17
Ein Weihenachtgesang, Johann Rist	24
Einkäufe, Theobald Tiger	313
Einsames Fest, Hugo Salus	255
Einsiedlers Heiliger Abend, Joachim Ringelnatz	308
Eisblumen zu Weihnachten, Otto Bierbaum	247
Eisnacht, Clara Müller-Jahnke	215
Es gibt so wunderweiße Nächte, Rainer Maria Rilke	296
Es ist Advent!, Friedrich Wilhelm Kritzinger	165
Feiertagsfreuden, Hoffmann von Fallersleben	132
Fern im Osten wird es helle, Novalis	59
Friede auf Erden, Conrad Ferdinand Meyer	184
Frieden, Ludwig Thoma	257
Gebet eines kleinen Knaben an den Heiligen Christ, Ernst Moritz Arndt	54
Gebet in der Christnacht, Wilhelm Müller	108
Gedanken zu Weihnachten, Theodor Fontane	177
Großstadt – Weihnachten, Theobald Tiger	314
Heilige Nacht, Clara Müller-Jahnke	216
Heilige Nacht - Eine Weihnachtslegende, Ludwig Thoma	260
Heilige Nacht, Erich Mühsam	299
Heilige Nacht, Ludwig Thoma	284
Heilige Nacht, Otto Sievers.	212
Heilige Weynachts-Feyer, Sidonia Hedwig Zäunemann, Ode	35
Heiliger Baum, Karl Gerok	154
Heiliger Morgen, Otto Ernst	223
Immer ein Lichtlein mehr, Matthias Claudius	47
Im Schnee, Hedwig Lachmann	252
Im Winter, Justinus Kerner	95
Im Winter, Georg Trakl	312

Im Winter, Max von Schenkendorf	93
In der Christnacht, Ottokar Kernstock	209
In der heiligen Weihnacht, Max von Schenkendorf	92
In der Neujahrsnacht, Betty Paoli	162
In Weihnachtszeiten, Hermann Hesse	298
Jahr für Jahr, Anton Trötscher	332
Kinderlied zu Weihnachten, Achim von Arnim	152
Knecht Ruprecht in Nöten, Paula Dehmel	228
Knecht Ruprecht, Theodor Storm	166
Kommet, ihr Hirten, Carl Riedel	185
Kriegsweihnacht 1916, Paul Keller	293
Lieber, guter Weihnachtsmann, Unbekannter Dichter	339
Lied im Advent, Hermann Claudius	303
Lied unterm Christbaum, Leopold Matthias Schleifer	60
Nachtrag zum Weihnachtsliede, Clemes Brentano	66
Nikolausabend, Unbekannter Dichter	340
Nikolaus im Walde, Unbekannter Dichter	342
Novembertag; Christian Morgenstern	292
Nun leuchten wieder die Weihnachtskerzen, Gustav Falke	211
Oft in der stillen Nacht, Otto Bierbaum	245
O heiliger Abend, Karl Gerok	155
O schöne, herrliche Weihnachtszeit, Heinrich Hoffmann v. Fallersleben	130
O Tannebaum!, Clemens Brentano	68
O Weihnachtsbaum, Friedrich Rückert	101
Rauhreif vor Weihnachten, Anna Ritter	235
Sankt Niklas' Auszug, Paula Dehmel	226
Schenken, Joachim Ringelnatz	309
Schlittenfahrt, Anna Ritter	236
Schneelied zu Weihnachten, Otto Bierbaum	243
Stille Nacht, Heilige Nacht	145
Tannengeflüster, James Krüss	330
Thüringer Weihnacht, Leopold Sadee	302
Über die Geburt Jesu, Andreas Gryphius	26
Unbeliebtes Wunder, Wilhelm Busch	190
Und Friede auf Erden, Albert Traeger.	186
Verse zum Advent, Theodor Fontane	177
Vier Kerzen, Elli Michler	325

Von der Geburt Jesu Christi, Johann Röling	27
Vorfreude auf Weihnachten, Joachim Ringelnatz	305
Vor Weihnachten, Karl Gerok	154
Wald-Weihnacht, Regine Merkle	294
Was bringt der Weihnachtsmann?, Hoffmann von Fallersleben	133
Weihe-Nacht, Clara Müller-Jahnke	218
Weihnacht, Anna Ritter	239
Weihnacht, Clemens Brentano	70
Weihnacht, Emanuel Geibel	163
Weihnacht., Ernst Scherenberg	197
Weihnacht, Ernst von Wildenbruch	208
Weihnacht, Gustav Falke	213
Weihnacht, Hans Brüggemann	16
Weihnacht, Hans Christian Andersen	149
Weihnacht, Hugo Salus	254
Weihnacht, Hugo von Hofmannsthal	293
Weihnacht, Klabund	320
Weihnacht, Ludwig Anzengruber	188
Weihnacht, Rudolf Alexander Schröder	301
Weihnacht im Süden, Anna Ritter	240
Weihnacht in Ajaccio, Conrad Ferdinand Meyer	185
Weihnachten, Anna Ritter	237
Weihnachten, Arno Holz	230
Weihnachten bei den Großeltern, Jakob Loewenberg	215
Weihnachten, Eduard Mörike	143
Weihnachten, Erich Mühsam	298
Weihnachten, Franz Grillparzer	107
Weihnachten frisch und gesund, Friedrich Rückert	103
Weihnachten, Hermann Hesse	298
Weihnachten, Hermann Kletke	151
Weihnachten, Hoffmann von Fallersleben	134
Weihnachten, Joachim Ringelnatz	305
Weihnachten, Johann Wolfgang von Goethe	51
Weihnachten, Joseph von Eichendorff	100
Weihnachten, Kurt Tucholsky	315
Weihnachten, Ludwig Achim von Arnim	88
Weihnachten, Ludwig Thoma	285

Weihnachten, Ludwig Tieck	62
Weihnachten, Max Dauthendey	257
Weihnachten, Theobald Tiger	316
Weihnachten wird es für die Welt, Adele Schopenhauer	127
Weihnachtsabend 1852, Theodor Storm	167
Weihnachtsabend, Hermann Löns	254
Weihnachtsabend, Theodor Storm	168
Weihnachtsbäume, Gustav Falke	210
Weihnachtsfeier, Otto Bierbaum	246
Weihnachtsfest, Karl Stelter	136
Weihnachtsfreude, Ernst Moritz Arndt	56
Weihnachtsgaben, Ernst Ferdinand Neumann	333
Weihnachtsgesang I + II, Johann Gottfried Herder	49
Weihnachtsgeschenke, Franz Joseph Koenigsbrun-Schaup	337
Weihnachtsglocken, Karl Stieler	198
Weihnachtsglocken, L.H..	336
Weihnachtsglocken, Richard Dehmel	235
Weihnachtsidylle, Bruno Wille	222
Weihnachtslied, chemisch gereinigt, Erich Kästner	323
Weihnachtslied I + II, Christian Fürchtegott Gellert	45
Weihnachtslied, Clemens Brentano	65
Weihnachtslied., Detlev von Liliencron	206
Weihnachtslied, Erich Mühsam	300
Weihnachtslied, Ernst Moritz Arndt	55
Weihnachtslied, Felix Dahn	195
Weihnachtslied, Heinrich Hoffmann von Fallersleben	135
Weihnachtslied, Jochen Klepper	326
Weihnachtslied, Johannes Trojan	196
Weihnachtslied, Otto Bierbaum	248
Weihnachtslied, Theodor Storm	170
Weihnachtsmarkt, Gottfried Keller	174
Weihnachtsruf, Ernst Ferdinand Neumann	334
Weihnachtsruhe, Gottfried Kinkel	162
Weihnachtschnee, Paula Dehmel	229
Weihnachtsspaziergang, Otto Ernst	224
Weihnachtstraum, Ernst Ferdinand Neumann	335
Weihnachtstrost, Regine Merkle	297

Weihnachtswunsch für Klärchen, Eduard Mörike	144
Weihnachts-Wünsche, Richard Zoozmann.	221
Weihnachtszeit, Anna Ritter	241
Weihnachtszeit, Heinrich Hoffmann von Fallersleben	135
Weihnachtszeit, Martin Greif	325
Weisheit des Winters Justinus Kerner	97
Wenn es Winter wird, Christian Morgenstern	292
Wer ist ärmer als ein Kind, Clemens von Brentano	76
Weyhnacht-Lied, Philipp von Zesen	34
Wiegenlied, Clemens von Brentano	75
Wie man das Christkind beherbergen soll, Clemens Brentano	80
Winter, Hedwig Lachmann	251
Winter, Hermann Löns	258
Winter, Matthias Claudius	48
Winterabend, Ferdinand von Saar	192
Winterabend, Theodor Fontane	178
Winterbild, Hedwig Lachmann	253
Winterfriede, Maria Stona	333
Wintergefühl, Justinus Kerner	98
Winterklage, Justinus Kerner	96
Winterlandschaft, Friedrich Hebbel	153
Wintermorgen, Ludwig Uhland	98
Winternacht, Christian Morgenstern	290
Winternacht, Clara Müller-Jahnke	217
Winternacht, Gottfried Keller	174
Winternacht, Joseph von Eichendorff	100
Winternacht, Nikolaus Lenau	140
Winterpsalm, Lothar Zenetti	331
Wo seh ich hin? Ist das nicht Gottes Sohn, Sidonia Hedwig Zäunemann	43
Zu einem Geschenk, Joachim Ringelnatz	310
Zu Weihnachten 1856, Theodor Fontane	179
Zu Weihnachten, Victor Blüthgen	203
Zum Neujahr, Eduard Mörike	143
Zum Weihnachtsbaum, Peter Rosegger	202
Zur heiligen Weihnacht, Adolf Kolping	161
Zur Weihnachtszeit., Achim von Arnim.	90
Zwölf Uhr: heilige Nacht, Otto Bierbaum	250

Die Weihnachtsgeschichte nach Lukas
Evangelium des Lukas 2, 1-20

Es begab sich aber zur der Zeit, daß ein Gebot von dem Kaiser Augustus ausging, daß alle Welt geschätzt würde. Und diese Schätzung war die allererste und geschah zur Zeit, da Quirinius Statthalter in Syrien war. Und jedermann ging, daß er sich schätzen ließe, ein jeder in seine Stadt.

Da machte sich auf auch Josef aus Galiläa, aus der Stadt Nazareth, in das jüdische Land zur Stadt Davids, die da heißt Bethlehem, weil er aus dem Hause und Geschlechte Davids war, damit er sich schätzen ließe mit Maria, seinem vertrauten Weibe; die war schwanger. Und als sie dort waren, kam die Zeit, daß sie gebären sollte. Und sie gebar ihren ersten Sohn und wickelte ihn in Windeln und legte ihn in eine Krippe; denn sie hatten sonst keinen Raum in der Herberge.

Und es waren Hirten in derselben Gegend auf dem Felde bei den Hürden, die hüteten des Nachts ihre Herde. Und der Engel des Herrn trat zu ihnen, und die Klarheit des Herrn leuchtete um sie; und sie fürchteten sich sehr. Und der Engel sprach zu ihnen: Fürchtet euch nicht! Siehe ich verkündige euch große Freude, die allem Volk widerfahren wird; denn euch ist heute der Heiland geboren, welcher ist Christus der Herr, in der Stadt Davids. Und das habt zum Zeichen: ihr werdet finden das Kind in Windeln gewickelt und in einer Krippe liegen. Und alsbald war da bei dem Engel die Menge der himmlischen Heerscharen, die lobten Gott und sprachen:

Ehre sei Gott in der Höhe
und Friede auf Erden
bei den Menschen seines Wohlgefallens.

Und als die Engel von ihnen in den Himmel fuhren, sprachen die Hirten untereinander: Laßt uns nun gehen nach Bethlehem und die Geschichte sehen, die da geschehen ist, die uns der Herr kundgetan hat. Und sie kamen eilend und fanden beide, Maria und Josef, dazu das Kind in einer Krippe liegen. Als sie es aber gesehen hatten, breiteten sie das Wort aus, das zu ihnen von diesem Kinde gesagt war. Und alle, vor die es kam, wunderten sich über das, was die Hirten gesagt hatten. Maria aber behielt alle diese Worte und bewegte sie in ihrem Herzen. Und die Hirten kehrten wieder um, priesen und lobten Gott für alles, was sie gehört und gesehen hatten, wie denn zu ihnen gesagt war.

* * * * * * *

Weihnacht
Hans Brüggemann

Wenn in des Jahres Lauf, dem allzeit gleichen,
auf leisen Schwingen sich die Christnacht naht,
wenn Erd' und Himmel sich die Hände reichen,
dann schau'n wir dich, du größte Liebestat.

Du Heiland Jesus, kamst aus lichten Höhen,
wie unser Bruder tratst Du bei uns ein,
wir haben deine Herrlichkeit gesehen,
und deinen Wandel, fleckenlos und rein.

Verlorne Kinder knien an deiner Krippe,
von jener ersten Weihnacht an bis heut,
es klingt von armer Sünder Herz und Lippe
ein jubelnd "Halleluja!" weit und breit.

Tritt ein, du Spender aller Seligkeiten
in unser Herz und Haus, in Volk und Land,
hilf, dass wir glaubend Dir den Weg bereiten,
und mit Dir wandern liebend Hand in Hand.

Gib, dass wir hoffend in die Ferne blicken,
auf Dich allein, dem wir zu eigen ganz:
kein irdisch Ding soll uns das Ziel verrücken,
bis wir Dich schaun in deines Reiches Glanz.

* * * * * * *

Ein Lobgesang von der Geburt Christi
Martin Luther

Gelobet seist du, Jesu Christ,
daß du Mensch geboren bist
von einer Jungfrau, das ist wahr;
des freuet sich der Engel Schar.
Kyrieleis.

Des ewgen Vaters einig Kind
jetzt man in der Krippe findt.
In unser armes Fleisch und Blut
verkleidet sich das ewig Gut.
Kyrieleis.

Den aller Welt Kreis nie umschloß,
der liegt in Marien Schoß.
Er ist ein Kindlein worden klein,
der alle Ding erhält allein.
Kyrieleis.

Das ewig Licht geht da herein,
gibt der Welt ein neuen Schein.
Es leucht wohl mitten in der Nacht
und uns des Lichtes Kinder macht.
Kyrieleis

Der Sohn des Vaters, Gott von Art,
ein Gast in der Welte war
und führt uns aus dem Jammerthal;
er macht uns Erben in sein'm Saal.
Kyrieleis.

Er ist auf Erden kommen arm,
daß er unser sich erbarm
und in dem Himmel mache reich
und seinen lieben Engeln gleich.
Kyrieleis.

Das hat er alles uns getan,
sein groß Lieb zu zeigen an.
Des freu sich alle Christenheit
und dank ihm des in Ewigkeit. Kyrieleis.

* * * * * * *

Am 1. Advent

Auf den 9. Psalm

Martin Opitz

Auff, auff, die rechte Zeit ist hier,
Die Stunde wartet für der Thür,
Ihr Brüder, lasset uns erwachen,
Vergeßt der Welt und ihrer Sachen.

Bezwingt den Schlaff und kompt in Eyl,
Denn unser Liecht und Gnadenheyl,
Der rechte Trost und Schutz der Seinen,
Ist näher als wir selber meynen.

Die ungestirnte schwartze Nacht,
Hat ihren schwären Lauff vollbracht,
Der vielbegehrte Tag ist kommen
Und hat das Leyd hinweg genommen.

Legt ihr auch ab den dunckeln Schein
Der Wercke, die verborgen seyn,
Zieht an deß Liechtes helle Waffen,
Laßt nichts als nur die Sünden schlaffen.

Geht auff dem Weg der Erbarkeit,
Denckt, daß jetzt sey die Tageszeit,
Laßt wilde Saufferey und Fressen,
Dardurch wir unser selbst vergessen.

Lescht auß deß Leibes schnöde Brunst,
Seyt feind der falschen Liebesgunst,
Auch liebet nicht Zorn, Haß und Zancken,
Entsagt den neydischen Gedancken.

Zieht Jesus Christ, den Herren, an,
Sein Leben sey deß euren Bahn;
Versorgt den Leib, das Theil der Erden,
Und laßt ihn doch zu geyl nicht werden.

* * * * * * *

Am andern Advent
Auf den 77. Psalm
Martin Opitz

Was vor diesem, meine Lieben,
Fleissig worden auffgeschrieben,
Was wir in den Schrifften sehn,
Ist als Lehr, und Trost geschehn,
Daß nicht möchten die Gedancken,
In dem See deß Zweiffels wancken,
Sondern sich wend' aller Sinn
Auff Gedult und Hoffnung hin.

Aber Gott, so pflegt zu geben
Die Gedult und Trost dem Leben,
Schaffe, daß euch einerley
Willen nach dem Herren sey,
Daß ihr stäts, wie sichs gebühret,
Des Erlösers Vatter zieret
Und erhebt mit Frölichkeit,
Die erschalle weit und breit.

Thut zu Hülff' einander kommen,
Wie euch Christus auffgenommen,
Christus, welcher als ein Knecht
Der Beschneidung gab ihr Recht
Und sie ließ an sich erfüllen,
Umb der Warheit Gottes willen,
Der Verheissung Grund zu sehn,
Die den Vättern ist geschehn.

Die Barmhertzigkeit zu weisen,
Kan Gott auch ein Heyde preisen,
Ob er schon, den er erhöht,
Nicht kennt, wie geschrieben steht:
Ich wil zu den Heyden bringen
Deinen Namen und dir singen.
Freut, ihr Heyden, euch ohn End',
Als das Volck thut, das Gott kennt.

* * * * * * *

Lobt den Herren, alle Heyden,
Gar kein Volck soll sein Lob meiden.
Jesaias stimmt auch ein:
Es wird Jessen Wurtzel seyn;
Er wird prächtig aufferstehen,
Bey den Heyden sich erhöhen,
Wird auch ihnen seyn ihr Liecht,
Ihre Lust und Zuversicht.

Gott, der Trost und Hoffnung giebet
Und die Menschen hertzlich liebet,
Schick' euch mit gewündschter Ruh
Freud' und Fried im Glauben zu,
Daß sein Geist euch recht regiere
Und in wahre Hoffnung führe,
In die Hoffnung, welche steht,
Wann schon alles untergeht.

* * * * * * *

Am vierten Advent
Auf den 140. Psalm
Martin Opitz

Nun freuet, freuet euch im Herren,
Nun freut euch, sag ich, für und für;
Zeigt euren Glimpff von nah und ferren,
Sorgt nicht, der Herr ist bald allhier.

Laßt eure Bitt im heissen Flehn
Mit Danckbarkeit am Tage stehn,
Laßt wahren Ernst und Eyffer sehen,
Der Gott kan unter Augen gehn.

Der Friede Gottes, der die Schrancken,
Deß Witzes hinter sich läßt weit,
Bewahr euch Sinn, Hertz und Gedancken,
In Christo Jesu jederzeit.

* * * * * * *

Am dritten Advent
Auf den 101. Psalm
Martin Opitz

Darfür mag uns ein jederman erkennen,
Daß wir mit Recht uns Christus Diener nennen.
Der Höchste hat das, was kein Weltmensch schaut,
Uns anvertraut.

Er fordert uns allhier, ihm Hauß zu halten,
Sein' Heimlichkeit und Sachen zu verwalten;
Was aber sucht man bey Haußhaltern mehr,
Als Treu und Ehr?

Ich acht' es nicht, ob schon mich jemand richtet,
Ob mich ein Mensch lobt oder auch vernichtet:
Ich sage selbst, ihm sey gleich wie ihm wil,
Von mir nicht viel,

Ich habe zwar ein ehrliches Gewissen,
Doch kan ich mich gerecht zu sehn nicht schliessen:
Der Herr der ists, so das, was ich gethan,
Recht richten kan.

Drumb urtheilt nicht von unbekanten Dingen,
Biß er, der Herr, sie an das Liecht wird bringen,
Wird kund thun, was ein jeder Mensch für Rath
Im Hertzen hat.

Alsdenn wird er uns geben allzumalen,
Den rechten Lohn mit gleicher Wageschalen
Und Zahlung thun nach dem ein jederman
Hat gut gethan.

* * * * * * *

Am Heiligen Christtage
Auf den 92. Psalm
Martin Opitz

Das Gnadenliecht deß Herren
Ist durch das schöne Zelt
Der gantzen grossen Welt
Erschienen weit und ferren;
Es leuchtet unsern Wegen,
Heist uns der Wercke Schein,
Dem Gott pflegt feind zu seyn,
Weit weg und von uns legen.

Wir solln die Lust verlieren
Zur Lust und Sicherheit,
Mit Zucht und Frömigkeit,
Mit Gottesfurcht uns zieren:
In warer Hoffnung leben
Auff Freud' und Himmelslust,
Die jetzt noch unbewust
Und Christus uns wird geben.

Der Heyland ist gestorben
Mit Langmut und Gedult
Für unsre schwere Schuld,
Und hat uns Gnad erworben,
Die Hertzen so zu stercken,
Zu machen frey und rein,
Damit wir mögen seyn
Geschickt zu guten Wercken.

Am Sonntage nach dem Christtage
Auf den 74. Psalm
Martin Opitz

So lange Zeit ein Erbe bleibt ein Kind,
So lange Zeit er geht auch Knechten gleiche,
Muß unterthan, biß er die Zeit erreiche,
Den Pflegern seyn, die ihm verordnet sind.

Das rechte Ziel, in dem er Herr seyn kan
Und seiner selbst, das kömpt nicht vor den Jahren;
So bleiben wir, in dem wir Kinder waren,
Den Satzungen ingleichen unterthan.

Als aber ward die Zeit herumb gebracht,
Hat Gott gesandt selbst seinen Sohn auff Erden,
Ihn gleich wie uns geboren lassen werden
Und dem Gesetz auch unterthan gemacht.

Jetzt sind wir gantz von dem Gesetze frey
Dieweil sein Sohn es hat auff sich genommen
Nach dem er ist in unser Mittel kommen
Und will, daß nun die Erbschafft unser sey.

So höret denn, wißt, daß ihr Kinder seyd,
Gott lässet euch die Erbschafft nun gewinnen
Und schickt den Geist deß Sohnes euren Sinnen,
Der jetzt daselbst o Abba, Vatter, schreyt.

Nun bleibet ihr nicht Knechte nach der Zeit,
Seyd Kinder nur, so daß ihr Gottes Erben,
Durch Gottes Sohn, der einig kunt' erwerben
Die Kinderschafft, den rechten Heyland, seyd.

* * * * * * *

Ein Weihenachtgesang
Johann Rist

Ermuntre dich, mein schwacher Geist,
Und trage groß Verlangen,
Ein kleines Kind, das Vater heißt,
Mit Freuden zu empfangen!
Dieß ist die Nacht, darin es kam
Und menschlich Wesen an sich nahm,
Dadurch die Welt mit Treuen
Als seine Braut zu freien.
Willkommen, süßer Bräutigam,
Du König aller Ehren,
Willkommen Jesu, Gottes Lamm,
Ich wil dein Lob vermehren;
Ich wil dir all mein Leben lang
Vom Herzen sagen Preis und Dank
Daß du, da wir verloren,
Für uns bist Mensch geboren.
O großer Gott, wie könt' es sein,
Dein Himmelreich zu lassen,
Zu springen in die Welt hinein,
Da nichts denn Neid und Hassen,
Wie köntest du die große Macht,
Dein Königreich, den Freuden-Pracht,
Ja, solch ein herrlichs Leben
Für deine Feind' hingeben?
Ist doch, Herr Jesu, deine Braut
Ganz arm und voller Schanden;
Noch hast du sie dir selbst vertraut
Am Kreuz in Todesbanden.
Ist sie doch nichts als Ueberdruß,
Fluch, Unflat, Tod und Finsternus,
Und du magst ihrentwegen
Den Scepter von dir legen!
Du Fürst und Herscher dieser Welt,
Du Friedens Wiederbringer,
Du kluger Rat und tapfrer Held,
Du starker Hellenzwinger,
Wie war es müglich, daß du dich
Erniedrigtest so jämmerlich,
Als wärest du im Orden
Der Bettler Mensch geworden?

O Freudenzeit, o Wundernacht,
Dergleichen nie gefunden!
Du hast den Heiland hergebracht,
Der alles überwunden.
Du hast gebracht den starken Mann,
Der Feur und Wolken zwingen kan,
Für dem die Himmel zittren,
Und alle Berg erschüttren.
Du bleicher Mond, halt eiligst ein
Den blassen Schein auf Erden,
Wirf deinen Glanz zum Stall hinein,
Gott sol gesäuget werden.
Ihr helle Sternlein, stehet stil
Und horcht, was euer Schöpfer wil,
Der schwach und ungewieget
In einem Kripplein liget.
Du tummes Vieh, was blökest du
Dort bei des Herren Mutter?
Immanuel hält seine Ruh
Allhie auf dürrem Futter,
Dem alle Welt sol dienstbar sein,
Ligt hier, hat weder Brot noch Wein,
Die Wärme muß er meiden,
Frost, Blöß' und Hunger leiden.
Brich an, du schönes Morgenlicht,
Und laß den Himmel tagen!
Du Hirtenvolk, erstaune nicht,
Weil dir die Engel sagen,
Daß dieses schwache Knäbelein
Sol unser Trost und Freude sein,
Dazu den Satan zwingen
Und alles wiederbringen.
O liebes Kind, o süßer Knab,
Holdselig von Geberden,

Mein Bruder, den ich lieber hab'
Als alle Schätz auf Erden,
Kom', Schönster, in mein Herz hinein,
Kom' eiligst, laß die Krippen sein,
Kom', kom', ich wil bei Zeiten
Dein Lager dir bereiten.
Sag' an, mein Herzensbräutigam,
Mein' Hoffnung, Freud' und Leben,
Mein edler Zweig aus Jacobs Stamm,

Was sol ich dir doch geben?
Ach nim von mir Leib, Seel und Geist,
Nim alles, was Mensch ist und heißt,
Ich wil mich ganz verschreiben,
Dir ewig treu zu bleiben!
Lob, Preis und Dank, Herr Jesu Christ,
Sei dir von mir gesungen,
Daß du mein Bruder worden bist
Und hast die Welt bezwungen;
Hilf, daß ich deine Gütigkeit
Stets preis' in dieser Gnadenzeit
Und mög' hernach dort oben
In Ewigkeit dich loben!

* * * * * * *

Über die Geburt Jesu
Andreas Gryphius

Nacht, mehr denn lichte Nacht!
Nacht, lichter als der Tag,
Nacht, heller als die Sonn'
in der das Licht geboren
Das Gott, der Licht in Licht wohnhafftig ihm erkohren.
O Nacht, die alle Nacht' und Tage trotzen mag!

O freudenreiche Nacht
in welcher Ach und Klag
Vnd Finsternüß und was sich auff die Welt verschworen
Vnd Furcht und Höllen-Angst und Schrecken war verlohren.
Der Himmel bricht! doch fällt numehr kein Donnerschlag.

Der Zeit und Nächte schuff
ist dise Nacht ankommen!
Vnd hat das Recht der Zeit
und Fleisch an sich genommen!
Vnd unser Fleisch und Zeit der Ewikeit vermacht.

Der Jammer trübe Nacht
die schwartze Nacht der Sünden
Des Grabes Dunckelheit muß durch die Nacht verschwinden.
Nacht lichter als der Tag! Nacht mehr denn lichte Nacht!

* * * * * * *

Von der Geburt Jesu Christi
Johann Röling

Ach, kömmstu endlich in die Welt,
Du längst versprochner Sternen-Held,
　Mit deinen Himmels-Gaben?
Wie selig sind wir doch für die,
So dich mit großer Angst und Müh
　Vorher gewünschet haben;
Uns späten Sündern scheint das Licht,
Das auch den Heiligsten ward nicht.

Belobter Heyland, sey gegrüst,
Du Quell, auß welcher einig fliest
　Die Wolfahrt meiner Seelen;
Was sag' ich dir für Dank, mein Gott,
Daß du mit meinem Sünden-Koth
　Wilst deinen Glantz vermählen?
Und daß der Herr der Herrlichkeit
Sich in des Knechts Gestalt verkleidt.

O großes Wunder, große Gnad!
Der alle Ding' erschaffen hat,
　Läst sich itzunder zeugen;
Das Wort des Vaters lallet kaum,
Der Fürst des Lebens findt nicht Raum
　Und kömmt doch in sein eigen;
Der Sonn' und Mond in Händen trägt,
Wird hin auff Streu und Stroh gelegt.

Wie find' ich dich, mein Jesu, hier?
Ist doch ein unvernünfftigs Thier
　Weit klüger, als wir Alle,
Das räumt dir seine Krippen ein,
Da du nicht kanst im Hause seyn,
　Das rufft dich an im Stalle,
Da Keiner an dich von uns denkt
Und dir ein frohes Lob-Lied schenkt.

Gleich in der allerlängsten Nacht
Wirst du, o Licht, ans Licht gebracht,
Gleich da der Kreyß der Erden
In Eyß und Schnee gantz liegt verstellt,
So mustu, Leben deiner Welt,
Ihr neu geboren werden;
Da Alles todt und abgethan,
So stellstu dein Geburts-Fest an.

Dies, ach, dies zeugt von unsrer Noth;
Wir lagen gantz in Sünden todt,
Uns hielt die Nacht gefangen,
Die längst verdiente Höllen-Nacht;
Der Seelen erster Schmuck und Pracht
War mehr als gantz vergangen
Und nichts, als lauter Frost und Kält
War um die Hertzen hergestellt.

Itzt merk' ich erst, o Vater, recht,
Wie viel der Mensch, der Sünden-Knecht,
Gehabt hat zu verbüssen,
Daß, wo du soltst versühnet seyn,
Dein einger Sohn mit grosser Pein
Dafür hat zahlen müssen.
Was niemand kan, als Gott allein,
Das muß ja nichts Geringes seyn.

Wie groß ist also deine Huld,
Die selbst an sich bezahlt die Schuld
Für uns verarmten Armen;
Du warst zwar zornig sonder Schertz,
Dennoch brach dir dein Vater-Hertz,
Dich unser zu erbarmen.
Wie wol steht der beklagte Mann,
Des sich der Richter selbst nimmt an.

Du aber, unvergleichlichs Kind,
Du Printz des Höchsten, den man findt
So gantz verachtet liegen,
Vergib mir, daß ich mich erfreu
Ob deiner gar zu schlechten Streu:
Dein Schmerz ist mein Vergnügen,
Dein abgelegte Herrlichkeit

Ist meiner Seelen Ehren-Kleid.
Dein' Armuth ist mein bester Schatz,
Dein Stall macht mir im Himmel Platz,
Das Vieh wird mir zu Engel,
Dein Hunger nehrt mich, wenn ich krank,
Dein Durst reicht mir des Lebens Trank,
Und alle deine Mängel,
Die ich dir, Jesu, zubereit,
Sind meine gantze Seligkeit.

Ja, liebster Bruder, ja, mein Hort,
Dies hab' ich eins zu hoffen dort;
Weg ist der Schreck der Höllen,
Weg Satans angedreute Macht,
Dein Fried' und Huld ist wiederbracht,
Die alle Feinde fällen.
So singet selbst der Engel Heer
Und gibt dafür dir Lob und Ehr.

Was aber thu doch ich hiebey?
Nicht gnug ist, daß ich mich erfreu,
Nicht gnug sind meine Lieder,
Nimm Alles, was ich kan und bin,
Denn ob ich, weil dies dein vorhin,
Dir so auch nichts erwieder,
So weiß ich, daß du keine Gab
Nicht weiter forderst, als ich hab.

Nimm, was ich habe, mich selbst, mir
Und lege mich, mein Heyl, zu dir
In deiner lieben Wiegen;
Hie zünd mich an durch deine Glut,
Hie will ich, wie der Phönix thut,
Herr, meinem Tod' obsiegen
Und dir gleich unter deinem Schein
Von neuen gantz geboren seyn.

* * * * * * *

Die gefrornen Fenster
Berthold Heinrich Brockes

In Häusern findet man, zur Winters-Zeit,
Solch' eine wunderbar formierte Zierlichkeit,
Die keiner tüchtig zu beschreiben,
Wenn die gefrornen Fensterscheiben,
Von tausend zierlich und schönen Kreaturen,
Uns tausend zierliche Figuren,
In solcher zarten Nettigkeit,
In solcher lieblichen Vollkommenheit,
Die doch in dunkler Nacht gezeuget, früh uns zeigen.

Man siehet in den kalten Zimmern
Oft Täler, Felsenbrüch', erhabne Berge, Felder,
Nebst ungezählten krausen Zweigen,
Als wenn sie in Kristall geschnitten wären, schimmern.
Man siehet Wolken, Buschwerk, Wälder,
So Tannen bald, Palm- und Eichen,
An Baumschlag, Zweig' und Stämmen gleichen:
Von Blumen, Sternchen, Vögeln, Tieren,
Von Federbüschen, Fliegen, Mücken,
Sich mancherlei Gestalt formieren,
Ja sich zuweilen gar mit rechten Schlössern schmücken.

Die Schlösser aus gefrornem Duft,
So man, im Frost am Fenster schauet,
Vergleichen sich den Schlössern in der Luft,
Die mancher sich des Nachts auf seinem Lager bauet,
Die nicht von längrer Daur, als eines Traumes Freude.
Denn eh man sich's versieht, sind beide schnell dahin,
Die dort aus dem Gesicht, die hier aus unserm Sinn:
Der Sonnen Strahl vereitelt alle beide.

Ein jedes Scheibenglas gleicht einer Schilderei,
In einem glatten Rahm' von Blei,
So eine Winterlandschaft zeiget:
Ein jedes ist so schön, so wunderschön geschmückt,
Die Bilder so subtil und deutlich ausgedrückt,
Daß es nicht nur das Aug' ergetzet,

Das Hertz selbst in Vergnügung setzet,
So gar, daß wer es sieht und diese Pracht ermißt,
Der strengsten Kälte selbst darüber ganz vergißt.
Zumal wenn an und durch die klaren Spitzen
Der Morgenröte Strahlen blitzen,
Und an dem weißen Eis ihr lieblich rötlich Licht
Auf tausend Arten sich im Wiederschlagen bricht;
So schwüre man darauf, da es so schön durchstrahlet,
Als wär ein jeder Strich, als wär' ein jedes Bild,
Ein jegliches Gewächs, womit es angefüllt,
Mit diamantnem Staub entworfen und gemalet.
Allein, indem sie recht im höchsten Schimmer prangen,
Sind sie vergangen.

Seh' ich so manche schön- und zierliche Figur
In einem Augenblick zerfließen und verschwinden;
So deucht mich, von der sich verwandelnden Natur,
Als ihrem Urbild selbst, ein schreckend Bild zu finden.
In der, hierdurch auch mich bedrohnenden, Gefahr
Ist dies mein Trost: Ich werde doch bestehen.
Laß alles schwinden und vergehen;
Mein Gott ist stets unwandelbar.

* * * * * * *

Andächtige Weyhnachts-Gedanken
Sidonia Hedwig Zäunemann

Luca 2. v. 7.
Und sie gebahr ihren ersten Sohn, und wickelte ihn in Windeln, und legte ihn in eine Krippe, denn sie hatten sonst keinen Raum in der Herberge.

(Melodie: Ermuntre dich mein schwacher Geist)

Willkommen allerliebstes Kind
Du Herr der Potentaten!
O Glück! daß man dich jetzo findt.
Wo bist du hingerathen?
Du kömmst auf dieses Jammerthal,
Verläßt den schönen Himmels-Saal,
Erwehlst der Menschen Orden,
Und bist ein Kind geworden!

Jedoch ich wundre mich nicht mehr
Daß du den Thron verlassen,
Daß du die allergrößte Ehr,
Auf eine Zeit wilst hassen,
Herr, deine Liebe hats gemacht,
Die hat dich auf die Welt gebracht,
Uns dadurch von den Ketten
Der Finsterniß zu retten.

Allein, o Herr der ganzen Welt
Und aller Herrlichkeiten!
Wie hast du dich so sehr verstellt,
Legst allen Pracht zur Seiten;
Nimmst einen Stall zur Wohnung ein,
Wo Ochsen und wo Esel seyn,
Du wilst an statt der Wiegen,
In einer Krippe liegen.

Um meinet willen bist du arm,
Und sehr gering erschienen;
Doch deine Kälte macht mich warm,
Du kömmst, nun mir zu dienen.
Dein Elend machet mich recht groß,
Erwirbet mir des Vaters Schooß:
Weil deine Niedrigkeiten,
Mir lauter Glück bereiten.

Wie? soll das Stroh dein Lager seyn?
Laß dir den Tausch belieben,
Komm nimm davor mein Herze ein,
Ich hab es dir verschrieben.
Ach! schenke mir dein Angesicht,
Zieh ein, verschmäh mein Bitten nicht,
Bleib doch nicht drausen stehen;
Ich muß dich bey mir sehen.

Der Glaube soll die Windel seyn,
Darein will ich dich winden,
Es soll der böse Heuchel-Schein
Sich nicht mit mir verbinden.
Nimm an mein Herz, bereit es zu,
Auf daß du deine sanfte Ruh
Darinnen mögest halten,
Und nur nach Willen schalten.

O Jesu! allerliebstes Kind,
Erhör mein herzlich Bethen,
Gieb, daß ich Gnade vor dir find,
Dein Geist wird mich vertreten.
Erhöre doch mein heises Flehn,
Und laß es alsobald geschehn,
So hab ich, was mir nützet,
Und vor den Tod beschützet.

* * * * * * *

Weyhnacht-Lied
Philipp von Zesen

Nach der Melodey: Wie schön leucht uns der Morgenstern etc.

1.
O Fürsten-Kind auß Davids Stamm/
O meiner Seelen Breutigam/
mein Trost/ mein Heil/ mein Leben/
Wie soll ich ewig dancken Dier/
Daß Du ins Elend kömmst zu mier?
Was soll ich Dier dann geben?
es geth und steth
außer Leiden/ nur in Freuden/
was man sihet/
Weil der Friedens-Fürst einzihet.

2.
Ich selbsten bin der Freuden voll
und weiß nicht/ was ich schencken soll
dem außerwählten Kinde:
Ach! hertzes Kind nim immer hin/
Nim hin mein Hertze Muth und Sinn/
und mich mit Lieb' entzünde.
schleuß Dich in mich/
in mein Hertze/ daß ich schertze/
ja dich küsse/
Dich auch ewig lieben müsse.

3.
Bleib/ höchster schatz/ ô mein Sapphier/
O mein Orion/ bleib bey mier/
Du Hoffnung der Verzagten;
Du Himmels-tau befeuchte mich/
Du Schönstes Manna zeige Dich
den Armen und Verzagten.
Laß nicht dein Licht
hier auff Erden tunckel werden/
Laß den Deinen
hier dein Wort noch ferner scheinen!

* * * * * * *

Heilige Weynachts-Feyer
Sidonia Hedwig Zäunemann
Ode.

Wie munter, frisch und emsig sind
Die Dichter, wenn allhier auf Erden
Ein Prinz und grosses Fürsten-Kind
Soll auf die Welt gebohren werden?
Man ruft um Geist und Kraft die holden Musen an,
Daß sie den Dichtern Feuer schenken,
Und ihre Sinne kräftig lenken,
Damit ihr Saytenspiel den Hof vergnügen kan.
Der Vorsatz ist gerecht. Vor solcher Prinzen Wiegen/
Muß sich die Dichterkunst mit Ehrfurcht niederbiegen.
Sie ist auch selbst bey solcher Zeit,
Zum Abtrag ihrer Pflicht bereit.

Drum auf! beliebte Poesie!
Und laß dem höchsten Prinz zu Ehren,
Ein Lied, mit tiefgebeugtem Knie,
Bey seiner frohen Ankunft hören.
Wer aber steht mir bey? Wer flößt mir Worte ein?
Die Musen können mich nicht schützen,
Noch meine Feder unterstützen;
Hier muß der Geist der Kraft, der Höhe bey mir seyn,
Ja! ja ich fühle schon, daß er mein Herz regieret,
Und meinen schwachen Kiel zu meinem Troste führet.
So sing ich denn nach meiner Schuld,
Von dir, und deines Vaters Huld.

So sehr hat Gott die Welt geliebt,
Daß er zum Heil der Menschen-Kinder
Den Höchsten Sohn vom Himmel giebt.
O süsser Trost vor alle Sünder;
Der Herr der Herrlichkeit verläßt den Himmels-Saal
Und setzt die Majestät beyseite;
Die Liebe führt und bringt ihn heute,
In menschlicher Gestalt auf dieses Jammerthal.
Er kömmt nicht als ein Prinz auf diese Erde nieder;
Kein Purpur decket ihn und seine zarte Glieder;
Er meidet allen Glanz und Schein,
Und kehrt in Armuth bey uns ein.

So bald ein Prinz die Welt erblickt,
So wird das Land mit Lust erfüllet;
Der Unterthan steht ganz entzückt;
Weil Gott sein heiß Verlangen stillet;
Das Volk ruft jauchzend aus: Willkommen Fürsten-Kind!
Willkommen Trost der Unterthanen!
Du kanst uns solche Wege bahnen,
Auf welchen unser Fuß die Seegens-Spuhren findt.
Man giebt sich billig Müh, durch Kunst und schöne Sachen,
Die Freude unsrer Brust bekannt und reg zu machen.
Man schmücket Hof und Stadt und Haus,
Bey seinem Wiegen-Feste aus.

Herr! deine Ankunft in die Zeit
Vermelden uns die Seraphienen.
Wie? sollen wir nicht auch mit Freud
Dich nach der Prinzen Art bedienen?
In Fluren Bethlehems erschallt ein süsser Thon.
Die Engel lassen dir zu Ehren
Ein angenehmes Jauchzen hören;
Sie loben insgesammt dich, als des Höchsten Sohn.
Was bringt uns Christus mit? Glück, Gnade, Fried und Seegen,
Trost, Beystand, Hülf und Rath und Schutz auf unsern Wegen.
Des Heylands Ankunft in die Welt
Hat uns den Himmel dargestellt!

O! was erblickt die Hirten-Zunft!
Was ists, das sie in Lüften hören?
Wie sehr erstaunet die Vernunft!
Sie weis sich nirgends hinzukehren!
Seyd Hirten, seyd getrost! erschreckt jetzunder nicht,
Denn euch verkündigen die Engel,
Wodurch nun eure Sünden-Mängel
Geheilet worden sind, und was euch Trost verspricht.
Es heist: Der Heyland ist zu Bethlehem gebohren,
Und hat sich einen Stall zur Wohnung auserkohren.
Geht hin zum Stall und sehet an,
Was unser Mund euch kund gethan.

Wie freudig ist der Hirten Brust
Da sie dergleichen Nachricht hören?
Sie eilen mit gereitzter Lust
Zum Stall, das Kindlein zu verehren.
Hier finden sie das Wort der Engel wohl erfüllt.
Hier schauen sie mit viel Vergnügen
Das Heil in einer Krippe liegen,
Das sich in Dürftigkeit und Windeln eingehüllt.
Mich dünkt, ich sehe jetzt die Schaar der Hirten singen,
Und diesem zarten Kind ein Hosianna bringen.
Sie loben mit entzückter Seel
Den theuresten Immanuel.

Was soll ich machen? merk ich nicht
Wie stark die Engel sich bemühen,
Mein Herz zum Abtrag seiner Pflicht,
Zu gleichen Hirten-Dienst zu ziehen?
Ja, ja, ich fühle schon, wie sich mein Herze regt;
Wie stark es mir in Ohren klinget,
Daß Gott den Sohn vom Himmel bringet,
Wie er ihn in den Stall zu Bethlehem gelegt.
Der Hirten Freudigkeit ist auch in mir zu spühren,
Indem die Engel mich so wohl als jene rühren.
Mein Jauchzen und mein Freuden-Lied
Ist bloß zu seinen Ruhm bemüht.

Auf meine Seele! richte dich
Nach Bethlehem, dort ruht dein Leben.
Der Höchste hat sehr gnädiglich
Den Sohn vor dich ins Fleisch gegeben.
Schau, was dir Gott im Stall und in der Krippe weißt,
Hier läßt das zarte Lamm sich finden,
Das uns, durch sich, aus unsern Sünden,
Und aus der Finsterniß und grossen Nöthen reißt.
Das uns vom Fluch und Tod, vom Jammer, Band und Ketten,
Durch seine Heiligkeit und Leiden will erretten.
Auf dem die Sünden-Strafe liegt,
Ja, das uns ewiglich vergnügt.

O Jesu! höchster Königs-Sohn,
Wie kanst du deine Hoheit hassen,
Und dich von deinem Himmels-Thron
So tief auf Erden niederlassen?
Du kommst arm, nackt und bloß zu uns auf diese Welt,
Statt einer ausgeschmückten Wiegen
Sieht man dich in der Krippe liegen/
Wobey dir Heu und Stroh dein Ruhe-Bett bestellt.
Wo ist das Fürsten-Schloß, das du dir auserkohren?
Du wirst nicht im Pallast; du wirst im Stall gebohren.
Wer sind die Mächter deiner Ruh?
Ein Ochs und Esel sieht dir zu.

Willkommen, zartes Jesulein!
Willkommen, o du Prinz der Ehren!
Du wilst nunmehr mein Bruder seyn,
Und meine Freud und Lust vermehren.
Willkommen, kleiner Gast! du Herr von grosser Macht!
Wer kan sich deiner Kraft vergleichen?
Dir müssen alle Fürsten weichen,
Du hast zu jeder Zeit die Stolzen umgebracht.
O Herrscher dieser Welt! vor dem sich alles schmieget,
Du bists, der in dem Schooß der reinen Jungfrau lieget.
Der, da er Wind und Wellen lenkt,
Sich jetzt aus zarten Brüsten tränkt.

Was weinst du in der Mutter Schooß?
Was läßt du heise Thränen schauen?
Du giebst den Jammer zeitig bloß;
Du must schon früh dieß Elend bauen.
In Windeln stellt sich schon die Trübsal bey dir ein.
Die Armuth kan dich kaum bekleiden;
Frost, Noth, Verfolgung must du leiden;
Du must so gar darzu ein armer Flüchtling seyn.
Du weinest, daß die Welt so sehr im Argen lieget,
Und daß sie nur die Lust der Eitelkeit vergnüget.
Du weinest auch zu meiner Freud,
Aus Liebe und aus Zärtlichkeit.

O angenehm und frohe Nacht,
Die uns den Heyland dieser Erden
Vom Himmels Thron herab gebracht!
Wie könnten wir vergnügter werden!
Dieß ist die frohe Nacht, nach welcher schon so oft
Die heilgen Alten sich gesehnet,
(Wovon die Schrift gar oft erwehnet.)
Auf welche sie so lang gewartet und gehoft;
Und gleichwohl haben sie das Glück nicht finden können;
Uns aber will es Gott aus Huld und Liebe gönnen.
Was jene nur im Geist gesehn,
Daß muß uns in der That geschehn,

Da uns der Herr aus Eden stieß,
So war der Eingang auch verriegelt;
Die Nacht hat uns das Paradieß,
Und dessen Thür nunmehr entsiegelt.
Der Cherub und sein Schwerd, so uns bisher gedräut,
Kan uns hinfort nicht mehr erschrecken;
Er muß sich vor die Nacht verstecken,
In der ein zartes Kind, in einer Krippe schreyt.
Das Paradieß ist auf! der Cherub ist verschwunden,
Es darf sein blitzend Schwerd uns nun nicht mehr verwunden.
Die Nacht, und auch der Engel Stimm
Schwächt Mosis Donnern, Fluch und Grimm.

Die Finsterniß und Dunkelheit
Muß sich in dieser Nacht verliehren.
In dieser Schattenvollen Zeit,
Ist nichts als Glanz und Licht zu spühren.
Der Engel Klarheit macht die Nacht zu Sonnenschein
In Bethlehems beglückten Gränzen,
Darf weder Mond noch Sterne glänzen,
Hier wird kein ander Licht noch Strahl vonnöthen seyn.
Kaum hat wohl Israel bey seiner Feuersäule
So vieles Licht gehabt; als jetzt in dieser Weile
Das kleine Bethlehem erblickt,
Da es der Engel Klarheit schmückt?

Ihr Hirten! warum zittert ihr?
Ey! warum wolt ihr doch verzagen?
Vernehmt mit herzlicher Begier,
Was sich vor Wunder zugetragen.
Auf! freuet euch vielmehr, daß Gott euch so geliebt,
Und euch aus seinem starken Munde,
Von seines Sohnes Lebens-Stunde,
Und Ankunft in die Welt zu erst die Nachricht giebt.
Was denen Mächtigen und Klugen dieser Erden
Ein groß Geheimniß ist, das muß euch wissend werden.
Erwegt, wie eure Niedrigkeit,
Die höchste Macht so hoch erfreut.

Ja, ja ihr Hirten, eure Brust
Ist jetzt in Frölichkeit gesetzet,
Ihr fühlet eine solche Lust,
Die euer innerstes ergötzet.
Ja, ihr erkennt wie hoch der Herr euch angesehn,
Deswegen kommt ihr auch mit haufen
Vergnügt nach Bethlehem gelaufen,
Um dieses Freuden Fest nach Würden zubegehn.
Ja, ihr besingt mit Geist und Andachtsvollen Lippen,
Den angekommnen Gast, den Heyland in der Krippen.
Ihr lobt im Stall zu Bethlehem,
Den König von Jerusalem.

Hier will sich die Unendlichkeit
In einen kleinen Raum verschliessen.
Gott will uns, welche Seltenheit!
In unserm Fleisch und Blut begrüssen.
Hier will die Majestät ein Knecht der Knechte seyn.
Du must mein Gott! an statt der Wiegen
Auf harten Stroh im Finstern liegen.
Man schliesset dich im Stall bey Ochs und Eseln ein.
Ist Heu und Stroh der Schmuck, der deine Glieder zieret?
Erwärmet dich der Hauch der Thiere, wenn dich frieret?
Der, so die Wärme selbst gemacht,
Fühlt Frost und Kälte Tag und Nacht.

Der, so die Lust der Engel ist,
Muß jetzt viel Noth und Jammer sehen;
Wie kanst du dich, Herr Jesu Christ!
Zu solcher Niedrigkeit verstehen?
Hier wird die Ewigkeit der Zeit ihr Unterthan.
Gott will an Mienen und Geberden
Ein wahrer Mensch, mir ähnlich werden;
Doch zieht er nicht wie ich zugleich die Sünde an.
Die Menschheit hast du zwar mein Jesu angenommen,
Und bist in solchem Stand zu uns hernieder kommen,
Doch bleibst du nach wie vor ein Gott,
Mein Heil! mein Schutz, Herr Zebaoth!

O Wunder! das ein Wunder heist!
Hier muß sich die Vernunft verstecken.
Dieß weiß der allerklügste Geist
Auf keine Weise zu entdecken.
Hier schweigt ein Philosoph, die Weisheit dieser Welt
Kan dieses Wunder nicht ergründen,
Noch dessen End und Anfang finden,
Zumahl da Gott es selbst den Engeln vorenthält.
Der Glaube muß allhier den Witz gefangen nehmen;
Die klügelnde Vernunft muß sich hier billig schämen.
Sie fällt nur blos dem Worte bey,
Daß Gott kein Werk ohnmöglich sey.

Behalt, o Welt! nur immerhin
All deine Ehr und Herrlichkeiten;
Dieß ist mein Ruhm, daß ich den Sinn
Nach Bethlehem kan kräftig leiten
Behalte nur dein Gold und deinen Schatz vor dich;
Die Armuth, die im Stalle lieget,
Dieß ist der Schatz, der mich vergnüget;
Der macht mich reich genug; der bleibt mir ewiglich.
Behalte deinen Witz, ich kan nicht klüger werden,
Als wenn ich sagen darf: Der Schöpfer dieser Erden,
Der ist mein Vater, der mich kennt;
Der mich sein Kind und Erben nennt.

Ihr Stolzen, kommt! schaut Jesum an!
Sucht seine Demuth abzulernen;
Ihr, die ihr böses habt gethan,
Ihr dörft euch nicht vom Stall entfernen.
Seht hier, wie Jesus liegt, und auf euch Sünder wartt,
Um, euch ein Beyspiel, recht zu leben,
In seiner Krippe schon zu geben,
Damit ihr länger nicht in eurer Sünd verharrt.
Ihr Sünder, die ihr sonst die Lust der Welt geliebet,
Und euch deßwegen jetzt bekümmert und betrübet:
Eilt nach des Heylands Krippen zu,
So findt ihr Labsal, Trost und Ruh.

Die Welt sucht nur zu dieser Zeit
Durch Hoffarth, Wollust, Tanz und Springen,
Und andrer schnöden Eitelkeit,
Die heilgen Tage zuzubringen.
Behalte deine Lust und deinen Sünden-Schwall;
Nur Bethlehem kan mich ergötzen,
Und meine Brust in Freude setzen.
Das, was mein Herz vergnügt, das liegt im dunkeln Stall.
Betracht ich meinen Freund und Heyland in der Krippen,
So freut sich meine Seel; so singen meine Lippen.
Dieß ist die schönste Lust der Welt,
Die ewig, ewig Dauer hält.

Im finstern Stall zu Bethlehem
Schläft meiner Seelen Licht und Sonne.
Hier liegt der, so mir angenehm;
Hier schlummert meine Freud und Wonne.
Willkommen auf die Welt! willkommen liebster Freund!
Ich will dich in die Arme fassen,
Und dich, mein Heil! daraus nicht lassen,
Als bis du dich mit mir verbunden und vereint.
Denn warum wärest du auf diese Welt gekommen,
Weßwegen hättest du mein Fleisch an dich genommen:
Wenn du nicht woltest bey mir seyn?
Drum kehr mein Heyland bey mir ein.

Was liegst du hier auf hartem Stroh?
Komm, liebster Jesu! in mein Herze,
Mach es durch deinen Einspruch froh,
Sonst sterbe ich gewiß vor Schmerze.
Bereite du mein Herz zu deiner Wohnung zu.
Mein Heil! laß Stall und Krippe stehen.
Und suche in mir einzugehen,
Und halt in meiner Seel auf ewig deine Ruh.
So werd ich von der Welt nicht listiglich betrogen;
Und Gott der Vater bleibt mir ewig wohl gewogen.
Ich werde nicht nur jetzt allein,
Nein, sondern ewig heilig seyn.

* * * * * * *

Wo seh ich hin? Ist das nicht Gottes Sohn
Sidonia Hedwig Zäunemann

Matthäus 17,2.3.4; Mel. Jerusalem, du hochgebaute Stadt.

Wo seh ich hin? Ist das nicht Gottes Sohn:
Ach ja hier ist desselben hoher Thron,
Den ich im Geiste sehe.
Ist das die Herrlichkeit,
Zu der ich einsten gehe,
Und die mir ist bereit?

Ach ja! hier ist das schöne Himmels-Zelt,
Das mir zum Heyl der Sieges-Fürst bestellt,
Da er vor mich gelitten,
Und an des Creuzes Stamm,
Den Fluch und Tod bestritten.
Hier wohnet Gottes-Lamm.

Ich seh dich schon in deinem Glanz und Licht,
Drum wil ich fort! ich mag nun länger nicht
Das schnöde Welt-Getümmel
Mit meinen Augen sehn.
Komm! führe mich zum Himmel!
Ach laß es bald geschehn!

Hier ist gut seyn, drum sehn ich mich dahin;
Denn dieses ist, O Jesu! der Gewinn,
Den du mir aufbehalten;
Hier ist der Sonnen Pracht,
Die, wenn ich werd erkalten,
Mir Jesus zugedacht.

Allein, so lang ich hier noch wallen soll,
So mache mich der Himmels-Freude voll;
Ich frage nichts nach Gallen,
Nach Noth und Ungemach:
Ich folge dir in allen,
Mein Heyland Jesu! nach.

Gieb mir verklärt der Unschuld weises Kleid.
Ich zweifle nicht, du bist darzu bereit;
Du kanst mirs nicht versagen.
Ich hülle mich darein,
Und will es prangend tragen,
Biß ich werd bey dir seyn.

Ach nimm mein Herz zu deiner Hütten ein,
Du wilst ja gern in solchen Häusern seyn.
Nimm Jesu! meine Seele
Vor Thabors Hügel an,
Daß ich mich nicht mehr quäle,
Und ewig freuen kan.

* * * * * * *

Weihnachtslied II
Christian Fürchtegott Gellert

Auf, schicke dich, Recht feierlich
Des Heilands Fest mit Danken zu begehen!
Lieb ist der Dank, Der Lobgesang,
Durch den wir ihn, den Gott der Lieb, erhöhen.

Sprich dankbar froh: Also, also
Hat Gott die Welt in seinem Sohn geliebet!
O, wer bin ich, Herr, daß du mich
So herrlich hoch in deinem Sohn geliebet?

Er, unser Freund, Mit uns vereint,
Zur Zeit, da wir noch seine Feinde waren;
Er wird uns gleich, Um Gottes Reich
Und seine Lieb im Fleisch zu offenbaren.

An ihm nimm teil, Er ist das Heil;
Tu täglich Buß und gläub an seinen Namen.
Der ehrt ihn nicht, Wer Herr, Herr, spricht,
Und doch nicht sucht sein Beispiel nachzuahmen.

Aus Dank will ich In Brüdern dich,
Dich, Gottessohn, bekleiden, speisen, tränken;
Der Frommen Herz In ihrem Schmerz
Mit Trost erfreun, und dein dabei gedenken.

Rat, Kraft und Held, Durch den die Welt
Und alles ist, im Himmel und auf Erden!
Die Christenheit Preist dich erfreut,
Und aller Knie soll dir gebeuget werden.

Erhebt den Herrn! Er hilft uns gern,
Und wer ihn sucht, den wird sein Name trösten.
Alleluja! Alleluja!
Freut euch des Herrn, und jauchzt ihm, ihr Erlösten!

* * * * * * *

Weihnachtslied I
Christian Fürchtegott Gellert

Dies ist der Tag, den Gott gemacht;
Sein werd in aller Welt gedacht!
Ihn preise, was durch Jesum Christ
Im Himmel und auf Erden ist!

Die Völker haben dein geharrt,
Bis daß die Zeit erfüllet ward;
Da sandte Gott von seinem Thron
Das Heil der Welt, dich, seinen Sohn.

Wenn ich dies Wunder fassen will:
So steht mein Geist vor Ehrfurcht still;
Er betet an, und er ermißt,
Daß Gottes Lieb unendlich ist.

Damit der Sünder Gnad erhält,
Erniedrigst du dich, Herr der Welt,
Nimmst selbst an unsrer Menschheit teil,
Erscheinst im Fleisch, und wirst uns Heil.

Dein König, Zion, kömmt zu dir.
»Ich komm, im Buche steht von mir;
Gott, deinen Willen tu ich gern.«
Gelobt sei, der da kömmt im Herrn!

Herr, der du Mensch geboren wirst,
Immanuel und Friedefürst,
Auf den die Väter hoffend sahn,
Dich, Gott, Messias, bet ich an.

Du, unser Heil und höchstes Gut,
Vereinest dich mit Fleisch und Blut,
Wirst unser Freund und Bruder hier,
Und Gottes Kinder werden wir.

Gedanke voller Majestät!
Du bist es, der das Herz erhöht.
Gedanke voller Seligkeit!
Du bist es, der das Herz erfreut.

Durch *eines* Sünde fiel die Welt.
Ein Mittler ist's, der sie erhält.
Was zagt der Mensch, wenn der ihn schützt,
Der in des Vaters Schoße sitzt?

Jauchzt, Himmel, die ihr ihn erfuhrt,
Den Tag der heiligsten Geburt;
Und Erde, die ihn heute sieht,
Sing ihm, dem Herrn, ein neues Lied!

Dies ist der Tag, den Gott gemacht;
Sein werd in aller Welt gedacht!
Ihn preise, was durch Jesum Christ
Im Himmel und auf Erden ist!

* * * * * * *

Immer ein Lichtlein mehr
Matthias Claudius

Immer ein Lichtlein mehr
im Kranz, den wir gewunden,
dass er leuchte uns so sehr
durch die dunklen Stunden.

Zwei und drei und dann vier!
Rund um den Kranz welch ein Schimmer,
und so leuchten auch wir,
und so leuchtet das Zimmer.

Und so leuchtet die Welt
langsam der Weihnacht entgegen.
Und der in Händen sie hält,
weiß um den Segen!

* * * * * * *

Winter
Matthias Claudius

Der Winter ist ein rechter Mann,
Kernfest und auf die Dauer;
Sein Fleisch fühlt sich wie Eisen an
Und scheut nicht Süß noch Sauer.

Er zieht sein Hemd im Freien an
Und läßt's vorher nicht wärmen,
Und spottet über Fluß im Zahn
Und Kolik in Gedärmen.

Aus Blumen und aus Vogelsang
Weiß er sich nichts zu machen,
Haßt warmen Drang und warmen Klang
Und alle warmen Sachen.

Doch wenn die Füchse bellen sehr,
Wenn's Holz im Ofen knittert,
Und an dem Ofen Knecht und Herr
Die Hände reibt und zittert;

Wenn Stein und Bein vor Frost zerbricht
Und Teich und Seen krachen,
Das klingt ihm gut, das haßt er nicht,
Dann will er sich totlachen. –

Sein Schloß von Eis liegt ganz hinaus
Beim Nordpol an dem Strande;
Doch hat er auch ein Sommerhaus
Im lieben Schweizerlande.

Da ist er denn bald dort, bald hier,
Gut Regiment zu führen.
Und wenn er durchzieht, stehen wir
Und sehn ihn an und frieren.

* * * * * * *

Weihnachtsgesang I
Johann Gottfried Herder

Der Friedenskönig kommt heran;
Bereitet ihm den Weg!
Streut Palmen auf die Siegesbahn
Und ebnet jeden Steg!

Sanftmüthig kommt er; Haß und Streit
Ist fern von seinem Sinn.
Demüthig kommt er; Demuth breit'
Die Kleider vor ihm hin!

Denn wen noch wilder Zorn entflammt,
Wen Rach' und Haß empört,
Wer Andre kühn und stolz verdammt,
Ist nicht des Königs werth.

Er kommt zum Frieden. Fried' ernährt,
Unfried' verheert die Welt.
Der ist nicht dieses Königs werth,
Der Bund und Treu nicht hält.

Willkommen, Held für unser Heil!
Der Menschheit Retter Du!
Wer Wahrheit liebt, hat an Dir Theil
Und Freud' und Himmelsruh;

Auch wer für Menschenwohl und Glück
Gefahr und Noth nicht scheut
Und, ruft der Himmel ihn zurück,
Sein Leben willig weiht.

Ihm tönet Segen nach und Dank,
Wenn sich sein Auge schließt,
Indeß ihn Himmelslobgesang
»Gesegnet sei!« begrüßt.

Wolauf, wir stimmen in den Chor
Das Hosianna ein!
Ein Engel schwingt die Palm' empor,
Der Sanftmuth uns zu weihn!

* * * * * * *

Weihnachtsgesang II
Johann Gottfried Herder

Die ganze Menschheit freue sich!
Du, der Mensch bist, freue Dich!
Geboren ist der gute Hirt,
Der alle Völker weiden wird
In Treu und Wahrheit.

Mit göttlich großem Königssinn
Giebt er sich zum Opfer hin;
Er nimmt auf sich die Last der Zeit;
Verachtung, Schmach, Undankbarkeit
Erwarten seiner.

Doch Gottesgeist belebet ihn!
Jedem Frevler wird er kühn
Die Larv' entreißen; suchen wird
Er das Verlorne, was verirrt
Ist, wiederbringen.

Sein Zeichen ist die Dürftigkeit,
Menschenhuld sein Ehrenkleid,
Erbarmen ziehet ihn heran;
Der Völker Heil ist seine Bahn
Zum Himmelsfrieden.

Drum singen froh willkommend ihm
Cherubim und Seraphim
Ihr »Ehre sei Gott in der Höh
Und Fried' auf Erden! Leid und Weh
Wird Wohlgefallen!«

Wir stimmen der Willkommung ein:
Unser Hirte soll er sein
In Wahrheit und Gerechtigkeit,
In Unschuld, Lieb' und Freundlichkeit
Und Menschengüte.

Wer unser arm Geschlecht entehrt,
Ist nicht dieses Königs werth;
Wer Menschen hasset und betrübt,
Nicht statt des Bösen Gutes giebt,
Ist sein nicht würdig.

O stimmt der Engel Glückwunsch bei:
»Fried' auf Erden! Friede sei
Den Menschen!« So ist Gram und Leid
Verschwunden. Unser Herz erfreut
Sein Wohlgefallen.

Christgeschenk
Johann Wolfgang von Goethe

Mein süßes Liebchen! Hier in Schachtelwänden
Gar mannigfalt geformte Süßigkeiten.
Die Früchte sind es heiliger Weihnachtszeiten,
Gebackne nur, den Kindern auszuspenden.

Dir möcht ich dann mit süßem Redewenden
Poetisch Zuckerbrot zum Fest bereiten:
Allein was solls mit solchen Eitelkeiten?
Weg den Versuch, mit Schmeichelei zu blenden!

Doch gibt es noch ein Süßes, das vom Innern
Zum Innern spricht, genießbar in der Ferne:
Das kann nur bis zu dir hinüberwehen.

Und fühlst du dann ein freundliches Erinnern,
Als blinkten froh dir wohlbekannte Sterne,
Wirst du die kleinste Gabe nicht verschmähen.

* * * * * * *

Weihnachten
Johann Wolfgang von Goethe

Bäume leuchtend, Bäume blendend,
Ueberall das Süße spendend,
In dem Glanze sich bewegend
Alt und junges Herz erregend –
Solch ein Fest ist uns bescheret,
Mancher Gaben Schmuck verehret;
Staunend schaun wir auf und nieder,
Hin und her und immer wieder.

Aber, Fürst, wenn Dir's begegnet
Und ein Abend so Dich segnet,
Daß als Lichter, daß als Flammen
Vor Dir glänzten allzusammen
Alles was Du ausgerichtet,
Alle die sich Dir verpflichtet:
Mit erhöhten Geistesblicken
Fühltest herrliches Entzücken.

Die heiligen drei Könige
August Wilhelm Schlegel

Aus fernen Landen kommen wir gezogen;
Nach Weisheit strebten wir seit langen Jahren,
Doch wandern wir in unsern Silberhaaren.
Ein schöner Stern ist vor uns hergeflogen.

Nun steht er winkend still am Himmelsbogen:
Den Fürsten Juda's muss dies Haus bewahren.
Was hast du, kleines Bethlehem, erfahren?
Dir ist der Herr vor allen hochgewogen.

Holdselig Kind, lass auf den Knie'n dich grüßen!
Womit die Sonne unsre Heimat segnet,
Das bringen wir, obschon geringe Gaben.

Gold, Weihrauch, Myrrhen, liegen dir zu Füßen;
Die Weisheit ist uns sichtbarlich begegnet,
Willst du uns nur mit Einem Blicke laben.

* * * * * * *

Blüh denn, leuchte, goldner Baum
Ernst Moritz Arndt

Blüh denn, leuchte, goldner Baum,
Erdentraum und Himmelstraum;
blüh und leuchte in Ewigkeit
durch die arme Zeitlichkeit!

Sei uns Bild und sei uns Schein,
dass wir sollen fröhlich sein,
fröhlich durch den süßen Christ,
der des Lebens Leuchte ist.

Sei uns Bild und sei uns Schein,
dass wir sollen tapfer sein
auf des Lebens Pilgerbahn,
kämpfend gegen Lug und Wahn.

Sei uns Bild und sei uns Schein,
dass wir sollen heilig sein,
rein wie Licht und himmelsklar,
wie das Kindlein Jesus war!

Der Heil'ge Christ ist kommen,
Ernst Moritz Arndt

Der Heil'ge Christ ist kommen,
Der süße Gottessohn,
Des freun sich alle Frommen
Am höchsten Himmelsthron,
Auch was auf Erden ist,
Muß preisen hoch und loben
Mit allen Engeln droben
Den lieben Heil'gen Christ.

Das Licht ist aufgegangen,
Die lange Nacht ist hin,
Die Sünde ist gefangen,
Erlöset ist der Sinn,
Die Sündenangst ist weg,
Und Liebe und Entzücken
Baun weite Himmelsbrücken
Aus jedem schmalsten Steg.

Verwaiset sind die Kinder
Nicht mehr und vaterlos,
Gott rufet selbst die Sünder
In seinen Gnadenschoß,
Er will, daß alle, rein
Von ihren alten Schulden,
Vertrauend seinen Hulden,
Gehn in den Himmel ein.

Drum freuet euch und preiset,
Ihr Kindlein fern und nah!
Der euch den Vater weiset,
Der Heil'ge Christ ist da;
Er ruft so freundlich drein
Mit süßen Liebesworten:
»Geöffnet sind die Pforten,
Ihr Kinder, kommt herein!«

* * * * * * *

Gebet eines kleinen Knaben
an den Heiligen Christ
Ernst Moritz Arndt
1811.

Du lieber heil'ger frommer Christ,
Der für uns Kinder kommen ist,
Damit wir sollen weiß und rein
Und rechte Kinder Gottes sein.

Du Licht, vom lieben Gott gesandt
In unser dunkles Erdenland,
Du Himmelskind und Himmelsschein,
Damit wir sollen himmlisch sein.

Du lieber heil'ger frommer Christ,
Weil heute dein Geburtstag ist,
Drum ist auf Erden weit und breit
Bei allen Kindern frohe Zeit.

O segne mich! Ich bin noch klein,
O mache mir den Busen rein!
O bade mir die Seele hell
In deinem reichen Himmelsquell!

Daß ich wie Engel Gottes sei
In Demut und in Liebe treu,
Daß ich dein bleibe für und für,
Du Heil'ger Christ, das schenke mir!

* * * * * * *

Weihnachtslied
Ernst Moritz Arndt
1818

Erklinge, Lied, und werde Schall,
Kling gleich der hellsten Nachtigall,
Kling gleich dem hellsten Lerchenklang
Die ganze, weite Welt entlang.

Kling, Lied, und kling im höchsten Ton:
Es kommt der süße Gottessohn,
Es kommt das helle Himmelskind
Hernieder, wo die Sünder sind.

Er kehrt bei einer Jungfrau ein,
Will eines Weibes Säugling sein,
Der große Herr der ganzen Welt,
Ein Würmlein auf die Erde fällt.

Ein armes Knäblein nackt und bloß,
So liegt er in Marias Schoß;
Der alle Sterne lenken kann,
Fleht eines Weibes Gnade an.

Der eh'r als Erd' und Himmel war,
Das Wort des Vaters rein und klar,
Spricht lieb und freundlich bei uns ein
Und will der Sünder Bruder sein.

So kommt die unermeßne Huld,
Zu tragen unsre schwere Schuld,
Die ewige Liebe steigt von Gott
Zu uns herab für Schmach und Spott.

Des solln wir alle fröhlich sein
Und singen mit den Engelein
Und singen mit der Hirten Schar:
Das ew'ge Heil wird offenbar.

Des solln wir alle fröhlich sein,
Daß Gott will unser Vater sein,
Und daß der süße Jesus Christ
Heut unser Bruder worden ist.

* * * * * * *

Weihnachtsfreude
Ernst Moritz Arndt
1837

Steh auf! Die Sonn' ist aufgegangen,
Es scheint das Licht der Herrlichkeit –
O Seele, klinge dein Verlangen,
Hell kling herein die neue Zeit!
Laß heut die frohe Kunde schallen
Weit übern Erdenball ringsum!
Erklinge, singe, künde allen
Der Menschheit Evangelium.

Dies ist das Licht, dies ist der Morgen,
Der Vorwelt dünner Dämmerschein,
Oft leuchtend auf und oft verborgen,
Nun scheint er hell zur Welt herein,
Das Liebesrätsel ew'ger Güte,
Der Frommen Hort, der Weisen Lust –
Der Sehnsucht süße Rosenblüte
Erblüht nun voll in jeder Brust.

Drum sollst du, frohe Liebe, klingen,
Daß alle Welt in Wonne sei,
Mit allen Himmelschören singen:
Ihr dunkle Menschen eilt herbei!
O eilet euch im Licht zu baden!
Der Glanz des Himmels strahlt herein,
Und jeder Jammer, jeder Schaden
Der Nacht soll weggeleuchtet sein!

Kommt alle, die ihr lieft verloren
In freudenvoller Finsternis!
Denn Jesus Christus ist geboren,
Es scheint das lichte Heil gewiß.
O Liebesglanz! O Lebensmorgen!
O wunderbarer Gottesschein!
Weg Sünden, Schmerzen, Zweifel, Sorgen!
Denn Jesus Christ will unser sein.

* * * * * * *

Der Weihnachtsbaum
Ernst Moritz Arndt
1847

Steht er da, der Weihnachtsbaum,
Wie ein bunter, goldner Traum,
Spiegelt Unschuldkinderglück,
All sein Paradies zurück.

Und wir schaun und denken dann,
Wie uns heut das Heil begann,
Wie das Kindlein Jesus Christ
Heut zur Welt geboren ist;

Wie das Kind von Himmelsart
Lag auf Stroh und Halmen hart,
Wie der Menschheit Hort und Trost
Erdenelend hat erlost.

Also stehn und schauen wir
Gottes Lust und Gnade hier:
Was uns in dem Kindlein zart
Alles heut geboren ward.

Blüh' denn, leuchte, goldner Baum,
Erdentraum und Himmelstraum,
Blüh und leucht' in Ewigkeit
Durch die arme Zeitlichkeit!

Sei uns Bild und sei uns Schein,
Daß wir sollen fröhlich sein,
Fröhlich durch den süßen Christ,
Der des Lebens Leuchte ist.

Sei uns Bild und sei uns Schein,
Daß wir sollen tapfer sein
Auf des Lebens Pilgerbahn,
Kämpfend gegen Lug und Wahn.

Sei uns Bild und sei uns Schein,
Daß wir sollen heilig sein,
Rein wie Licht und himmelklar,
Wie das Kindlein Jesus war.

* * * * * * *

Der Weihnachtsbaum
Ernst Moritz Arndt
1856.

Prangst du, schöner Weihnachtsbaum,
Meiner Kindheit goldner Traum?
Strahlst du, süßes Himmelslicht,
Das die Heidenwelt durchbricht?
Bist du, Sehnsucht aller Frommen,
Heut zur Welt herabgekommen?

Ja, es kam ein Kindlein klein,
Daß wir sollten selig sein:
Denn aus diesem Kindlein klein
Glänzte heller Gottesschein,
Engel klangen Jubellieder
Auf die dunkle Erde nieder.

Herrlich ging der Morgenstern
Alles Lichtes auf vom Herrn.
Über alle Welten weit
Jauchzt und klingt und singt es heut
Hell aus Millionen Seelen,
Was die Engel sich erzählen.

Schau', mein Herz, schau' fromm und still,
Was der Baum dir sagen will:
Daß der süße Jesus Christ
Heut zu uns gekommen ist,
Daß, dem alle Engel dienen,
Als dein Bruder ist erschienen.

Bete, schaue fromm und still,
Was der Baum dir sagen will:
Hell wie dieses Tages Schein,
Hoch und hell und klar und rein
Soll der Christen fröhlich Leben
Von der Erd' zum Himmel schweben.

* * * * * * *

Fern im Osten wird es helle
Novalis

Fern im Osten wird es helle,
Graue Zeiten werden jung;
Aus der lichten Farbenquelle
Einen langen tiefen Trunk!
Alter Sehnsucht heilige Gewährung,
Süße Lieb in göttlicher Verklärung!

Endlich kommt zur Erde nieder
Aller Himmel sel'ges Kind,
Schaffend im Gesang weht wieder
Um die Erde Lebenswind,
Weht zu neuen ewig lichten Flammen
Längst verstiebte Funken hier zusammen.

Überall entspringt aus Grüften
Neues Leben, neues Blut;
Ew'gen Frieden uns zu stiften,
Taucht er in die Lebensflut;
Steht mit vollen Händen in der Mitte,
Liebevoll gewärtig jeder Bitte,

Lasse seine milden Blicke
Tief in deine Seele gehn,
Und von seinem ew'gen Glücke
Sollst du dich ergriffen sehn.
Alle Herzen, Geister und die Sinnen
Werden einen neuen Tanz beginnen.

Greife dreist nach seinen Händen,
Präge dir sein Antlitz ein,
Mußt dich immer nach ihm wenden,
Blüte nach dem Sonnenschein;
Wirst du nur das ganze Herz ihm zeigen,
Bleibt er wie ein treues Weib dir eigen.

Unser ist sie nun geworden,
Gottheit, die uns oft erschreckt,
Hat im Süden und im Norden
Himmelskeime rasch geweckt,
Und so laßt im vollen Gottes-Garten,
Treu uns jede Knosp und Blüte warten.

Lied unterm Christbaum
Leopold Matthias Schleifer

Ich stand mit dir am Altare,
Geschmückt mit der Myrte Strauß;
Der Priester im weißen Talare
Sprach Segen über uns aus;

Ich stand mit dir am Altare
Im Hochzeitkerzen-Glanz,
Da flochten sie mir in die Haare
Der Rosen duftenden Kranz.

Der Rosen? — wie sollt' ich's nicht glauben!
Schön blühten sie, die mich geschmückt;
In Paradieseslauben
Wird keine schön're gepflückt.

Wohin mein Fuß getreten,
War Gottes Erde so schön!
Mit Frühlingsblumen-Tapeten
Behangen Täler und Höh'n:

Da kniet' ich vor Gottes Throne,
Da stieg mein Gebet am Altar:
Gib bald mir noch eine Krone
Die Mutterkrone in's Haar!

Er winkt — sie sollte mir werden!
Die Freude erdrückte mich;
Von allen Müttern auf Erden
Die glücklichste war ich.

Nur einmal wollt' es mir scheinen,
Als wende mein Engel sich ab,
Und deute mit stillem Weinen
Auf einen Kranz und ein Grab.

Da sucht' ich schnell in den Locken;
Mein Kranz von Rosen war hin!
Ich fand —wie bin ich erschrocken!
- Nur Dornen des Todes darin.

O du, den die Engel loben,
Zu dem ich gesteht und geweint,
Du Vater im Himmel droben,
So war die Krone gemeint?

Hetzt schon soll hinaus ich scheiden,
Die finstere Straße zieh'n?
Soll zieh'n, in der Locke von Seiden
Den Strauß von Rosmarin?

Jetzt schon soll ich einsam wallen
Den mitternächtlichen Gang,
Noch ehe des Kindes Lallen,
Der Name: Mutter! mir klang?

Es sei! es geschehe dein Wille!
Ich habe gehofft und geglaubt;
Nun bring' ich mein Opfer stille,
Und nehme die Krone vom Haupt.

Als Dornenkrone zu prangen,
Hab' ich sie, mit Wehmuth betaut,
Am Christbaum aufgehangen,
Nicht mehr in den Locken der Braut!

Du mein Geliebter, wasche
Mit deinen Tränen sie rein;
Erst Braut — dann Mutter— nun Asche —!
Mein Liebster — vergiß nicht mein!

Dein Schmerz, deine Liebe soll dauern,
So lange ein Herz dir schlägt!
Doch lerne, als Mann zu trauern,
Der würdig sein Schicksal trägt.

Hier finden sich die Verlornen!
Die Gräber modern sich hohl!
Der Erde Pfad ist voll Dornen!
Freund, sei ein Mann! Leb' wohl!

* * * * * * *

Weihnachten
Ludwig Tieck

Wenn herüber zu meinem Garten
Die alten Lieder tönen
Der Pfeifer, die aus dem Gebirge kommend
Jeglich Marienbild mit Weisen grüßen,
So dünk' ich mich in seltsame, ferne
Wunderzeiten entrückt,
Und alte Legenden, und himmlische Sehnsucht,
Zarte Lieb' und große Erinnerung
Quellen aus den rauen, einfachen Tönen.
Tiefer, und inniger
Spricht der Frömmigkeit Wort
Die wunderliche Melodie,
Als in den Kirchen
Der neuen Künstler Wirrwarr,
Die alle Töne keck aufbieten
Um zu heucheln und zu grimassieren,
Und mit weltlichem Prunk
Das Heilige höhnen.

* * * * * * *

Am ersten Sonntage des Advents
Clemens Brentano
Luk. 21, 25

Wie der Sommer folgt der Blüte,
Folgt den Zeichen das Gericht,
Spricht ermahnend heut in Güte,
Der dann strenges Urteil spricht.

Merk! der Heiland nennt die Zeichen,
Die vor dem Gericht ergehn,
Daß geheilet, ohn' Erbleichen
Wir den Richter kommen sehn.

Wie dein Urteil fällt, so fall' es,
Herr! nur deine Gnade gieb,
Daß ich Gott stets über alles,
Wie mich selbst den Nächsten lieb'.

Meine Schuld will ich bereuen,
Stark durchs heil'ge Sakrament,
Dann mich meines Richters freuen,
Der die Seinen selig nennt.

Am St. Niklastag

Clemens Brentano
1826

Sieh ich bin eine Magd des Herrn
Das ist der Umfang und der Kern
Der Jungfraunbildung nah und fern
Die nur von Jesu Mutter lern'!
Die recht Sophia, Weisheit heißt,
Die lernt' es auch vom heil'gen Geist
Spes, Fides, Caritas, das sind
Glaub', Hoffnung, Lieb', der Weisheit Kind,
Die kannten Umfang auch und Kern
Der Jungfraunschule nah und fern
Im: Sieh, ich bin die Magd des Herrn
Und starben für den Glauben gern.
Was du davon nicht weißt, das lern',
Und bitte um den heil'gen Geist,
Und tu, was dich die Mutter heißt,
Und was der Vater haben will,
Ganz unverdrossen, freudig, still,
Der Mutter, die das Haus bestellt,
Dem Vater, der dich nährt und hält,
Der Mutter, die die Kirche heißt,
Dem Vater, Sohn und heil'gen Geist,
Dem ein und andern folge mild,
Denn eines ist des andern Bild.
Wie Flachs, so den verwirrten Sinn
Recht klopfe, breche, hechle, spinn'
Zu einem Faden klar und fein,
Dann wird's ein Tuch hübsch glatt und rein,
Fürs Krippen- oder Wiegenkind
So wie der Herr es tauglich findt.
Putz' den Salat, belese rein
Erbs', Lins', und Reis von Staub und Stein
Das bringt's Gewissen noch so weit,
Als Putz und als Belesenheit.
Das Fleisch wasch', beiz' und mürb es klopf'
Und schieb's zum Feuer und deck' den Topf,
Dämpf', sied's und brat's, wirf weg den Schaum,
Und denk an Zügel und an Zaum
Den Tisch deck' immer ganz komplett,
Die Nadel an der Serviett'
Vergesse nicht, und halt dich nett

Von Suppen und von Bratenfett.
Denk daß das ein' das andre sei,
Und sei nur erst im Kleinen treu,
Wenn dir's nicht mehr vor Kleinem graut,
Wird dir das Größre auch vertraut.
Küß, drück' nicht viel den lieben Mier,
Der Mensch ist ein kurioses Tier,
Ein Maulekuß auch noch so rein
Küßt Übels mehr als Guts hinein.
Am Freitag fehl' nicht im Verein,
Denk: Jesus litt heut ganz allein,
Ich sitz' mit lust'gen Kindern warm
Und nähe, daß sich Gott erbarm'!
Das Schlachten mut't dir niemand zu,
Drum nie den Hahn hilf schlachten du,
Der früh die Magd herausgekräht,
Wie's in der alten Fabel steht.
Laß schlafen jene faule Magd,
Nach der Sankt Niklas gar nichts fragt,
Steh auf und grüß' den Morgenstern,
Sprich: sieh, ich bin die Magd des Herrn!
Und sei zur Kirche schnell bereit,
Denk nicht, es ist noch lange Zeit,
Denn, wenn man erst zusammenläut't,
Dann kömmt Gericht und Ewigkeit.
Und will der Kopf sich wie ein Pfau
Ausspreizen, auf die Füß' nur schau,
Und wollen die stolzieren gehn,
Dann darfst du auf ein Kreuz nur sehn,
Wie da die Schuld, die Lust, der Stolz
Gegeißelt an ein schmählich Holz
Die Unschuld angenagelt hat,
Denk: ich gehör' an seine Statt.
So denk und sei die Magd des Herrn,
Sankt Niklas hat die Mägdlein gern
Er warf dem Vater Geld ins Haus,
Der steuerte drei Bräute aus.
Näh', koch', back', bet', lieb', hoff', und glaub',
Bringt hier und jenseits unter die Haub'!

So werde die Emilia
Ein Vorbild für Othilia,
Und inter spinas Lilia
Und alia similia.

Weihnachtslied
Clemens Brentano

Kein Sternchen mehr funkelt,
lief nächtlich umdunkelt
Lag Erde so bang,
Rang seufzend mit Klagen
Nach leuchtenden Tagen,
Ach! Harren ist lang.

Als plötzlich erschlossen,
Vom Glanze durchgossen,
Den Himmel sie sieht;
Es sangen die Chöre:
Gott Preis und Gott Ehre!
Erlösung war da.

Es sangen die Chöre:
Den Höhen sei Ehre,
Dem Vater sei Preis,
Und Frieden hienieden,
Ja Frieden, ja Frieden,
Dem ganzen Erdkreis.

Wir waren verloren,
Nun ist uns geboren,
Was Gott uns verhieß,
Ein Kindlein zum Lieben,
Und nie zu betrüben,
Ach, Lieb ist ja süß!

O segne die Zungen,
Die mit mir gesungen,
Du himmlisches Kind!
Und laß dir das Lallen
Der Kinder gefallen,
So lieblich und lind.

O Friede dem Zorne,
O Röschen, dem Dorne
So lieblich erblüht;
Süß lallende Lippe
Des Kinds in der Krippe,
Dir gleicht wohl dies Lied.

Nachtrag zum Weihnachtsliede
Clemes Brentano

Bescherung der Armen an die Wohltäterin

Das Mägdlein gieng zur Linde
Und seufzte gar betrübt:
Was schenk' ich nur dem Kinde,
Das mich so treu geliebt?

Da schwebte her zur Linde
Ein Engel lieb und rein
Und Arme, Kranke, Blinde,
Die zogen hinterdrein.

Sie trugen in der Mitte
Wohl einen Weihnachtsbaum
Ganz nach der alten Sitte
Gleich einem Kindertraum.

Sie setzten's Bäumlein nieder
Vors arme Mägdelein,
Und sangen Dankeslieder
Und sprachen: das ist dein.

Was Gott dir hat gegeben,
Hast du mit uns geteilt,
Dein Lieben gab uns Leben,
Dein Heil hat uns geheilt.

Drum haben wir Elende
Am Fest uns auch geregt,
Den Dank der kranken Hände
Ans Kinderherz gelegt.

Leid ist's von dir mitleidet,
Schmerz ist's von dir gestillt,
Nacktheit von dir bekleidet,
Ist deiner Liebe Bild.

Da ward das Mägdlein stille,
Dacht': »o welch süßer Traum!
Jetzt in der Zeiten Fülle,
Welch reicher Weihnachtsbaum!

Will gleich dem Kind ihn bringen,
O das wird freudig sein.«
Da hob mit süßem Klingen
Sich sanft ein Stimmlein fein.

Im Gärtchen sich erhebet
Von Wachs das Jesulein,
Und geht umher und lebet
Patscht in die Händlein klein.

Und spricht mit süßem Lachen,
Ach das ist doch was wert,
Ach was für schöne Sachen
Hat mir arm Lind beschert!

Was Armen sie gegeben,
Das all sie mir auch giebt,
O welch ein schönes Leben
Wenn Arm den Armen liebt!

Ja weil ich arm, so reichet
Der Armut sie, was mir
Und weil sie arm, so reichet
Die Armut mir, was ihr.

Nach diesen lieben Worten
Ist in dem Weihnachtsbaum
Ein Herz getröstet worden,
Traut seinen Ohren kaum.

Es dacht', der armen Linde
Ward ich vorm Jahr beschert,
Und drum dem Jesuskinde
Zu gleicher Zeit verehrt.

Und dieses hat gesungen
Das Herz im Weihnachtsbaum
Von Armendank umrungen
Lamm, Nüssen, goldnem Schaum!

* * * * * * *

O Tannebaum!
Clemens Brentano

Chor:
: O Tannebaum! o Tannebaum!
Du bist mir ein edler Zweig,
So treu bist du, man glaubt es kaum,
Grünst sommers und winters gleich.

Mädchen:
: Wenn andere Bäume schneeweiß sein
Und traurig um sich sehen,
Sieht man den Tannebaum allein
Ganz grün im Walde stehen.

Chor: O Tannebaum! o Tannebaum! usw.

Mädchen:
: Mein Schätzel ist kein Tannebaum,
Ist auch kein edler Zweig,
Ich war ihm treu, man glaubt es kaum,
Doch blieb er mir nicht gleich.

Chor: O Tannebaum! o Tannebaum! usw.

Mädchen:
: Er sah die andern schneeweiß sein
Und schimmernd um sich sehn,
Und mochte nicht mehr grün allein
Bei mir im Walde stehn.

Chor: O Tannebaum! o Tannebaum! usw.

Mädchen:
: Der andern Bäume dürres Reis
Schlägt grün im Frühling aus,
Pocht er sein Röckchen, bleibt's doch weiß,
Schlägt nie das Grün heraus.

Chor: O Tannebaum! o Tannebaum! usw.

Mädchen:
: Oft hab' ich bei mir selbst gedacht,
Er kömmt noch einst nach Haus,
Spricht: Hab' mir selbst was weiß gemacht,
Poch' mir mein Röcklein aus.

Chor: O Tannebaum! o Tannebaum! usw.

Mädchen:	Und klopft' ich ihn auch poch, poch, poch, So fliegt nur Staub heraus; Das schöne treue Grün kommt doch Nun nimmermehr heraus.
Chor:	O Tannebaum! o Tannebaum! usw.
Mädchen:	Drum als er mich letzt angelacht, Ich ihm zur Antwort gab: Hast dir und mir was weiß gemacht, Dein Röcklein färbet ab.
Chor:	O Tannebaum! o Tannebaum! usw.
Mädchen:	O Tannebaum! o Tannebaum! Wie traurig ist dein Zweig. Du bist mir wie ein stiller Traum, Und mein Gedanken gleich.
Chor:	O Tannebaum! o Tannebaum! usw.
Mädchen:	Du sahst so gar ernsthaftig zu, Als er mir Treu versprach, Sprich, sag mir doch, was denkest du, Daß er mir Treue brach.
Chor:	O Tannebaum! o Tannebaum! usw.

* * * * * * *

Weihnacht
Clemens Brentano

Eine Rose hat geblühet
Also süß, geheimnisreich,
Daß selbst Gott für sie erglühet,
Und geworden Menschen gleich.

Keuschheit, Innigkeit und Demut
Schmückten sie mit Farb und Duft,
Daß ihr Reiz mit frommer Wehmut
Bis zum Throne Gottes ruft.

Also hat ihr Duft gezogen,
Daß den Stärksten sie bezwang,
Daß ihr an das Herz geflogen
Ist der Held, um den sie rang.

Daß, der erste und der letzte,
Des allmächt'gen Gottes Sohn
In den Schoß der Rose setzte
Aus dem Himmel seinen Thron.

Wie das Einhorn kömmt gesprungen
Gern zu reiner Jungfraun Schoß
Und sein Haupt, das nie bezwungen
Beuget aller Wildheit bloß,

So ihr inniges Verlangen
Zog den Helden in das Land,
Und sie band, den sie gefangen,
Mit der Liebe stärkstem Band.

Lieblich hat sie ihn empfangen,
Ach er grüßte so vertraut!
Und sie hat ihn süß umfangen,
Wie den Bräutigam die Braut,

Führt ihn ein zum Heiligtume,
In des Herzens Kämmerlein,
Wo mit ihm die reine Blume
Mutterselig war allein.

Wo sie den Geliebten legte
In ein Bettlein keusch und rein,
Und ihm, den sie lieblich pflegte,
Schenkte süßen Balsam ein,

Daß der ganz von Lieb' Berauschte
Schlummernd dort neun Monde lag
Und sein eignes Herz belauschte
In des Mutterherzens Schlag.

Und als nun der Held erwachte,
O da war der Starke lind!
Der da Erd' und Himmel machte,
War ein kleines, süßes Kind.

Den Unfaßlichen die Rose
Bindet fest in Tüchlein ein,
Wiegt ihn spielend ein im Schoße,
Legt ihn in ein Krippelein.

Und durch Demut führt die Holde
Den Allmächt'gen nah und fern,
Hin und wieder, wo sie wollte,
Führt den Herrn die Magd des Herrn,

Bringt zum Tempel den Geliebten,
Setzt ihn auf ein Eselein,
Führt ihn fern bis in Ägypten,
Und er folgt dem Mütterlein,

Flüchtet durch die dürre Wüste
Ihren Schöpfer vor Gefahr,
Und es nähren ihre Brüste
Ihren Gott, den sie gebar.

Führet ihren Gott zurücke
An der treuen Mutterhand,
Als erlosch des Feindes Tücke,
In sein ird'sches Vaterland.

Führt zu seines Tempels Hallen
Den Allmächtigen, ein Kind,
Lehrt ihn die Gebete lallen,
Die ihm selbst gebetet sind.

Und als sie im Tempel lehrend
Den Vermißten wiederfand,
Folgt er ihre Mahnung ehrend
Wie ein Kind am Gängelband.

Wie geschah dem Gottessohne
Als der edlen Rose Duft
Bis zum hohen Himmelsthrone
Aus den Erdendornen ruft,

Ganz in Liebe er erglühte
Los er sich vom Vater wand,
Sprang zur wundersüßen Blüte,
Die da in den Dornen stand.

Hat die Dornen wohl empfunden,
Ward wohl selbst ein Röslein rot,
Blutete, von Dorn umwunden,
Aus fünf Rosen sich zu tot.

Und empfangen von der Rose
Süß nach weiblicher Natur
Folgt allein er dem Gekose
Ihres lieben Willens nur.

Und als ihn die Süße, Holde
Schloß im keuschen Herzen ein,
Wo sie nur ihn haben wollte,
Trank er also süßen Wein,

Daß der Gottheit unermessen
Und der Engel lichte Pracht
Er im Mutterschoß vergessen,
Wenn die Jungfrau niederlacht,

Und mit lieblicher Geberde
Hüllt sie in ein Knechtsgewand
Den, der Himmel schuf und Erde,
Liebe zwingt zu niederm Stand.

Zwinget in dem Sklavenkleide
Ihn so manches bittre Jahr,
Daß er tue, daß er leide,
Was er nicht gewöhnet war.

Und als nun im Todeskleide
Er ins Elend trat heraus,
Daß das Lamm in Dornen weide,
Brach es laut in Tränen aus.

Fühlte gleich die Dornen stechen
Nach des Rosenbettleins Ruh'
Und es war, als wollt' er sprechen:
Ach! wie komme ich dazu?

Und Maria lächelt freudig
Dem gefangnen Königssohn,
Mit dir lieb' ich, mit dir leid' ich,
Doch du kommst mir nicht davon!

Gott sei Preis, daß fest gebunden
Ich durch Liebe dich, o Held!
Hat dich Liebe überwunden,
So besieg' mir nun die Welt!

Eh' dein Vater zu der Rechten
Dich, o Sohn! erhöhen soll,
Werd' erst Gnade seinen Knechten,
Denn er hieß mich gnadenvoll!

Adam und all seine Kinder
Mußt du erst vom Zorn befrein,
Dann magst du, o Trost der Sünder
Wieder bei dem Vater sein.

Und daß dieser nicht dem Sohne,
Und der Sohn sein selber nicht
Zu der Sünder Heil verschone,
Gieng die Liebe ins Gericht.

Und es gab das Kind der Rose
All sein Blut so rosenrot,
Fiel aus seiner Mutter Schoße
In die Dornen, in den Tod.

Ach die Sünder kosten teuer
Kosten Schmerzen ihn genug,
Bis er aus des Zornes Feuer
Sie ins Bad der Gnade trug.

Und wer nun hier in der Rose
Fein das süße Kindlein sieht,
Dank' daß aus der Junfrau Schoße
Ihm auch ist das Heil erblüht!

Hab' dies Weihnachtslied gesungen
Von dem süßen Rosenkind,
Bin von Dornen so umschlungen,
Daß ich wund und krank und blind.

Ist drum nicht dies Lied gelungen
Mag es sein, weil wie ein Kind
In den Dornbusch ich gedrungen,
Daß ich dir ein Sträußlein bind'.

Hab' nur Dornen mir gesammelt,
Geb' dir all die Rosen hin,
O vergieb dem Schmerz der stammelt,
Laß mich scheinen, was ich bin.

* * * * * * *

Wiegenlied
Clemens von Brentano

Hier unterm Turme
hier wehet kein Wind,
hier betet die Mutter
und wieget ihr Kind,
und hat von der Wiege
zur Krippe ein Band
von Glaube und Hoffnung
und Liebe gespannt.

Weit über die Meere
die Sehnsucht sie spinnt,
dort sitzet Maria
und wieget ihr Kind,
die Engel, die Hirten,
drei König und Stern
und Öchslein und Eslein
erkennen den Herrn.

Wohl über dem Monde
und Wolken und Wind
mit Zepter und Krone
steht Jungfrau und Kind.
Hier unten ward's Kindlein
am Kreuz ausgespannt,
dort oben wiegt's Himmel
und Erd auf der Hand.

Komm mit, lass uns fliegen
zu Maria geschwind,
kommt mit! und lern biegen
dein Knie vor dem Kind,
komm mit! schnür dein Bündlein,
schon führet die Hand
Maria dem Kindlein,
es segnet das Land.

* * * * * * *

Wer ist ärmer als ein Kind
Clemens von Brentano

Wer ist ärmer als ein Kind,
An dem Scheideweg geboren,
Heut geblendet, morgen blind,
Ohne Führer geht's verloren,
Wer ist ärmer, als ein Kind.
Wer dies einmal je empfunden,
Ist den Kindern durch das Jesuskind verbunden!

Welch Geheimnis ist ein Kind,
Gott ist auch ein Kind gewesen,
Weil wir Gottes Kinder sind,
Kam ein Kind uns zu erlösen.
Welch Geheimnis ist ein Kind.
Wer dies einmal ...

O wie dankbar ist ein Kind,
Pflege ich die zarte Pflanze,
Schütz ich sie vor Sturm und Wind,
Wird's ein Schmuck im Himmelsglanze,
O wie dankbar ist ein Kind.
Wer dies einmal ...

Die im Himmel waren Kind,
Die auch, die der Fluch getroffen,
Ach, so such ein Kind geschwind,
Lehr es glauben, lieben, hoffen,
Die im Himmel waren Kind.
Wer dies einmal ...

Welch ein Bote ist ein Kind,
Jedes Wort, das es erquicket,
Bis zum Himmelsgarten rinnt,
Wo das Wort war ausgeschicket,
Welch ein Bote ist ein Kind.
Wer dies einmal ...

Zu mir sendet Gott das Kind,
Das nicht weiß, was tun, was lassen,
Wie ich gebend bin gesinnt,
Wird sein Herz die Gabe fassen,
Zu mir sendet Gott das Kind.
Wer dies einmal ...

Wie so leicht lehrt sich ein Kind
All zum Guten, all zum Bösen
Wie den Schlüssel es gewinnt,
Wird es alle Rätsel lösen,
Wie so leicht lehrt sich ein Kind. Wer dies einmal ...

Sei nicht bange um das Kind,
Laß es alles selbst verdienen,
Sei barmherzig, streng und lind,
Sei wie Gott mit dir, mit ihnen,
Sei nicht bange um das Kind.
Wer dies einmal ...

Wie gelehrig ist ein Kind,
So wie du es lehrest lesen
In dem Buch, in dem wir sind,
So wird einst sein ganzes Wesen,
Wie gelehrig ist ein Kind.
Wer dies einmal ...

Willst du segnen, lehr ein Kind,
Aus dem Körnlein werden Ähren,
Wie dein Körnlein war gesinnt,
Wird das Brot die Welt einst nähren.
Willst du segnen, lehr ein Kind.
Wer dies einmal ...

Keine Blume kennt das Kind,
Giftige erscheinen bunter,
Wenn es Lust am Bunten find't,
Bricht's die Frucht und gehet unter,
Keine Blume kennt das Kind.
Wer dies einmal ...

Ach wer führt dies schwache Kind,
Höll und Himmel stehen offen,
Daß das Lamm dem Wolf entrinnt,
Hat es mich wohl angetroffen.
Ach, wer führt dies schwache Kind.
Wer dies einmal ...

Durch die Wüste zieht das Kind,
Nur der Faden meiner Hände
Führt es durch das Labyrinth,
Es wird wandeln wie ich's sende.
Durch die Wüste zieht das Kind.
    Wer dies einmal ...

In der Krippe lag ein Kind,
Ochs und Esel es verehren;
Wo ich je ein Kindlein find,
Will ich's lieben, pflegen, lehren,
In der Krippe lag ein Kind.
    Wer dies einmal ...

Zu mir Sünder kam dies Kind,
Lehrte mich den Vater kennen,
Darum, wo ich ein Kindlein find,
Muß ich's meinen Bruder nennen.
Zu mir Sünder kam dies Kind.
    Wer dies einmal ...

Wie so heilig ist ein Kind,
Nach dem Wort von Gottes Sohne
Aller Kinder Engel sind
Zeugen vor des Vaters Throne,
Wie so selig ist ein Kind!
    Wer dies einmal ...

Welche Würde hat ein Kind,
Spach das Wort doch selbst die Worte:
Die nicht wie die Kinder sind,
Gehn nicht ein zur Himmelspforte.
Welche Würde hat ein Kind.
    Wer dies einmal ...

Werden muß ich wie ein Kind,
Wenn ich will zum Vater kommen,
Kinder, Kinder, kommt geschwind,
Ich wär gerne mitgenommen,
Ich muß werden wie ein Kind.
    Wer dies einmal ...

Dieses Lied ist für ein Kind,
Das noch nie ein Kind betrübet,
Und aus Jesu Liebe sinnt,
Ob es Kinderliebe übet,
Dieses Lied ist für ein Kind,
Und weil solches es empfunden,
Ist's den Kindern durch das Jesuskind verbunden!

Wer dies sang war auch ein Kind
Und ist jetzt ein armer Sünder,
Und er schreibt auf Sturm und Wind:
Wachet über Gottes Kinder,
Wer dies sang, war auch sein Kind.
Herr, laß dies ihn heiß empfinden,
Sich den Kindern durch das Jesuskind verbinden!

* * * * * * *

Wie man das Christkind beherbergen soll
Clemens Brentano

Gespräch der Meisterin und Schülerin

Zur Meisterin sprach einst die Schülerin:
»Es ist Advent, Gott will sich uns bescheren
Als Menschenkind, gieb Rat, ich sinn' und sinn',
Weiß nicht, was tun, wollt' er bei mir einkehren.

Meisterin Bau ihm ein Haus!

Schülerin Ein Haus? ich armes Kind
Bring kaum ein Nest zustand für meine Taube,
Mein ganzes Werk blies um der erste Wind,
Als neulich ich gebaut die Bohnenlaube.

Meisterin: Ein ruhsam friedlich Herz sei dieses Haus
Von Mißgunst, Haß und Neid halt du es rein
All, was nicht Liebe ist, das fege aus,
Nur wo der Friede wohnt, kehrt Jesus ein.

Von äußern Dingen halt dies Haus fein still
Zieh keine fremden Händel vor Gericht,
Mag jeder tun und lassen, was er will,
Sorg du um das allein, was deine Pflicht,

Schülerin: Mit Gott und meinem Engel sei's versucht,
Doch welcher Raum im Haus kann würdig sein
Daß ihn des großen Gottes Sohn besucht?

Meisterin: Bau ihm allein ein fein Schlafkämmerlein.

Schülerin: Ein Kämmerlein? wie bring' ich das zustand?
Käm' er zu mir, ich schmückte meine Zelle,
Mit Blumen, stellte alles ihm zur Hand,
Und harrte seiner Winke auf der Schwelle.

Doch geht's wohl kaum, denn wird mein Herz sein Haus,
Wird die Herzkammer auch wohl seine Kammer
Da fürcht' ich nur, er hält's darin nicht aus,
Wie soll er schlafen, immer pocht der Hammer.

Meisterin:	Schlafkammer soll die innigste Begier
	Nach deinem Gott in deinem Herzen sein
	Des Herzens innig Sehnen baut in dir
	Wie in Maria Jesu Kämmerlein.

        Aus diesem Kämmerlein zur höchsten Zierde
          Treib alles, was nicht Gottes ist, hinaus
        Nicht Erd' noch Himmel sättigt die Begierde
          Nur Gott allein füllt deine Sehnsucht aus.

Schülerin:	Mit Gott und meinem Engel sei's versucht
	An inniger Begier nach ihm fehlt's nicht,
	Ich fürchte nur, wenn er mich nicht besucht,
	Daß aus Begier das kranke Herz mir bricht.

        Was aber tu ich, daß in der Begier
          Die selbst nie ruht das Kindlein ruhend liege
        Es bebt das Haus und auch die Kammer schier,
          Wo find' dem Kind ich eine sanfte Wiege?

Meisterin:	Gehorsam, reines Gold, vor allen Dingen
	Fügsam zum Bau der Wiege sich gebührt,
	Die willig sich läßt hin und wider schwingen,
	Wie sie die Hand, wie sie der Fuß berührt.

        So soll dein Wille dem Gebot sich neigen
          Ohn' alle Ausred und Entschuldigung,
        Dann weint das Kindlein nicht, mit süßem Schweigen
          Ruht's sanft in deines Herzens Huldigung.

Schülerin:	Mit Gott und meinem Engel sei's versucht
	Die heil'ge Obedienz baut mir die Wiege
	Doch wer ist's, der mir Stroh zusammen sucht
	Damit das Kind nicht auf den Brettern liege.
Meisterin:	Demütigung, die aller Tugend Grund,
	Demut vor Gott und Menschen hingegeben,
	Macht auf dem eignen Feld dir einen Bund
	Von Stroh, so schwer, daß du ihn kaum kannst heben.

Regt Hoffart sich, leg' ihr die Fragen vor
Wie viele Tag' in Sünd' hab' ich vergeudet,
Wie edle Zeit in Eitelm ich verlor
Wieviel durch Ärgernis hab' ich verleitet?

Hätt' Gott mit seiner Gnad' mich nicht gestützt,
Gelegenheit der Sünde nicht genommen,
Nicht sorgsamer als andre mich geschützt.
Wie wär' ich dann der Todesschuld entkommen?

Wie leb' ich jetzt, erfüll' ich das Gebot,
Das Gott auf Stein und in mein Herz geschrieben,
Forsch' ich auch redlich, was dem Christen Not,
Und üb' ich's treu im Glauben, Hoffen, Lieben?

Herr! nähmest deine Gnade du von mir,
Ließ'st meinen Sinnen frei mich hingegeben
O welche Schuldenlast erwüchs' mir hier
Und welche Strafe in dem ew'gen Leben?

Prüft dich, mein Kind, die liebe Demut so,
Wirst du auf deinem Acker bald erkennen
Wie wenig Weizen und wie vieles Stroh,
Leg's in die Wiege, eh man's wird verbrennen.

Schülerin: Weh Stroh und Stroh! wer doch vor Feurgefahr
Sein bißchen Habe schon gesichert hätte,
O heiliger Sankt Florian bewahr!
Doch rat mir Meisterin nun auch zum Bette.

Meisterin: Das Bettlein sei vollkommene Geduld;
In äußerer und innerer Bedrängnis
Bedenke deine überflüss'ge Schuld
Und preise Gottes strafendes Verhängnis.

Trag alles Leid ergeben und geduldig,
Mehr wirst du leiden nie, als du verdienet,
Mach du ein Bettlein draus dem Kind unschuldig
Es kömmt vom Himmel, daß es dich versühnet.

Schülerin: Mit Gott und meinem Engel sei's versucht
Daß ein weich Bettchen komme in die Wiege;
Doch wo? wenn's Kindlein nach dem Kissen sucht,
Nehm' ich es her, daß sanft sein Häuptlein liege.

Meisterin: Das Kissen wird die liebe Sanftmut sein,
Niemand betrübe, ärgre, oder störe
Zu allem sprich begütigend allein,
Unmut'ger Laune niemals Raum gewähre.

Zürn' nicht dem Hündlein, wenn's am Tische kratzt
Und nicht dem Bettler, wenn er nicht transchierlich
Zerlegt die Vöglein und beim Essen schmatzt,
Ja was du reichst so zierlich, ißt beschmierlich.

In Worten Werken und Geberden dein
Herrsch' Friede, Stille, ruhiges Gewissen,
Hüll' in Ehrwürdigkeit die Sanftmut ein
Dann füllst dem Kindlein du ein sanftes Kissen.

Schülerin: Mit Gott und meinem Engel sei's versucht,
Wie aber soll das Leintuch ich bereiten,
Das übers Bettlein ich nach Sitt' und Zucht
Dem lieben Kindlein reinlich aus muß breiten.

Meisterin: Das Leintuch ist ein Dasein keusch und rein,
Das unter dem Gebet wird fein gesponnen,
Und gleich gewebet unter mancher Pein,
Dann ausgespannt beim Kreuze in der Sonnen.

Und zwischen Lilien wird's bei Tag und Nacht
Im Taue frommer Tränen weiß gebleichet
Und vom Gewissen sorgsamlich bewacht,
Bis es den Lilien an Farbe gleichet.

Schülerin: Mit Gott und seinem Engel sei's versucht,
Mit reinen Füßen zu dem Ziel zu wallen,
Daß Cäsar sterbend sinkend noch mit Zucht
Sein Kleid geordnet hat mir stäts gefallen.

　　　　　　Ich spinne, webe, Gott geb' Sonnenschein
　　　　　　Herr ich bitt' gar schön, wenn ich's Tuch ausstrecke,
　　　　　　Daß ich's mit Tränen bleiche lilienrein.
　　　　　　Doch breit' ich's über, fehlt mir noch die Decke.

Meisterin:　　Die Decke sei auf die Barmherzigkeit
　　　　　　Und Güte Gottes Hoffen und Vertrauen.
　　　　　　Daß die bereute Schuld dir Gott verzeiht
　　　　　　Die du bekennt hast, darauf mußt du bauen.

　　　　　　Vertrau' auf den barmherz'gen Gott allein,
　　　　　　Bringst du gleich Buß' und gutes Werk entgegen,
　　　　　　Wird doch Barmherzigkeit dir nur verzeihn.
　　　　　　Dem Hoffen, Glauben wird der Liebe Segen.

Schülerin:　　Mit Gott und meinem Engel sei's versucht,
　　　　　　Ich hoff' und glaub', wenn ich mit Liebe decke
　　　　　　Gottes Barmherzigkeit, die mich besucht,
　　　　　　Daß diese auch sich nach der Decke strecke.

　　　　　　Du lehrtest mich, wie ehrsam und bequem
　　　　　　Der Wiege Innres ich mit Bettwerk fülle,
　　　　　　Lehr' mich vom Äußern auch, woher ich nehm'
　　　　　　Das Wiegenband, den Bogen und die Hülle.

Meisterin:　　Die heiße Lieb' zu deinem Gott und Herrn
　　　　　　Wird dir ein Wiegenband gar köstlich weben
　　　　　　Von diesem Band gewiegt wird Jesus gern
　　　　　　Dem Herzen, das ihn sucht, entgegenschweben.

　　　　　　Der hohe Fürst fühlt mit der Liebe Band,
　　　　　　Sich in der Wiege gern von dir umschlungen,
　　　　　　Das ihn um dich so eng am Kreuz umwand
　　　　　　Bis ihm aus Lieb' sein heil'ges Herz zersprungen.

　　　　　　Als Bogen richt' die gute Meinung auf
　　　　　　Daß nur zu Gottes Lob und größrer Ehre
　　　　　　Als seinem Ziel dein Tun und Lassen lauf'
　　　　　　Und weder hier noch dort nach Lohn begehre.

Des edlen Königs Augen ruhen gern
Auf diesem Bogen, fest und gleich geründet,
Denn von den Werken gilt vor Gott dem Herrn
Die Meinung nur, auf die sie sind gegründet.

Das Tuch, das schattend hüllt den Bogen ein,
Bereitet dir ein fromm verstandnes Schweigen,
Sprich nie, was nicht zu Gottes Ehr' allein
Noch zu dem Heil des Nächsten kann gereichen.

So um den hohen Gast durch Schweigen sei
Ein friedlich schirmend Schlummerzelt geschlagen;
Vergeblich Wort, unnütze Schwätzerei
Zerreißt das Zelt, daß Licht und Fliegen plagen.

Dann brauchest du auch frommer Mägde drei
Bei Tag und Nacht des hohen Kinds zu pflegen,
Ein Wink, ein Seufzer schon ruft sie herbei,
Flink eilen seinen Wünschen sie entgegen.

Schülerin: Jetzt, liebe Meisterin, gib mir Bescheid
Wo ich drei solche fromme Mägde finde
Du selbst ja klagtest früher allezeit
Es sei jetzt solche Not um das Gesinde.

Meisterin: Die erste Magd soll die Erinnrung sein
Memoria ist stäts bei Tag und Nacht
Wie sie das Haus des Königs halte rein
Und auf sein Lob und seine Ehr' bedacht.

In ihrem Garten wächst Vergißmeinnicht,
Was sie bemerkt, verschiebt sie nicht auf morgen,
Gleich bei der wohlgeschürten Lampe Licht
Trägt sie's der zweiten Magd auf, zu besorgen.

Prudentia, Vernunft, Vorsichtigkeit
Heißt diese und ist Schaffnerin im Haus,
Sie ordnet, schafft und teilt zu seiner Zeit
Ein jed Geschäft dem dritten Mägdlein aus.

Vom Maulbeerbaum nimmt sie ein Beispiel gut,
Der bis zur warmen Zeit ohn' Blätter bleibet,
Und auch vom Hirsch, der wiederkauend ruht,
Bis ihn die Not zu schnellem Laufe treibet.

Die Schaffnerin befiehlt der dritten Magd,
Voluntas heißt sie, ist ganz guter Wille,
Und führet, was Prudentia ihr sagt
Flink und gehorsam aus in aller Stille.

Ein kluges Hündlein mit gerecktem Ohr
Blickt eifriger nicht auf des Meisters Winke
Als zu Prudentia, Voluntas blickt empor,
Und alles tut sie gleich, die treue, flinke.

Sie wacht und bringt herzu und treibet auf
Bewahrt, was da, und findet, was verloren,
Sie dienet ruhend und in schnellem Lauf
Und murret nicht auch noch so scharf geschoren.

So wohl bedienet wird der hohe Gast
In deinem Herzen wie im Himmel wohnen
Und wie jungfräulich du geliebt ihn hast
Dich wie ein König seine Braut belohnen.

Gott in der Höhe sei nun Lob und Preis
Und auf der Erde allen Menschen Friede
Die guten Willens sind, das singe leis
Dem lieben Kinde du als Wiegenliede.

Schülerin: Mit Gott und meinem Engel sei's versucht
Und wird das Ganze auch nicht würdig sein,
Daß mich das liebe Himmelskind besucht,
Bitt' ich Sankt Joseph um sein Eselein.

* * * * * * *

An eine schöne Erscheinung am Dreikönigtag
Clemens Brentano

Nicht allen war der Himmel gleich geneigt,
Und jeglichem ist andre Pflicht gegeben
Wie mancher betet an, indes die Lippe schweigt,
Der andere darf nur die Blicke heben,
Der König Gold der Weise Mirrhen reicht
Und Weihrauchwolken läßt der Melchior schweben,
Der Kinder Lallen und der Liebe Stammeln,
Des Sängers Lied muß sich zum Dienste sammeln.

Es hat der Herr sich eine Welt erbaut,
Er hat sie mit der Schönheit ausgeschmücket,
Er hat sie dem Gesetze anvertraut,
Sein Siegel auf des Menschen Stirn gedrücket,
O selig wer in solche Augen schaut,
Die solche Seligkeit der Welt entzücket,
Ihm ist der Herr, ihm ist das Reich erschienen
Er weiß, er weiß, wo's lieblich ist zu dienen.

Wie gütig ist der Herr, der überall,
Da wo ich bin, da will er mir erscheinen,
Und wo ich singe grüßet ihn der Widerhall
Und wo ich denke kann ich ihn nur meinen,
Ihn lob' ich lachend mit der Freude Schall
Ihn ehrt der Trauer stillbescheidnes Weinen,
Und was mich rührte, darf ich stolz auch singen,
Denn nur zu ihm erheben sich die Schwingen.

Mir ward ein Aug', was herrlich ist, zu sehen
Ein Herz ward mir, was würdig ist zu hegen,
Die Sonne will mir auf und untergehen,
Der Anmut geh' ich treu und fromm entgegen,
Vor dir du schöner Mensch mag gern ich stehn,
Dir, mir zu lieb nicht, nein nur Gottes Wegen.
Sei irdisch Himmel mir, und himmlisch Erde
Daß Freundesdienst ein Gottesdienst mir werde.

* * * * * * *

Weihnachten
Ludwig Achim von Arnim

Weihnachten, ach Weihnachten,
Du warst der Kinder Trost,
Die noch im Schlafe lachten,
Du Schlaf mir bald entflohst,
Die Stunden hell mir schlagen,
Wem sagen
Sie an den Tag so schnell,
Mein Wächter ist da drüben,
Er sagt mir an den Tag,
In Schmerzen vorzuüben,
Was hohe Lust vermag.
Zur Kirch bin ich gegangen,
Vergangen
War mit Verzweiflung schnell,
Es bleibt zurück
Ein sinnend Glück,
Und in dem Traum ein tiefer Blick,
Wie in der Kinder Aug' entzückt,
Wie ich sie halb noch schlafend drück,
Süß springt der Augen Quell.

Des Traumes deutend Summen
Ich nun ermessen kann:
Soll alle Lust verstummen,
Erstirbt ein hoher Mann?
Die Thränenfluthen brausen
Mit Grausen,
Der Menschen Haus versinkt!
Der Alte steigt als Taube
Verjünget aus der Fluth
Mit einem grünen Laube
Im Schnäblein sorgsam gut,
Auf einem Buch sie sitzet,
Das blitzet,
Und schwimmt und nicht ertrinkt,
Mit Perlen ist
Beschlagen, wißt,
Das war's, was da der Alte liest,
Als er die arme Neugier grüßt;
Dies Buch such auf, du frommer Christ,
Das dir den Frieden bringt.

Die Schmerzensfluthen weichen,
Der Berg bleibt unverletzt,
Die neuen Menschen gleichen
Den Stämmen, die versetzt,
Es treibt sie edler Leben,
Sie geben
Nun edle Früchte nur.
Es wird aus Erdenschlünden
Das Buch der Vorzeit mein,
Und ihre schweren Sünden
Sind abgewaschen rein,
O wollt das Trauren stillen,
Will füllen
Mosaisch jede Spur,
Am Boden hell
Der Himmelsquell
Ist eingelegt, so Well auf Well,
Die Taube bleibet mein Gesell
Und trinkt des Buches ew'gen Quell,
Gott's Wort in der Natur.

* * * * * * *

Zur Weihnachtszeit.
Ludwig Achim von Arnim.

Was leuchtet durch die Nacht so helle
Und weckt das Haus mit heilgem Graus?
Ein Kind tritt aus des Himmels Schwelle
Und klopft an's ird'sche Lebenshaus.

Wer hat die Thür so fest verschlossen,
Daß es so lange harren muß?
Das Kindlein klopfet unverdrossen
Der Mutter scheint's ein Todesgrus.

Mit Schmerz und Tod hat sie gerungen
Weil ihr das Kind verloren schien,
Und unverhofft ist's eingedrungen,
Sie sieht in ihm ihr Leben blühn.

Ja, wo ein Kind der Welt geboren,
Da scheint die Nacht wie Tag so klar,
Die Nachbarn grüßen an den Thoren,
Als finge an ein neues Jahr.

Nur Hirten kennen ganz den Segen,
Der durch Geburt die Welt erneut,
Wenn sie das Lamm zur Mutter legen,
Die Mutter sich am Anblick freut.

Der Anfang lag im ew'gen Geiste,
Im Menschenwillen lag er nicht,
Und wie der Hochmuth sich erdreiste,
So bildet Kunst kein Angesicht.

Ein jedes Kind ist neuerfunden
Und überrascht das Mutteraug',
Verborgne Zukunft wird entbunden
In seinem ersten Lebenshauch.

Die Mutter freut sich nun der Erde,
Von der sie schon der Schmerz erhob,
und schnell vergessen ist Beschwerde
In dieser Schöpfung erstem Lob.

Es fließen ihre Wonnezähren,
Sie tritt zurück ins Paradies,
Das Weib wird selig durch Gebären
Und die Erlösung ist so süß.

Doch Keine, die nicht ist geweihet
Durch Gottes Geist, durch Engelgrus,
Erträgt, was heut Maria freuet
In ihres Kindes erstem Kuß:

Was Hirten Engeln nachgesungen,
Was himmlisch ihr verkündet ist,
Daß sie von Gottes Geist durchdrungen,

Und daß ihr Kind der heilge Christ.
In Freudentaumel würde brechen
Das stärkste Herz in Weibesbrust,
Wenn Engel aus dem Himmel sprechen,
Dein Kind ist Gott, des Himmels Lust.

Nur eine Jungsrau kann's ertragen,
Der ird'sche Lust noch unbewust,
Daß diese Weihe heilger Sagen
Jetzt ruht an ihrer keuschen Brust.

Maria selbst muß sich in Sorgen
Zerstreun beym heilgen Kind im Stall,
Daß sie erträgt den freudgen Morgen,
Sie winket still dem Hirtenschall.

Sie winkt, daß sie ihr Kind nicht wecken
Mit ihrem Jubel auf der Flur,
Sie muß das Kind im Frost zudecken,
Den Frühling menschlicher Natur.

Es kann die Welt noch nicht erlösen
Von ihres Winters harter Zeit,
Sie dient noch neben ihm dem Bösen,
Zur Prüfung dient ihr noch der Streit;

Und alle Weisen werden kommen
Und biethen ihm Geschenke dar
Und haben doch noch nicht vernommen,

Was dieses Kind urewig war.
Allmälig wird die Welt sich stärken
Zu schaun sein göttlich Angesicht,
Wenn sich in treuer Liebe Werken
Das Auge weiht dem neuen Licht.

Doch keiner kann voraus verkünden
Wann diese Welt dem Ewgen reift,
Wann Er von Tugenden und Sünden
Mit Richterhand die Hülle streift.

Wer wagt von uns mit irdschen Ohren
Zu hören dieses Tags Gebot,
Wenn aus den hohen Himmelsthoren
Vernichtung unsrer Erde droht,

Wenn ewger Frühling dort geboren,
Und hier des Winters ewges Reich,
Und die erkoren, die verloren
Sich scheiden für die Ewigkeit.

* * * * * * *

In der heiligen Weihnacht
Max von Schenkendorf

Kommt ihr Hirten, kommt ihr Armen,
Seht das ewige Erbarmen,
Das sich uns hat zugesellt,
Nicht den Königen der Erden,
Hirten will er ähnlich werden,
Er, der Herr der ganzen Welt.

Lass mich von der Erde Götzen,
Ihren Freuden, ihren Schätzen
Hin an deine Krippe fliehn;
Und mit dir, du Himmelsknabe,
Unter deinem Hirtenstabe
Bis zur Schädelstätte ziehn.

* * * * * * *

Im Winter
Max von Schenkendorf

Die Tage sind so dunkel,
Die Nächte lang und kalt;
Doch übet Sternenfunkel
Noch über uns Gewalt.

Und sehen wir es scheinen
Aus weiter, weiter Fern',
So denken wir, die Seinen,
Der Zukunft unsres Herrn.

Er war einmal erschienen
In ferner sel'ger Zeit,
Da waren, ihm zu dienen,
Die Weisen gleich bereit.

Der Lenz ist fortgezogen,
Der Sommer ist entflohn:
Doch fließen warme Wogen,
Doch klingt ein Liebeston.

Es rinnt aus Jesu Herzen,
Es spricht aus Jesu Mund,
Ein Quell der Lust und Schmerzen,
Wie damals, noch zur Stund'.

Wir wollen nach dir blicken,
O Licht, das ewig brennt,
Wir wollen uns beschicken
Zum seligen Advent!

* * * * * * *

Christgeschenke
Adalbert von Chamisso

Was klingelt im Hause so laut? Ei, ei!
Ich glaube, dass es das Christkind sei!
Das Christkind war's! Seid, Kinder, nur still
Und hört, was ich euch jetzt erzählen will:
Es hat euch gebracht einen Tannenbaum
Voll goldener Äpfel und Püppchen von Schaum,
Voll Zuckerwerk; doch, Kinderchen, denkt,
Hoch oben eine Rute hängt!
Das Christkind hat an alles gedacht
Und Nützliches und Schönes gebracht.
Da seht ihr Trommeln, Soldaten von Blei,
Und eine Fahne hängt nebenbei,
Seht Häuser von Pappe mit rotem Dach
Und drin ein zierliches, kleines Gemach.
Seht Schuhe und Kleider und Tücher und Hut,
Gewiss, das steht zu dem Feste gut;
Auch Teller und Töpfe von blankem Zinn
Und Pfefferkuchen und Mandeln drin!
Hier Peitschen und Wagen, ein Pferdchen gar wild,
Dort zum Zusammensetzen ein Bild,
Hier Schreibebücher; ein Püppchen ganz klein
Wird dort gewiss in der Wiege sein.
Auch herrliche Bücher sind aufgestellt,
Von tausend Lichtern ist alles erhellt.
Doch nur von den schönen Sachen bekommt,
Wer artig war, verträglich und fromm,
Wer folgsam den guten Eltern war
Und fleißig gelernt hat in diesem Jahr;
Wer oft an den lieben Gott gedacht,
Dem hat das Christkind viel Schönes gebracht.
Unartige Kinder dürfen nicht 'rein,
Für sie wird wohl nur die Rute sein! –
Drum, wollt ihr am heiligen Abend euch freu'n,
So rat' ich euch, Kinder, stets artig zu sein!

* * * * * * *

An eine zur Weihnachtszeit geborene Freundin
Justinus Kerner

Eh' der Heiland uns erschienen,
Schwebten Engel erdenwärts,
An der Krippe ihm zu dienen,
Lindernd ihm der Erde Schmerz.

Weil auch du zur Welt gekommen
Kurz vor jenem Christtag bist,
Sagt' ich oft schon: »Zu so frommen
Engeln sie zu zählen ist!«

Aber daß ich konnte nennen
»Kind« dich schon in Red' und Lied,
Kann wohl der nur nicht mißkennen,
Der oft Engelsbilder sieht.

Engel tragen Kindermienen,
So nur es gekommen ist,
Daß du mir ein Kind geschienen,
Da du doch ein Engel bist.

* * * * * * *

Im Winter
Justinus Kerner

Wenn Nachtigall und Lerche singen,
Da schweigt verschämet mein Gesang,
Mein armes Lied will nur gelingen
Bei Nacht und Tod im Winter bang.

Da liebt es jene öden Nächte,
Die schwarze, stille Einsamkeit,
Nur da entquillt das Lied, das echte,
Noch meines Herzens altem Leid.

Doch ist es nicht ein langes Singen,
Ein einz'ger Laut oft ist es nur,
Wie nächtlich oft aus Sturmes Schwingen
Kurz tönt ein Seufzer der Natur.

Winterklage
Justinus Kerner

Wann in lichten Sommertagen
Leiden dieses Herz getragen,
Schlug es bald am Wiesenbach,
Bald in Waldesdämmerungen,
Wo die Nachtigall gesungen,
Mildern Melodien nach.

Jetzt in trüben Wintertagen,
Ach, wer stillet seine Klagen?
Nachtigall und Wiesenbach?
Wiesenbach ruht eng gebunden,
Nachtigall hat Tod gefunden,
Singt nicht mehr die Blumen wach.

Blumen auch sind rings verdorben,
Mutter Erde ist gestorben,
Und ihr Kind verwaist, allein.
Einsam blickt's in blaue Ferne,
Komm! so rufen alle Sterne,
Hier ist ew'ger Maienschein!

Herz, so hör' denn auf zu schlagen!
Sieh! in diesen trüben Tagen
Singt kein Vogel, wallt kein Bach.
Willst dich nicht gefangen geben,
Treibst mit schmerzlich bangem Beben
Eine Well' der andern nach!

* * * * * * *

Weisheit des Winters
Justinus Kerner

Strenger Winter! kalter Weiser! schonest weder Kraut noch Gras!
Was du nur berührst, du Frost'ger! wandelst du in starres Glas.
Bunte Blüten, grüne Blätter, die der milde Sommer gab,
Schlägst du, weil du's nicht geboren, mit den harten Fäusten ab,
Rufest stolz: »Ich hab' dem Flusse klar geführet den Beweis,
Daß er gar zu wäßrig fließe, daß er werden soll zu Eis.
Nachtigall, dem läpp'schen Vogel, der naiv-dumm sang bei Nacht,
Rief ich zu: Du Abgeschmackter! hab' zum Schweigen ihn gebracht.
Auch der Lerche, die durchs Fliegen himmelhoch das Fleisch verlor,
Sagt ich kalt: Laß deinen Wahnwitz und sie kommt nicht mehr hervor.
Und der Sonne, die getrieben tolles Wesen mannigfalt,
Sah ich streng nur ins Gesichte, und sie ward verständig kalt,
Läßt nicht mehr den Regenbogen, den phantastischen, erglühn:
Denn ich hab' ihr klar bewiesen, daß der ohne Zweck und Sinn.
Auch dem Donner in den Wolken sagt' ich ohne alle Scheu:
(Er schweigt) – daß er nichts anders als ein kind'sches Spucken sei.
Also kam durch mein Bestreben in die Welt nun Zeit und Maß,
Ha! beim alten tollen Leben wär' sie bald erstickt in Gras.«
Strenger Winter! Rezensente! mache dich nicht allzu weiß!
Sieh! auch dir wird einstens brechen in der Brust das harte Eis!
Fluß wird fließen, Vogel singen, Sonne warm und segnend sein,
Luft wird regnen, Donner rollen, aber du wirst nimmer schrein.

* * * * * * *

Wintergefühl
Justinus Kerner

Möchte von der Erde fliehen,
Wann auf ihr nur Menschen ziehen,
Doch erstarrt ist Baum und Kraut:
Wann der Fluß mit Eis umzogen,
Wann der Vogel fortgeflogen,
Schneeumwölkt die Sonne schaut.

Mensch! o Mensch! kannst mir nicht geben,
Was mir gibt der Berg voll Reben,
Gibt der Baum von Früchten licht,
Was mir gibt Gras, Kraut und Blüte,
Was mir liegt im Vogelliede, –
Mensch! verzeih! das gibst du nicht!

* * * * * * *

Wintermorgen
Ludwig Uhland

Ein trüber Wintermorgen war's,
Als wollt' es gar nicht tagen,
Und eine dumpfe Glocke ward
Im Nebel angeschlagen.

Und als die dumpfe Glocke bald,
Die einzige, verklungen,
Da ward ein heisres Grabeslied,
Ein einz'ger Vers gesungen.

Es war ein armer, alter Mann,
Der lang gewankt am Stabe,
Trüb, klanglos, wie sein Lebensweg,
So war sein Weg zum Grabe.

Nun höret er in lichten Höhn
Der Engel Chöre singen
Und einen schönen, vollen Klang
Durch alle Welten schwingen.

* * * * * * *

Die Flucht der heiligen Familie
Joseph Freiherr von Eichendorff

Länger fallen schon die Schatten,
durch die kühle Abendluft,
waldwärts über stille Matten
schreitet Joseph von der Kluft.

Führt den Esel treu am Zügel;
linde Lüfte fächeln kaum,
'sind der Engel eise Flügel,
die das Kindlein sieht im Traum.

Und Maria schauet nieder
auf das Kind voll Lust und Leid,
singt im Herzen Wiegenlieder
in der stillen Einsamkeit.

Die Johanneswürmchen kreisen,
emsig leuchtend übern Weg,
wollen der Mutter Gottes weisen
durch die Wildnis jeden Steg.

Und durchs Gras geht süßes Schaudern,
streift es ihres Mantels Saum;
Bächlein auch läßt jetzt sein Plaudern,
und die Wälder flüstern kaum,
daß sie nicht die Flucht verraten.

Und das Kindlein hob die Hand,
da sie ihm so Liebes taten,
segnete das stille Land,
daß die Erd' mit Blumen, Bäumen
fernerhin in Ewigkeit
nächtlich muß vom Himmel träumen –
o gebenedeite Zeit!

* * * * * * *

Weihnachten
Joseph von Eichendorff

Markt und Straßen stehn verlassen,
still erleuchtet jedes Haus,
sinnend geh ich durch die Gassen,
alles sieht so festlich aus.
An den Fenstern haben Frauen
buntes Spielzeug fromm geschmückt,
tausend Kindlein stehn und schauen,
sind so wundervoll beglückt.
Und ich wandre aus den Mauern
bis hinaus ins freie Feld,
hehres Glänzen, heil'ges Schauern,
wie so weit und still die Welt!
Sterne hoch die Kreise schlingen,
aus des Schnees Einsamkeit
steigt's wie wunderbares Singen –
o du gnadenreiche Zeit!

* * * * * * *

Winternacht
Joseph von Eichendorff

Verschneit liegt rings die ganze Welt,
Ich hab' nichts, was mich freuet,
Verlassen steht der Baum im Feld,
Hat längst sein Laub verstreuet.

Der Wind nur geht bei stiller Nacht
Und rüttelt an dem Baume,
Da rührt er seine Wipfel sacht
Und redet wie im Traume.

Er träumt von künft'ger Frühlingszeit,
Von Grün und Quellenrauschen,
Wo er im neuen Blütenkleid
Zu Gottes Lob wird rauschen.

* * * * * * *

O Weihnachtsbaum
Friedrich Rückert

O Weihnachtsbaum,
O Weihnachtstraum!
Wie erloschen ist dein Glanz,
Wie zerstoben ist der Kranz,
Der um dich den Freudentanz
Schlang zur Weihnachtsfeier.

O Weihnachtsbaum,
O Weihnachtstraum!
Der du noch an jedem Ast
Halbverbrannte Kerzen hast;
Denn wir löschten sie mit Hast
Mitten in der Feier.

O Weihnachtsbaum,
O Weihnachtstraum!
Jeder Zweig ist noch beschwert,
Und kein Naschwerk abgeleert.
Ach, daß du so unverheert
Ueberstandst die Feier.

O Weihnachtsbaum,
O Weihnachtstraum!
Mit den Früchten unverzehrt,
Mit den Kerzen unversehrt,
steh, bis Weihnacht wiederkehrt,
Steh zur Todtenfeier.

O Weihnachtsbaum,
O Weihnachtstraum!
Wenn wir neu dich zünden an,
Kaufen wir kein Englein dran;
Unsre beiden Englein nahn
Drobenher zur Feier.

Ein jeder Vater lenkt
Den Sinn auf seine Kinder;
Die Mutter sie beschenkt,
Denkt sonst nichts mehr noch minder;
Ans Kindlein niemand denkt.

"O, lieber heil'ger Christ!
Nicht Mutter und nicht Vater
Hab' ich, wenn du's nicht bist;
O, sei du mein Berater,
Weil man mich hier vergisst!"

Das Kindlein reibt die Hand,
Sie ist von Frost erstarret;
Es kriecht in sein Gewand,
Und in dem Gässlein harret,
Den Blick hinaus gewandt.

Da kommt mit einem Licht
Durchs Gässlein hergewallet
Im weißen Kleide schlicht
Ein ander Kind; - wie schallet
Es lieblich, da es spricht:

"Ich bin der heil'ge Christ,
War auch ein Kind vordessen,
Wie du ein Kindlein bist;
Ich will dich nicht vergessen,
Wenn alles dich vergisst.

Ich bin mit meinem Wort
Bei allen gleichermaßen;
Ich biete meinen Hort
So gut hier auf den Straßen
Wie in den Zimmern dort.

Ich will dir deinen Baum,
Fremd Kind, hier lassen schimmern
Auf diesem offnen Raum,
So schön, dass die in Zimmern
So schön sein sollen kaum."

Da deutet mit der Hand
Christkindlein auf zum Himmel,
Und droben leuchtend stand
Ein Baum voll Sterngewimmel
Vielästig ausgespannt.

So fern und doch so nah',
Wie funkelten die Kerzen!
Wie ward dem Kindlein da,
Dem fremden, still zu Herzen,
Das seinen Christbaum sah!

Es ward ihm wie ein Traum;
Da langten hergebogen
Englein herab vom Baum
Zum Kindlein, das sie zogen
Hinauf zum lichten Raum.

Das fremde Kindlein ist,
Zur Heimat nun gekehret
Bei seinem heil'gen Christ;
Und was hier wird bescheret,
Es dorten leicht vergisst.

* * * * * * *

Weihnachten frisch und gesund
Friedrich Rückert

Weihnachten frisch und gesund
Im frohen Geschwisterrund,
Am Neujahr mit blaßem Mund,
An den drei Kön'gen im Grund.
So thaten die Feste sich kund
Mit Tod und Grab im Bund.
Mein Herz bleibt bis Ostern wund
Und wird nicht bis Pfingsten gesund.

* * * * * * *

Des fremden Kindes heiliger Christ
Friedrich Rückert

Es lauft ein fremdes Kind
Am Abend vor Weihnachten
Durch eine Stadt geschwind,
Die Lichter zu betrachten,
Die angezündet sind.

Es steht vor jedem Haus
Und sieht die hellen Räume,
Die drinnen schaun heraus,
Die lampenvollen Bäume;
Weh wird's ihm überaus.

Das Kindlein weint und spricht:
"Ein jedes Kind hat heute
Ein Bäumchen und ein Licht
Und hat dran seine Freude,
Nur bloß ich armes nicht.

An der Geschwister Hand
Als ich daheim gesessen,
Hat es mir auch gebrannt;
Doch hier bin ich vergessen
In diesem fremden Land.

Lässt mich denn niemand ein
Und gönnt mir auch ein Fleckchen?
In all den Häuserreih'n
Ist denn für mich kein Eckchen,
Und wär' es noch so klein?

Lässt mich denn niemand ein?
Ich will ja selbst nichts haben,
Ich will ja nur am Schein
Der fremden Weihnachtsgaben
Mich laben ganz allein."

Es klopft an Tür und Tor,
An Fenster und an Laden;
Doch niemand tritt hervor,
Das Kindlein einzuladen,
Sie haben drin kein Ohr.

Der Christbaum
Franz Grillparzer

So ist ein Jahr denn nun vorbeigegangen,
 Seit uns der Christbaum eben hier vereint,
Und manches dachte still wohl mit Verlangen,
 Ob uns ein gleicher Tag auch nächstes Jahr erscheint?
Der Priester, der uns etwa gern erfreute,
 Er ist nicht reich, das Beste denn gebricht,
Und ob ihm beistehn wohlgesinnte Leute,
 Wir hoffens wohl, allein wir wissens nicht.
Und siehe da, zu gleichgemessnen Zeiten
 Eröffnet sich von neuem auch der Saal:
Ihr seht schon die Geschenke dort von weiten
 Und alles glänzt in heller Lichter Strahl.
Ihr Kinder, so wie hier ists auch im Leben,
 Das voll von Müh und Sorgen aller Art,
Doch jedem ist ein Christbaum auch gegeben,
 Wenn er nur ruhig hofft und gläubig harrt.
Vor allem aber zähmt den Eigenwillen,
 Denn der die Gaben gibt und uns beschert,
Er kennt das Gute und er sorgt im stillen
Nicht nach dem Schein, er gibt nur nach dem Wert.
Der eine wollte Spielzeug und statt dessen
 Wird ihm ein Kleid, das vor der Kälte schützt;
Der andre möchte Leckereien essen,
 Er findet Speise, die nur nährt und nützt.
Wenn er zurückweist nun die fromme Gabe,
 Muss warten er oft länger als ein Jahr,
Und mancher ging als Bettler schon zu Grabe,
 Weil er nicht nahm, was ihm beschieden war.
Drum, Kinder, bleibt auch Kinder. Zwar bei weiten
 An Einsicht etwa nicht und an Verstand,
Denn ihr sollt lernen, fort in jedem schreiten,
 Zum Nutzen euch, den Eltern und dem Land.
Allein im Herzen, in des Innern letzter Mitte,
 Bleib euch ein Teil von dem, was jetzt ihr seid,
Gehorsam, der nun zügelt eure Schritte,
 Ein warmes Fühlen und Genügsamkeit.
Dann kommt der Tag, seid dessen nur nicht bange,
 Der euch schon hier für alles schadlos hält,
Und zögerte der Christbaum gar zu lange,
 Die Weihnacht dann in einer bessern Welt.

Der Christbaum für die Kinder im k.k. Wiener Militär-Invalidenhause 1846
Franz Grillparzer

Die ihr versammelt hier nach frommer Sitte,
Gar mancher nennt euch arm – ihr seid nicht reich!
Und habt doch einen Christbaum in der Mitte,
Den Kindern reicher Menschen heute gleich.

Das macht: Gott gibt nicht stets mit eignen Händen,
Er borgt zum Geben oft die fremde Hand,
Läßt andere verteilen seine Spenden,
Den Bruder, hinter dem der Vater stand.

Und schafft so nicht nur Freudige, auch Gute,
– Denn Zufall scheint, was frei vom Himmel sank –
Macht glücklich zwei und voll von edlem Mute,
Teilt das Gefühl in Wohltat und in Dank.

So hat für euch, die Kinder wackrer Krieger,
Ein Kriegersohn wie ihr, und darin gleich,
Der Sohn des Helden, der bei Leipzig Sieger,
Die Früchte mancher Mühn bestimmt für euch.

Was er gesehn, erstrebt, getan, gelitten,
Er gibts der Welt, des Volkes Neugier preis
Und hat für sich als einzgen Lohn erstritten
Hier diesen Christbaum, dieses Tannenreis!

Folgt ihm die Wohltat nun auf seinen Wegen
Und stärkt ihn, wie ein feurig edler Trank,
Nehmt ihr den zweiten Teil von Gottes Segen
Und ehrt, was man euch gab, durch euern Dank.

* * * * * * *

Weihnachten
Franz Grillparzer

Bei einer Zurücksetzung im Dienste

Am heilgen Christtagabend
Den Kindern man beschert,
Da ist denn eitel Freude
An Wägelchen und Pferd.

Am heilgen Christtagabend,
Obgleich ich längst kein Kind,
Hat man mir auch bescheret,
Gut, wie die Menschen sind.

Man gab mir einen Kummer,
Man gab mir eine Qual,
Die tief am Leben naget,
Das längst schon geht zu Tal.

Man gab mir die Gewißheit,
Mein Streben sei verkannt,
Und ich ein armer Fremdling
In meinem Vaterland,

Man hat beim nahnden Winter
Genommen mir das Nest
Und hieß mich weiter wandern
Für meines Lebens Rest.

Doch ists der Lauf der Zeiten,
Ein Trost nur stellt sich dar:
Bin ich auch nichts geworden,
Ich blieb doch der ich war.

* * * * * * *

Dezember
Wilhelm Müller

Mit Peitschenknall und lautem Schellenklange
Meld' ich mich dir, und schüttle weiße Flocken
Durch alle Straßen hin aus meinen Locken:
Dich, hoff' ich, macht das Ungethüm nicht bange.

Es schnaubt der Renner an des Schlittens Stange,
Das blanke Halsband schütteln deine Doggen;
Die Dame hüllt in warme Flaumensocken
Den zarten Fuß, und denkt: Er bleibt so lange.

Was zauderst du? Sitz' auf, mein Freund, geschwinde!
Und sei mir auf der Fahrt nicht zu verwegen,
Muß ich im Namen deiner Schönen bitten.

Den süßen, warmen Odem wehn die Winde
Und manche weiche Locke dir entgegen:
Halt kurz das Roß, und sieh auf deinen Schlitten!

* * * * * * *

Gebet in der Christnacht
Wilhelm Müller

O Liebe, die am Kreuze rang,
O Liebe, die den Tod bezwang
Für alle Menschenkinder,
Gedenk' in dieser sel'gen Nacht,
Die dich zu uns herabgebracht,
Der Seelen, die dir fehlen!

O Liebe, die den Stern gesandt
Hinaus in's ferne Morgenland,
Die Könige zu rufen;
Die laut durch ihres Boten Mund
Sich gab den armen Hirten kund,
Wie bist du still geworden?

Noch eine fromme Hirtin liegt
In blinden Schlummer eingewiegt,
Und träumt von grünen Bäumen.
Singt nicht vor ihrem Fensterlein
Ein Engel: Esther, laß mich ein,
Der Heiland ist geboren?

Christnacht
Wilhelm Müller

Durch die Fenster seh' ich's flimmern,
Grün und Gold und Kerzenschein,
Jauchzend hör' ich durch die Laden
Helle Kinderstimmen schrein.

Schmetternde Posaunen schallen
Von dem Kirchenthurm herab:
Lobt den Vater in der Höhe,
Der der Welt das Kindlein gab!

Herz, mein Herz, wie bist so selig?
Herz, mein Herz, und so allein?
Unsre Gaben, unsre Wünsche,
Dürfen wir sie Keinem weihn?

Eine weiß ich wohl zu finden,
Der ich Vieles gönnen mag;
Offen steht mir ihre Pforte,
Und es kennt mich ihr Gemach.

Aber in dem stillen Hause
Brennt kein festlich helles Licht,
Und im schwarzen Wochenkleide
Sitzt sie da und freut sich nicht.

Ach, ihr ist er nicht geboren,
Der in dieser sel'gen Nacht
Freud' und Fried' und Wohlgefallen
Hat zu uns herabgebracht.

Seine Liebe, seine Leiden
Dringen nicht zu ihr hinein:
Über ihre zarte Seele
Herrschet ein Gesetz von Stein.

* * * * * * *

Christnacht
August von Platen, 1819

Der Engel der Verkündigung
        Seraphim'sche Heere,
        Schwingt das Goldgefieder
        Gott dem Herrn zur Ehre,
        Schwebt vom Himmelsthrone
        Durchs Gewölk hernieder,
        Süße Wiegenlieder
        Singt dem Menschensohne!

Hirte: Was seh ich? Umgaukelt mich Schwindel und Traum?
        Ein leuchtender Saum
    Durchwebt den azuren, ewigen Raum,
Es schreitet die Sterne des Himmels entlang,
        Mit leisem Gesang,
Der seligen Scharen musikischer Gang.

Chor der Hirten: Die Engel schweben singend
        Und spielend durch die Lüfte,
        Und spenden süße Düfte,
        Die Liljenstäbe schwingend.

Chor d. Seraphim: Wohlauf, ihr Hirtenknaben,
        Es gilt dem Herrn zu dienen,
        Es ist ein Stern erschienen,
        Ob aller Welt erhaben.

Chor der Hirten: Wie aus des Himmels Toren
        Sie tief herab sich neigen!

Chor d. Seraphim: Laßt Eigentriebe schweigen,
        Die Liebe ward geboren!

Der Engel der Verkündigung
        Fromme Glut entfache
        Jedes Herz gelind,
        Eilt nach jenem Dache,
        Betet an das Kind!
        Jener heißerflehte
        Hort der Menschen lebt,
        Der euch im Gebete
        Lange vorgeschwebt.

Traun! Die Macht des Bösen
Sinkt nun fort und fort,
Jener wird erlösen
Durch das Eine Wort.

Chor der Hirten: Preis dem Geborenen
Bringen wir dar,
Preis der erkorenen
Gläubigen Schar.

Engel mit Liljen
Stehn im Azur,
Fromme Vigilien
Singt die Natur:

Der den kristallenen
Himmel vergaß,
Bringt zu Gefallenen
Ewiges Maß!

Der Engel der Verkündigung
Schon les ich in den Weiten
Des künft'gen Tages bang,
Ich höre Völker schreiten,
Sie atmen Untergang.

Es naht der müden Erde
Ein frischer Morgen sich,
Auf dieses Kindes »Werde«
Erblüht sie jugendlich.

Chor der Seraphim: Vergeßt der Schmerzen jeden,
Vergeßt den tiefen Fall,
Und lebt mit uns im Eden,
Und lebt mit uns im All!

* * * * * * *

Am ersten Sonntage im Advent
Annette von Droste Hülshoff

Der Einritt Jesu in Jerusalem
Saget der Tochter Sions: Siehe, dein König kommt zu dir sanft-mütig.
Hosanna dem Sohne Davids, gelobt sei der da kömmt im Namen des Herrn!

Du bist so mild,
So reich an Duldung, liebster Hort,
Und mußt so wilde Streiter haben;
Dein heilig Bild
Ragt überm stolzen Banner fort,
Und deine Zeichen will man graben
In Speer und funkensprühnden Schild.
Mit Spott und Hohn
Gewaffnet hat Parteienwut,
Was deinen sanften Namen träget,
Und klirrend schon
Hat in des frommsten Lammes Blut
Den Fehdehandschuh man geleget,
Den Zepter an die Dornenkron'.
So bleibt es wahr,
Was wandelt durch des Volkes Mund,
Daß wo man deinen Tempel schauet
So mild und klar,
Dicht neben den geweihten Grund
Der Teufel seine Zelle bauet,
Sich wärmt die Schlange am Altar.
Wenn Stirn an Stirn
Sich drängen mit verwirrtem Schrei
Die Kämpfer um geweihte Sache,
Wenn in dem Hirn
Mehr schwindelt von der Welt Gebäu,
Von Siegesjubel, Ehr' und Rache
Mehr zähe Mottenfäden schwirrn
Als stark und rein
Der Treue Nothemd weben sich
Sollt', von des Herzens Schlag gerötet:
Wer denkt der Pein
Durchzuckend wie mit Messern dich,
Als für die Kreuz'ger du gebetet!
O Herr sind dies die Diener dein?
Wie liegt der Fluch doch über allen, deren Hand
Noch rührt die Sündenmutter Erde!

Ist's nicht genug,
Daß sich der Flüchtling wärmt am Brand
Der Hütte? muß auf deinem Herde
Die Flamme schürn unsel'ger Trug?

Wer um ein Gut
Der Welt die Sehnsucht sich verdarb,
Den muß der finstre Geist umfahren:
Doch was dein Blut,
Dein heilig Dulden uns erwarb:
Das sollten knieend wir bewahren
Mit starkem aber reinem Mut.
Allmächt'ger du!
In dieser Zeit, wo dringend not
Daß rein dein Heiligtum sich zeige,
O laß nicht zu
Daß Lästerung, die lauernd droht,
Verschütten darf des Hefens Neige
Und, ach, den klaren Trank dazu!
Laß alle Treu'
Und allen standhaft echten Mut
Aufflammen, immer licht und lichter;
Kein Opfer sei
Zu groß für ein unschätzbar Gut
Und deine Scharen mögen dichter
Und dichter treten Reih' an Reih'.
Doch ihr Gewand
Sei weiß, und auf der Stirne wert
Soll keine Falte düster ragen;
In ihrer Hand –
Und faßt die Linke auch das Schwert –
Die Rechte soll den Ölzweig tragen,
Und aufwärts sei der Blick gewandt.
So wirst du früh
Und spät, so wirst du einst und heut
Als deine Streiter sie erkennen;
Voll Schweiß und Müh',
Demütig, standhaft, friedbereit,
So wirst du deine Scharen nennen
Und Segen strömen über sie.

* * * * * * *

Am zweiten Sonntage im Advent
Annette von Droste Hülshoff

Vom Zeichen an der Sonne.
Und alsdann werden sie sehen des Menschen Sohn kommen in einer Wolke
mit großer Macht und Herrlichkeit. - Himmel und Erde werden vergehen,
aber meine Worte werden nicht vergehen.

Wo bleibst du, Wolke, die den Menschensohn
Soll tragen?
Seh ich das Morgenrot im Osten schon
Nicht leise ragen?
Die Dunkel steigen, die Zeit rollt matt und gleich.
Ich seh es flimmern, aber bleich ach, bleich!
Mein eignes Sinnen ist es was da quillt
Entzündet,
Wie aus dem Teiche grün und schlammerfüllt
Sich wohl entbindet
Ein Flämmchen und vom Schilfgestöhn umwankt
Unsicher in dem grauen Dunste schwankt.
So muß die allerkühnste Phantasie
Ermatten;
So in der Mondesscheibe sah ich nie
Des Berges Schatten
Gewiß, ob ein Koloß die Formen zog,
Ob eine Träne mich im Auge trog.
So ragt und wälzt sich in der Zukunft Reich
Ein Schemen.
Mein Sinnen sonder Kraft, Gedanke bleich –
Wer will mir nehmen
Das Hoffen, was ich in des Herzens Schrein
Gehegt als meiner Armut Edelstein?
Gib dich gefangen, törichter Verstand!
Steig nieder
Und zünde an des Glaubens reinem Brand
Dein Döchtlein wieder!
Die arme Lampe, deren matter Hauch
Verdumpft, erstickt in eignen Qualmes Rauch.
Du seltsam rätselhaft Geschöpf aus Ton
Mit Kräften,
Die leben, wühlen, zischen wie zum Hohn
In allen Säften,
O bade deinen wüsten Fiebertraum
Im einz'gen Quell, der ohne Schlamm und Schaum!

Wehr ab, stoß fort, was gleich dem frechen Feind
Dir sendet
Die Macht, so wetterleuchtet und verneint;
Und starr gewendet
Wie zum Polarstern halt das eine fest,
Sein Wort, sein heilig Wort – und Schach dem Rest!
Dann wirst du auf der Wolke deinen Herrn
Erkennen,
Dann sind Jahrtausende nicht kalt und fern,
Und zitternd nennen
Darfst du der Worte Wort, des Lebens Mark,
Wenn dem Geheimnis deine Seele stark.
Und heute schon, es steht in Gottes Hand,
Erschauen
Magst du den Heiland in der Seele Brand,
Glühndem Vertrauen.
Zerfallen mögen Erd und Himmels Höhn,
Doch seine Worte werden nicht vergehn.

* * * * * * *

Am dritten Sonntage im Advent
Annette von Droste-Hülshoff

Johannes sendet zu Christo.
Bist du der kommen soll? oder sollen wir auf einen andern warten?
Siehe, ich sende meinen Engel vor deinem Angesichte her, der deinen Weg
bereiten soll.

Auf keinen andern wart' ich mehr,
Wer soll noch Liebres kommen mir?
Wer soll so mild und doch so hehr
Mir treten an des Herzens Tür?
Wer durch des Fiebers Qual und Brennen
So liebreich meinen Namen nennen,
Ein Balsamträufeln für und für?

Du wußtest es von Ewigkeit,
Daß der Gedanken Übermaß,
Dem Sinn entzogne Herrlichkeit,
Zersprengen müßt' mein Hirn wie Glas;
So kamst du niedrig unsersgleichen,
Wie zu der Armut Fromme schleichen,
Sich setzend wo der Bettler saß.

Wenn fast zum Schwindeln mich gebracht
Der wirbelnden Betrachtung Kreis,
Dann trittst du aus der Dünste Nacht
Und deine Stimme flüstert leis:
Hier bin ich, bin ich, woll' mich fassen,
Dann magst du alles andre lassen;
Auf meinem Kreuze hegt der Preis.

O Stimme, immer mir bekannt,
O Wort, das stets verständlich mir,
Du legst mir auf der Liebe Band
Und meine Schritte folgen dir!
In Liebe glaub' ich, liebewund
Schieb' ich des Herzens Tür auf, und
Geschlossen ist des Grübelns Tür,

Gehemmt die Jagd, durch scharfen Stein
Und Dornen hetzend meinen Fuß;
Ich ruh' in deinem kühlen Hain
Und lausche deinem sanften Gruß.
Die Blinden sehn, die Kalten glühen
Und aus des Irren Haupte ziehen
Der dumpfen Schatten Menge muß.

Ich folge dir zu Berges Höhn,
Wo Leben von den Lippen fließt,
Und deine Tränen darf ich sehn,
O tausendmal mit Heil gegrüßt,
Muß in Gethsemane erzittern,
Daß Schrecken Gottes Leib erschüttern,
Blutschweiße Gottes Stirn vergießt.

Er hat gehorsam bis zum Tod,
Ja zu des Todes eitlem Graus,
Gekostet jede Menschennot
Und trank den vollen Becher aus.
So richte dich aus Dorn und Höhle,
Du meine angstgeknickte Seele,
Auch du nur trägst ein irdisch Haus.

Laß wanken denn die Trümmer grau
Und mische deine Tränen nur
Mit deines Heilands blut'gem Tau,
Gequälter Sklave der Natur!
O, dessen Schweiß den Grund gerötet,
Er weiß es, wie ein Seufzer betet,
Mein Jesu, meine Hoffnungsau!

* * * * * * *

Am vierten Sonntage im Advent
Annette von Droste-Hülshoff

Vom Zeugnisse Johannes.
Sie fragten: »Wer bist du?« – und er bekannte und leugnete nicht: »Ich bin eine Stimme des Rufenden in der Wüste. – Ich taufe euch mit Wasser, aber er steht mitten unter euch, den ihr nicht kennt.«

Fragst du mich, wer ich bin? Ich berg' es nicht:
Ein Wesen bin ich sonder Farb' und Licht,
Schau mich nicht an; dann wendet sich dein Sinn;
Doch höre! höre! höre! denn ich bin
Des Rufers in der Wüste Stimme.

In Nächten voller Pein kam mir das Wort
Von ihm, der Balsam sät an Sumpfes Bord,
Im Skorpion der Heilung Öl gelegt,
Dem auch der wilde Dorn die Rose trägt,
Das faule Holz entzündet sein Geglimme.

So senke deine Augen und vernimm
Von seinem Herold deines Herren Grimm,
Und seine Gnade sei dir auch bekannt,
Der Wunde Heil, so wie der schwarze Brand,
Wenn seiner Adern Bluten hemmt der Schlimme.

Merk auf! ich weiß es, daß in härtster Brust
Doch schlummert das Gewissen unbewußt;
Merk auf, wenn es erwacht, und seinen Schrei
Ersticke nicht, wie Mütter sonder Treu'
Des Bastards Wimmern und sein matt Gekrümme!

Ich weiß es auch, daß in der ganzen Welt
Dem Teufel die Altäre sind gestellt,
Daß mancher kniet, demütig nicht gebeugt,
Und überm Sumpfe, engelgleich und leicht
Der weiße Lotos wie ein Kindlein schwimme.

Es tobt des tollen Strudels Ungestüm
Und zitternd fliehen wir das Ungetüm,
Still liegt der Sumpf und lauert wie ein Dieb,
Wir pflücken Blumen und es ist uns lieb
Zu schaun des Irrlichts tanzendes Geflimme.

Drum nicht vor dem Verruchten sei gewarnt;
Doch wenn dich süßer Unschuld Schein umgarnt,
Dann lächelt der Vampyr, dann fahr zurück
Und senke tief, o tief in dich den Blick,
Ob leise quellend die Verwesung klimme!

Ja, wo dein Aug' sich schaudernd wenden mag,
Da bist du sicher mindstens diesen Tag,
Doch gift'ger öfters ist ein Druck der Hand,
Die weiche Träne und der stille Brand,
Den Lorbeer treibend aus Vulkanes Grimme.

Ich bin ein Hauch nur, achtet nicht wie Tand
Mein schwaches Wehn, um des der mich gesandt.
Erwacht! erwacht! ihr steht in seinem Reich;
Denn sehet, er ist mitten unter euch,
Den ihr verkennt, und ich bin seine Stimme!

* * * * * * *

Am Weihnachtstage
Annette von Droste-Hülshoff

Durch alle Straßen wälzt sich das Getümmel,
Maultier', Kamele, Treiber; welch Gebimmel!
Als wolle wieder in die Steppe ziehn
Der Same Jakobs, und Judäas Himmel,
Ein Saphirscheinen über dem Gewimmel,
Läßt blendend seine Funkenströme sprühn.

Verschleiert Frauen durch die Gassen schreiten,
Mühselig vom beladnen Tiere gleiten
Bejahrte Mütterchen; allüberall
Geschrei und Treiben, wie vor Jehus Wagen.
Läßt wieder Jezabel ihr Antlitz ragen
Aus jener Säulen luftigem Portal?

's ist Rom, die üpp'ge Priesterin der Götzen,
Die glänzendste und grausamste der Metzen,
Die ihre Sklaven zählt zu dieser Zeit.
Mit einem Griffel, noch vom Blute träufend,
Gräbt sie in Tafeln, Zahl auf Zahlen häufend,
Der Buhlen Namen, so ihr Schwert gefreit.

O Israel, wo ist dein Stolz geblieben,
Hast du die Hände blutig nicht gerieben,
Und deine Träne war sie siedend Blut?
Nein, als zum Marktplatz deine Scharen wallen
Verkaufend, feilschend unter Tempels Hallen,
Mit ihrem Gott zerronnen ist ihr Mut!

Zum trüben Irrwisch ward die Feuersäule,
Der grüne Aaronsstab zum Henkerbeile;
Und grausig übersteint das tote Wort
Liegt, eine Mumie, im heil'gen Buche,
Drin sucht der Pharisäer nach dem Fluche,
Ihn donnernd über Freund und Fremdling fort.

5

So Israel bist du gereift zum Schnitte,
Wie reift die Distel in der Saaten Mitte,
Und wie du stehst in deinem grimmen Haß
Genüber der geschminkt und hohlen Buhle,
Seid gleich ihr vor gerechtem Richterstuhle
Von Blute sie und du von Geifer naß.

O tauet Himmel, tauet den Gerechten,
Ihr Wolken regnet ihn den wahr und echten
Messias, den Judäa nicht erharrt,
Den Heiligen und Milden und Gerechten,
Den Friedenskönig unter Hassesknechten,
Gekommen zu erwärmen was erstarrt!

Still ist die Nacht; in seinem Zelt geborgen
Der Schriftgelehrte späht mit finstren Sorgen,
Wann Judas mächtiger Tyrann erscheint;
Dann lüftet er den Vorhang starrend lange
Dem Sterne nach, der streicht des Äthers Wange
Wie Freudenzähre, die der Himmel weint.

Und fern vom Zelte über einem Stalle
Da ist's, als ob aufs niedre Dach er falle,
In tausend Radien sein Licht er gießt.
Ein Meteor, so dachte der Gelehrte,
Als langsam er zu seinen Büchern kehrte:
O weißt du wen das niedre Dach umschließt?

In einer Krippe ruht ein neugeboren,
Ein schlummernd Kindlein; wie im Traum verloren
Die Mutter knieet, Weib und Jungfrau doch.
Ein ernster, schlichter Mann rückt tief erschüttert
Das Lager ihnen; seine Rechte zittert
Dem Schleier nahe um den Mantel noch.

Und an der Türe stehn geringe Leute,
Mühsel'ge Hirten, doch die Ersten heute,
Und in den Lüften klingt es süß und lind,
Verlorne Töne von der Engel Liede:
Dem Höchsten Ehr', und allen Menschen Friede,
Die eines guten Willens sind!

* * * * * * *

Am zweiten Weihnachtstage
- Stephanus -
Annette von Droste-Hülshoff

Jerusalem! Jerusalem! die du tötest die Propheten, und stein'gest die zu dir gesandt sind, wie oft habe ich dich versammeln wollen, wie eine Henne ihre Küchlein versammelt unter ihre Flügel, und du hast nicht gewollt! Siehe! euer Haus wird euch wüste gelassen werden, denn ich sage euch, ihr werdet mich von nun an nicht mehr sehen, bis ihr saget: 'Gebenedeit ist der da kömmt im Namen des Herrn!' – Und die Zeugen legten ihre Kleider ab, zu den Füßen eines Jünglings, der Saulus hieß.

Jerusalem! Jerusalem!
Wie oft erschollen ist sein Ruf;
Du spieltest sorglos unter dem
Verderben, unter Rosses Huf
Und Rades Wucht, schau! darum ist
Verödet deine Stätte worden.
Und du ein irres Küchlein bist,
Sich duckend unter Geierhorden.
Vorüber ist die heil'ge Zeit,
Wo deinen Sinnen er bekannt
Und seiner Wunder Herrlichkeit
Zieht nur als Sage durch das Land.
Der Weise wiegt sein schweres Haupt,
Der Tor will dessen sich entschlagen,
Und nur die fromme Einfalt glaubt
Und mag die Opfergabe tragen.
O bringt sie nur ein willig Tun,
Ein treues Kämpfen zum Altar,
Dann wird auf ihr die Gnade ruhn,
Ein innres Wunder, ewig klar.
Doch ist es so, der Gegenwart
Gebrochen sind gewalt'ge Stützen,
Seit unsern Sinnen trüb und hart
Verhüllt ward seiner Zeichen Blitzen.
War einst erhellt der schwanke Steg,
Und klaffte klar der Abgrund auf,
Wir müssen suchen unsern Weg

Im Heiderauch ein armer Hauf.
Des Glaubens köstlich teurer Preis
Ward wie gestellt auf Gletschers Höhen;
Wir müssen klimmen über Eis
Und schwindelnd uns am Schlunde drehen.
Was, Herr, du ließest fort und fort,
Hat uns die Seele wohl gebrannt;
Doch bleibt es ein geschriebnes Wort,
Unsichtbar die lebend'ge Hand.
Ach nur wo Grübeln nicht und Stolz
Am Stamme nagt seit Tag und Jahren,
Blieb frisch genug das mark'ge Holz,
Frei durch Jahrtausende zu fahren.
So ist es, wehe, schrecklich wahr,
Daß mancher, wie zum starken Mast
Geschaffen, in der Zeit Gefahr
Die Glaubenssegel hat gebraßt,
Nun, dürre Säule, nackt und schwer
Nur krachend kündet durch das Wehen,
Hier sei in Zweifels wüstem Meer
Ein wuchtig Schiff am Untergehen!
O sende, Retter, deinen Blitz,
Der ihm den frommen Hafen hellt,
Wo einst der starke Mast als Sitz
Der Pharuslampe sei gestellt;
Es trägt Gebirge ja dein Land,
Wo Zedern sich zu Zedern einen,
Laß nicht ein Sturmlicht den Verstand
Und einen Fluch die Kraft erscheinen!
Als Stephanus mit seinem Blut
Besiegelte den Christussinn,
Da legten Mörder heiß vor Wut
Zu eines Jünglings Füßen hin,
Der stumm und finster sich gesellt,
Die Kleider staubig, schweißbefeuchtet;
Und der ward Paulus, Christi Held,
Des Strahl die ganze Welt durchleuchtet.

* * * * * * *

Am Feste der heiligen drei Könige
Annette von Droste-Hülshoff

Durch die Nacht drei Wandrer ziehn,
Um die Stirnen Purpurbinden,
Tiefgebräunt von heißen Winden
Und der langen Reise Mühn.
Durch der Palmen säuselnd Grün
Folgt der Diener Schar von weiten;
Von der Dromedare Seiten
Goldene Kleinode glühn,
Wie sie klirrend vorwärts schreiten,
Süße Wohlgerüche fliehn.

Finsternis hüllt schwarz und dicht
Was die Gegend mag enthalten;
Riesig drohen die Gestalten:
Wandrer, fürchtet ihr euch nicht?
Doch ob tausend Schleier flicht
Los' und leicht die Wolkenaue:
Siegreich durch das zarte Graue
Sich ein funkelnd Sternlein bricht.
Langsam wallt es durch das Blaue,
Und der Zug folgt seinem Licht.

Horch, die Diener flüstern leis:
"Will noch nicht die Stadt erscheinen
Mit den Tempeln und den Hainen,
Sie, der schweren Mühe Preis?
Ob die Wüste brannte heiß,
Ob die Nattern uns umschlangen,
Uns die Tiger nachgegangen,
Ob der Glutwind dörrt' den Schweiß:
Augen an den Gaben hangen
Für den König stark und weiß."

Sonder Sorge, sonder Acht,
Wie drei stille Monde ziehen
Um des Sonnensternes Glühen,

Ziehn die Dreie durch die Nacht.
Wenn die Staublawine kracht,
Wenn mit grausig schönen Flecken
Sich der Wüste Blumen strecken,
Schaun sie still auf jene Macht,
Die sie sicher wird bedecken,
Die den Stern hat angefacht.

O ihr hohen heil'gen Drei!
In der Finsternis geboren
Hat euch kaum ein Strahl erkoren,
Und ihr folgt so fromm und treu!
Und du meine Seele, frei
Schwelgend in der Gnade Wogen,
Mit Gewalt ans Licht gezogen,
Suchst die Finsternis aufs Neu!
O wie hast du dich betrogen;
Tränen blieben dir und Reu!
Dennoch, Seele, fasse Mut!
Magst du nimmer gleich ergründen,
Wie du kannst Vergebung finden:
Gott ist über Alles gut!
Hast du in der Reue Flut
Dich gerettet aus der Menge,
Ob sie dir das Mark versenge
Siedend in geheimer Glut,
Läßt dich nimmer dem Gedränge,
Der dich warb mit seinem Blut.

Einen Strahl bin ich nicht werth,
Nicht den kleinsten Schein von oben.
Herr, ich will dich freudig loben,
Was dein Wille mir beschert!
Sei es Gram, der mich verzehrt,
Soll mein Liebstes ich verlieren,
Soll ich keine Tröstung spüren,
Sei mir kein Gebet erhört:
Kann es nur zu dir mich führen,
Dann willkommen Flamm' und Schwert!

* * * * * * *

Der letzte Christbaum
Leopold Schefer

Jetzt lösch' ich den jährlichen Weihnachtsbaum
    Auf immer und ewig aus!
Der Herzen erfreuende Kindertraum
    Brennt nie mehr in unserem Haus.

  Schon holt' ich der Mutter ein Fichtenreis
    Und schmückt' es dem Wiegenkind!
  Sie wiegte davor ihr Töchterchen leis,
    Sah fast an den Kerzen sich blind.

Im Himmel wer sagt, auf Erden wer weiß:
    Was wir da gemeint und gedacht!
Wir schloffen uns stumm in die Arme so heiß
    Und weinten vor heiliger Macht.

Denn „Vater und Mutter" das waren nun Wir!
    Und das Kind vom Himmel war da!
  Hell über uns war zu unserer Zier
    Uns der Stern, der leuchtende, nah!

Dann traten, mehr Jahre, mehr Kinder heran
    Und freuten die Nacht sich nicht aus —
Das war das ewige Leben! kein Wahn,
    In Segen stand da das Haus!

  Jetzt — ist die Mutter gestorben und hin!
    Die Kinder sind alle nun groß.
Nun steh' ich einsam mit brütendem Sinn —
    Fort, Baum ... in der Götter Schoß!

Jetzt lösch' ich den letzten Weihnachtsbaum
    Auf immer und ewig aus!
Aus ist der tote verlebte Traum
    Und finster bleibt mir das Haus.

* * * * * * *

Weihnachten wird es für die Welt
Adele Schopenhauer

Weihnachten wird es für die Welt!
Mir aber - ist mein Lenz bestellt,
Mir ging in solcher Jahresnacht
Einst leuchtend auf der Liebe Pracht!
Und an der Kindheit Weihnachtsbaum
Stand Englein gleich der erste Traum!
Und aus dem eiskrystall'nen Schooß
Rang sich die erste Blüte los –
Seitdem schau' ich nun jedes Jahr
Nicht was noch ist - nur was einst war!

* * * * * * *

Die heil'gen Drei Könige
Heinrich Heine

Die heil'gen Drei Könige aus dem Morgenland,
sie frugen in jedem Städtchen:
"Wo geht der Weg nach Bethlehem,
ihr lieben Buben und Mädchen?"

Die Jungen und Alten, sie wussten es nicht,
die Könige zogen weiter,
sie folgten einem goldenen Stern,
der leuchtete lieblich und heiter.

Der Stern bleibt stehn über Josefs Haus,
da sind sie hineingegangen;
das Öchslein brüllt, das Kindlein schrie,
die heil'gen Drei Könige sangen

* * * * * * *

Altes Kaminstück
Heinrich Heine

Draußen ziehen weiße Flocken
Durch die Nacht, der Sturm ist laut;
Hier im Stübchen ist es trocken,
Warm und einsam, stillvertraut.
Sinnend sitz ich auf dem Sessel,
An dem knisternden Kamin,
Kochend summt der Wasserkessel
Längst verklungne Melodien.
Und ein Kätzchen sitzt daneben,
Wärmt die Pfötchen an der Glut;
Und die Flammen schweben, weben,
Wundersam wird mir zumut'.
Dämmernd kommt heraufgestiegen
Manche längst vergeßne Zeit,
Wie mit bunten Maskenzügen
Und verblichner Herrlichkeit.
Schöne Fraun, mit kluger Miene,
winken süßgeheimnisvoll,
Und dazwischen Harlekine
Springen, lachen, lustigtoll.
Ferne grüßen Marmorgötter,
Traumhaft neben ihnen stehn
Märchenblumen, deren Blätter
In dem Mondenlichte wehn.
Wackelnd kommt herbeigeschwommen
Manches alte Zauberschloß;
Hintendrein geritten kommen
Blanke Ritter, Knappentroß.
Und das alles zieht vorüber,
Schattenhastig übereilt –
Ach! da kocht der Kessel über,
Und das nasse Kätzchen heult.

* * * * * * *

Der Traum
Hoffmann von Fallersleben

Ich lag und schlief, da träumte mir
Ein wunderschöner Traum:
Es stand auf unserm Tisch vor mir
Ein hoher Weihnachtsbaum.

Und bunte Lichter ohne Zahl,
Die brannten rings umher,
Die Zweige waren allzumal
Von goldnen Aepfeln schwer.

Und Zuckerpuppen hingen dran:
Das war mal eine Pracht!
Da gab's, was ich nur wünschen kann
Und was mir Freude macht.

Und als ich nach dem Baume sah
Und ganz verwundert stand,
Nach einem Apfel griff ich da,
Und Alles, Alles schwand.

Da wacht' ich auf aus meinem Traum
Und dunkel war's um mich:
Du lieber schöner Weihnachtsbaum,
Sag' an, wo find' ich dich?

Da war es just, als rief' er mir:
»Du darfst nur artig sein,
Dann steh' ich wiederum vor dir –
Jetzt aber schlaf' nur ein!

Und wenn du folgst und artig bist,
Dann ist erfüllt dein Traum,
Dann bringet dir der heil'ge Christ
Den schönsten Weihnachtsbaum."

* * * * * * *

Der Weihnachtsbaum
Hoffmann von Fallersleben

Von allen den Bäumen jung und alt,
Von allen den Bäumen groß und klein,
Von allen in unserm ganzen Wald,
Was mag doch der allerschönste sein?
Der schönste von allen weit und breit
Das ist doch allein, wer zweifelt dran?
Der Baum, der da grünet allezeit,
Den heute mir bringt der Weihnachtsmann.

Wenn Alles schon schläft in stiller Nacht,
Dann holet er ihn bei Sternenschein
Und schlüpfet, eh' einer sich's gedacht,
Gar heimlich damit ins Haus hinein.
Dann schmückt er mit Lichtern jeden Zweig,
Hängt Kuchen und Nüss' und Aepfel dran:
So macht er uns Alle freudenreich,
Der liebe, der gute Weihnachtsmann.

* * * * * * *

O schöne, herrliche Weihnachtszeit
Hoffmann von Fallersleben

O schöne, herrliche Weihnachtszeit,
was bringst du Lust und Fröhlichkeit!
Wenn der heilige Christ in jedem Haus
teilt sein lieben Gaben aus.
Und ist das Häuschen noch so klein,
so kommt der heilige Christ hinein,
und alle sind ihm lieb wie die Seinen,
die Armen und Reichen, die Großen und Kleinen.
Der heilige Christ an alle denkt,
ein jedes wird von ihm beschenkt.
Drum lasst uns freu`n und dankbar sein!
Er denkt auch unser, mein und dein!

* * * * * * *

Die vier Wünsche
Hoffmann von Fallersleben

Wollt' ich mir wünschen Alles,
Alles was etwa mir gefällt,
Wißt ihr wohl, was ich wünschte
Mir dann auf dieser Welt?
Erstlich, ich will's euch künden,
Möcht' ich bewahrt vor Sünden
Für jetzt und immer sein!

Wollt' ich mir wünschen Alles,
Alles was etwa mir gefällt,
Wißt ihr wohl, was ich wünschte
Mir dann auf dieser Welt?
Ferner, ich will's euch sagen,
Möcht' ich in allen Tagen,
Ja ewig sein gesund!

Wollt' ich mir wünschen Alles,
Alles was etwa mir gefällt,
Wißt ihr wohl, was ich wünschte
Mir dann auf dieser Welt?
Drittens, ich will's euch melden,
Möcht' ich, wie einst die Helden,
Stets jung und lustig sein!

Wollt' ich mir wünschen Alles,
Alles was etwa mir gefällt,
Wißt ihr wohl, was ich wünschte
Mir dann auf dieser Welt?
Endlich, ich will's euch singen,
Möcht' ich vor allen Dingen:
Mein Wünschen würde wahr!

* * * * * * *

Feiertagsfreuden
Hoffmann von Fallersleben

Kein Festag ist im ganzen Jahr,
Der uns nicht Etwas brächte,
Und wer am meisten Freude bringt,
Das ist für uns der rechte.

Und ist die Fastnacht wieder da,
Dann kommt der Gästebitter:
Wir gehen dann zum Faschingschmaus
Und essen arme Ritter.

Und sind die Ostern wieder da,
Dann backt die Mutter Kuchen;
Im Garten laufen wir umher,
Geh'n Ostereier suchen.

Und sind die Pfingsten wieder da,
Dann holen wir uns Maien;
Wir schmücken Thür' und Fenster aus,
Und tanzen dann im Freien.

Zuletzt kommt dann die schönste Zeit,
Wenn Weihnacht wiederkehret,
Und wer dann heuer artig war,
Dem wird was einbescheeret.

* * * * * * *

Was bringt der Weihnachtsmann?
Hoffmann von Fallersleben

Was bringt der Weihnachtsmann dem Fränzchen?
Weihnachtsmann!
Eine Puppe mit dem Kränzchen
Bringt der Weihnachtsmann dem Fränzchen.
Weihnachtsmann!

Was bringt der Weihnachtsmann Mathildchen?
Weihnachtsmann!
Ausgeschnittne bunte Bildchen
Bringt der Weihnachtsmann Mathildchen.
Weihnachtsmann!

Was bringt der Weihnachtsmann Johannen?
Weihnachtsmann!
Teller, Schüsseln, Näpf' und Kannen
Bringt der Weihnachtsmann Johannen.
Weihnachtsmann!

Was bringt der Weihnachtsmann Kathrinchen?
Weihnachtsmann!
Seidenhasen und Kaninchen
Bringt der Weihnachtsmann Kathrinchen.
Weihnachtsmann!

Was bringt der Weihnachtsmann Emilien?
Weihnachtsmann!
Einen Strauß von Rosen und Lilien
Bringt der Weihnachtsmann Emilien.
Weihnachtsmann!

Was bringt der Weihnachtsmann Marien?
Weihnachtsmann!
Arien und Melodien
Bringt der Weihnachtsmann Marien.
Weihnachtsmann!

Was bringt der Weihnachtsmann Agathen?
Weihnachtsmann!
Eine Schachtel voll Dukaten
Bringt der Weihnachtsmann Agathen.
Weihnachtsmann!

Was bringst du Weihnachtsmann denn mir doch?
Weihnachtsmann!
»Ueberlasse du das mir doch!
Was du wünschest, bringt auch dir noch
Weihnachtsmann!«

Weihnachten
Hoffmann von Fallersleben

Zwar ist das Jahr an Festen reich,
Doch ist kein Fest dem Feste gleich,
Worauf wir Kinder Jahr aus Jahr ein
Stets harren in süßer Lust und Pein.

O schöne, herrliche Weihnachtszeit,
Was bringst du Lust und Fröhlichkeit!
Wenn der heilige Christ in jedem Haus
Theilt seine lieben Gaben aus.

Und ist das Häuschen noch so klein,
So kommt der heilige Christ hinein,
Und Alle sind ihm lieb wie die Seinen,
Die Armen und Reichen, die Großen und Kleinen.

Der heilige Christ an Alle denkt,
Ein Jedes wird von ihm beschenkt.
Drum laßt uns freu'n und dankbar sein!
Er denkt auch unser, mein und dein.

* * * * * * *

Weihnachtslied
August Heinrich Hoffmann von Fallersleben

Morgen kommt der Weihnachtsmann,
Kommt mit seinen Gaben,
Trommel, Pfeifen und Gewehr,
Fahn' und Säbel, und noch mehr,
Ja, ein ganzes Kriegesheer
Möcht' ich gerne haben.

Bring' uns lieber Weihnachtsmann,
Bring' auch morgen, bringe
Musketier und Grenadier,
Zottelbär und Panthertier,
Roß und Esel, Schaf und Stier,
Lauter schöne Dinge!

Doch du weißt ja unsern Wunsch,
Kennst ja uns're Herzen.
Kinder, Vater und Mama,
Auch sogar der Großpapa,
Alle, alle sind wir da,
Warten dein mit Schmerzen.

* * * * * * *

Weihnachtszeit
Hoffmann von Fallersleben

O schöne, herrliche Weihnachtszeit!
Was bringst du Lust und Fröhlichkeit!
Wenn der heilige Christ in jedem Haus
teilt seine lieben Gaben aus.

Und ist das Häuschen noch so klein,
so kommt der heilige Christ hinein,
und alle sind ihm lieb wie die Seinen,
die Armen und Reichen, die Grossen und Kleinen.

Der heilige Christ an alle denkt,
ein jedes wird von ihm beschenkt.
Drum lasst uns freuen und dankbar sein!
Er denkt auch unser, mein und dein!

Weihnachtsfest
Karl Stelter

Hoch auf schneebedecktem Dach,
Hinter matten Scheiben
In dem engen Wohngemach
Herrscht ein fröhlich Treiben.

Armer Leute Kinderschar
Singt die Weihnachtslieder
Von dem Heil, das kommen war
Zu der Erde nieder.

Aus dem grünen Bäumchen strahlt
Glanz von wenig Lichtern,
Doch die helle Freude malt
Sich auf den Gesichtern.

Keine reiche Festespracht
Und kein Schaugepränge,
Dennoch Glück der heil'gen Nacht,
Weihevolle Klänge.

Kleine Stube, kleiner Baum,
Kleine Strahlensonne,
Aber lichter Kindertraum,
Reiche Kinderwonne.

* * * * * * *

Der Christbaum
Karl Rudolph Hagenbach

Ein Vater rüstet seinen Knaben
Zum frohen Fest den Weihnachtsbaum,
Und trunken noch von süßem Traum
Empfangen sie die holden Gaben.
Doch, als im Lauf von wenig Stunden
Der Neuheit Zauberreiz entschwunden,
Hob Karl, der ältre Sohn, zum jüngern Bruder an:
"Nun, weißt du, Fritz! wer dieß gethan?"
I freilich rief der jüng're Sohn,
Das Christkind mit der güld'nen Kron',
Das geht, gesandt vom lieben Gotte,
In stiller Nacht von Haus zu Haus
Und theilt die schönen Gaben aus.
Ja, ja, so sagt's mir Tante Lotte.

"Ei, wie man doch so kindisch denket,
Erwidert ihm der Philosoph,
Papa, Mama hat's uns geschenket,
Ich sah ja gestern über'n Hof
Das Aennchen nach dem Christmarkt laufen,
Die schönen Sachen einzukaufen;
Daß es der heil'ge Christ gebracht,
Für kleine Jungen ist's erdacht!"
Betroffen ob der neuen Lehre,
Bewundernd halb des Philosophen Witz,

Doch zweifelnd, ob's dem also wäre,
Läuft hurtig zu dem Vater Fritz.
"Ist's wahr, was mir da Karl berichtet,
Das Weihnachtskindlein sei erdichtet,
Ist's Lüge denn, was Tante lehret,
Der heil'ge Christ hab' uns bescheeret?" —
Der Vater schaut mit stiller Freude
Auf das entzweite Kinderpaar:
Recht haben mögt ihr alle Beide,
Und Jeder spricht im Ganzen wahr.
Du, Karl! du meinst aus meinen Händen

Erhältst die Weihnachtsgabe du?
Wohl doch wie soll der Vater spenden?

Wohl geb' den Beutel ich dazu,
Wohl muß ich schaffen, ringen, laufen,
Bis ich kann auf dem Christmarkt kaufen;
Doch wer giebt mir die edeln Kräfte
Und segnet huldreich mein Geschäfte? —
"Der Segen kommt, spricht Karl, von oben."
Nun gut, der Zweifel ist gehoben.
Ob euch der Christ mit eignen Händen
Die Gaben an das Bäumlein hängt;
Ob gute Eltern sie euch spenden,
Gilt dem gleich, der sie froh empfängt;
Sie bleiben Gottes Weihnachtsgabe,
An der sich Herz und Sinn erlabe.

- - - - - -

Seid ihr nicht auch wie Karl und Fritze,
Gelehrte Männer von der Zunft,
Mit eurem streitgewohnten Witze
Von Offenbarung und Vernunft?
Ob wunderbar vom Geist vernommen,
Ob mittelbar durch Menschenhand
Die Gottesgaben zu uns kommen,
Darüber grübelt der Verstand.

Der Eine nennt es Offenbarung,
Der Andre knüpft's an die Natur,
Der schaut in eigener Erfahrung,
In fremder der des Wunders Spur.
Durch einen Schlag hervorgerufen
Erscheint dem Einen Gottes Wort,
Und der Entwicklung leise Stufen
Verfolgt der Andre fort und fort.

Doch erst wenn dem geheimen Herzenszunder
Die Flamme der Begeisterung entsprüht,
Natur und Menschheit wie Ein großes Wunder
Im Sonnenglanz der Gottesgnade glüht,
Dann schauen wir in des Bewußtseins Spiegel
Der einen Wahrheit ungetheiltes Bild,
Gehoben ist der Bücher letztes Siegel
Und auch der Räthsel dunkelstes enthüllt.
Mögt ihr's Vernunft, mögt's Offenbarung nennen,
Des einen Meisters Wert sollt ihr erkennen.

So bleib' euch denn das Suchen unbeneidet,
Wenn Treu' ihr am Gefund'nen übt!
Nicht der Verstand, das Herz entscheidet,
Mit dem ihr wählt, mit dem ihr liebt,
Und wie verschieden auch die Gänge,
Die ihr zum Lebensbaume macht,
Wer euch die Gaben auch dran hänge,
Wohl euch, wenn aus der Kinderträume Nacht
Zum freudigen Bewußtsein ihr erwacht:
"Sieh da, des Vaters Weihnachtsgabe,
An der sich ewig Geist und Herz erlabe."

* * * * * * *

Auf eine Christblume
Eduard Mörike

II   Im Winterboden schläft, ein Blumenkeim,
Der Schmetterling, der einst um Busch und Hügel
In Frühlingsnächten wiegt den samtnen Flügel;
Nie soll er kosten deinen Honigseim.

Wer aber weiß, ob nicht sein zarter Geist,
Wenn jede Zier des Sommers hingesunken,
Dereinst, von deinem leisen Dufte trunken,
Mir unsichtbar, dich blühende umkreist?

* * * * * * *

Winternacht
Nikolaus Lenau

1.
Vor Kälte ist die Luft erstarrt,
Es kracht der Schnee von meinen Tritten,
Es dampft mein Hauch, es klirrt mein Bart;
Nur fort, nur immer fortgeschritten!

Wie feierlich die Gegend schweigt!
Der Mond bescheint die alten Fichten,
Die, sehnsuchtsvoll zum Tod geneigt,
Den Zweig zurück zur Erde richten.

Frost! friere mir ins Herz hinein,
Tief in das heißbewegte, wilde!
Daß einmal Ruh mag drinnen sein,
Wie hier im nächtlichen Gefilde!

2.
Dort heult im tiefen Waldesraum
Ein Wolf; – wie's Kind aufweckt die Mutter,
Schreit er die Nacht aus ihrem Traum
Und heischt von ihr sein blutig Futter.

Nun brausen über Schnee und Eis
Die Winde fort mit tollem Jagen,
Als wollten sie sich rennen heiß:
Wach auf, o Herz, zu wildem Klagen!

Laß deine Toten auferstehn
Und deiner Qualen dunkle Horden!
Und laß sie mit den Stürmen gehn,
Dem rauhen Spielgesind aus Norden!

* * * * * * *

Auf eine Christblume
Eduard Mörike

I.
Tochter des Waldes, du Lilienverwandte,
So lang von mir gesuchte, unbekannte,
Im fremden Kirchhof, öd und winterlich,
Zum erstenmal, o schöne, find ich dich!

Von welcher Hand gepflegt du hier erblühtest,
Ich weiß es nicht, noch wessen Grab du hütest;
Ist es ein Jüngling, so geschah ihm Heil,
Ist's eine Jungfrau, lieblich fiel ihr Teil.

Im nächtgen Hain, von Schneelicht überbreitet,
Wo fromm das Reh an dir vorüberweidet,
Bei der Kapelle, am kristallnen Teich,
Dort sucht ich deiner Heimat Zauberreich.

Schön bist du, Kind des Mondes, nicht der Sonne;
Dir wäre tödlich andrer Blumen Wonne,
Dich nährt, den keuschen Leib voll Reif und Duft,
Himmlischer Kälte balsamsüße Luft.

In deines Busens goldner Fülle gründet
Ein Wohlgeruch, der sich nur kaum verkündet;
So duftete, berührt von Engelshand,
Der benedeiten Mutter Brautgewand.

Dich würden, mahnend an das heilge Leiden,
Fünf Purpurtropfen schön und einzig kleiden:
Doch kindlich zierst du, um die Weihnachtszeit,
Lichtgrün mit einem Hauch dein weißes Kleid.

Der Elfe, der in mitternächtger Stunde
Zum Tanze geht im lichterhellen Grunde,
Vor deiner mystischen Glorie steht er scheu
Neugierig still von fern und huscht vorbei.

* * * * * * *

Die heilige Nacht
Eduard Mörike

Gesegnet sei die Heilige Nacht,
Die uns das Licht der Welt gebracht!

Wohl unterm lieben Himmelszelt
Die Hirten lagen auf dem Feld.

Ein Engel Gottes, licht und klar,
Mit seinem Gruß tritt auf sie dar.

Vor Angst sie decken ihr Angesicht,
Da spricht der Engel: "Fürcht't euch nicht!

Ich verkünd' euch große Freud:
Der Heiland ist euch geboren heut."

Da gehn die Hirten hin in Eil,
Zu schaun mit Augen das ewig Heil;

Zu singen dem süßen Gast Willkomm,
Zu bringen ihm ein Lämmlein fromm. –

Bald kommen auch gezogen fern
Die Heil'gen Drei König' mit ihrem Stern.

Sie knien vor dem Kindlein hold,
Schenken ihm Myrrhen, Weihrauch, Gold.

Vom Himmel hoch der Engel Heer
Frohlocket: "Gott in der Höh sei Ehr!"

* * * * * * *

Weihnachten
Eduard Mörike

Gesegnet sei die heil'ge Nacht,
Die uns das Licht der Welt gebracht.

Wohl unterm lieben Himmelszelt
Die Hirten lagen auf dem Feld.

Ein Engel Gottes licht und klar,
Mit seinem Gruß tritt auf sie dar.

Vor Angst sie decken ihr Angesicht,
Da spricht der Engel: "Fürcht't euch nicht!

Denn ich verkünd' euch große Freud':
Der Heiland ist euch geboren heut!"

Vom Himmel hoch der Engel Heer
Frohlockt: "Gott in der Höh' sei Ehr'!"

Da gehen die Hirten hin in Eil',
Zu schau'n mit Augen das ew'ge Heil,

Zu singen dem süßen Gast Willkomm,
Zu bringen ihm ein Lämmlein fromm.

Bald kommen auch gezogen fern
Die heil'gen drei Kön'ge mit ihrem Stern.

Sie knien vor dem Kindlein hold,
Schenken ihm Myrrhen, Weihrauch, Gold.

Zum Neujahr
Eduard Mörike

An tausend Wünsche, federleicht,
Wird sich kein Gott noch Engel kehren,
Ja, wenn es so viel Flüche wären,
Dem Teufel wären sie zu seicht.
Doch wenn ein Freund in Lieb und Treu
Dem andern den Kalender segnet,
So steht ein guter Geist dabei.
Du denkst an mich, was Liebes dir begegnet,
Ob dir's auch ohne das beschieden sei.

Weihnachtswunsch für Klärchen
Eduard Mörike

Der Nussbaum spricht:
Jetzt sieht man Büblein, Mägdlein warten,
Auf einen schönen Christkindgarten;
Da stellt man in die Mitt' hinein
Ein Tannenreis in Lichterschein:
Da hängt viel Naschwerk, Marzipan
Und sogar güldne Nüss' daran.
Doch sind die Nüsse dürr und alt,
Die grünen Zweige welken bald:
Das Bäumlein kann halt nicht verhehlen
Dass Leben ihm und Wurzeln fehlen.
Ein kluges Kind hat das bald weg,
Und ist `gessen erst der Schleck,
Dann ist ein solcher Baum veracht't,
Sein Glanz und Lust war über Nacht.

Schaut her! Da bin ich meiner Sechs!
Doch ganz ein anderes Gewächs.
Mich lud der Freund in seinem Garten,
Dem blonden Kinde aufzuwarten.
Und grüßte sie im warmen Stübchen,
Allein das schickt sich doch nicht ganz:
Ich bin ein gar zu langer Hans;

Drum bat ich sie zu mir heraus.
Zwar steh ich kahl und ohne Strauß,
Doch wart! Es kommt die Sommerzeit,
Da ist's, wo unsereins sich freut,
Da wick'l ich los mein würzig Blatt,
Es sieht kein Menschenaug' sich satt,
Die Vögel singen in meinen Zweigen,
Und alles, Schätzchen, ist dein eigen.
Und hast du mir es heut verziehn,
Dass ich nun bloß von Früchten bin,
So bring' ich dir gewiss und wahr
Ein Schürzlein Nüsse Jahr für Jahr.

* * * * * * *

Stille Nacht, Heilige Nacht
Joseph Mohr

Stille Nacht! Heilige Nacht!
Alles schläft; einsam wacht
Nur das traute heilige Paar.
Holder Knab im lockigten Haar,
Schlafe in himmlischer Ruh!
Schlafe in himmlischer Ruh!

Stille Nacht! Heilige Nacht!
Gottes Sohn! O wie lacht
Lieb´ aus deinem göttlichen Mund,
Da schlägt uns die rettende Stund´.
Jesus in deiner Geburt!
Jesus in deiner Geburt!

Stille Nacht! Heilige Nacht!
Die der Welt Heil gebracht,
Aus des Himmels goldenen Höhn
Uns der Gnaden Fülle läßt seh´n
Jesum in Menschengestalt,
Jesum in Menschengestalt

Stille Nacht! Heilige Nacht!
Wo sich heut alle Macht
Väterlicher Liebe ergoß
Und als Bruder huldvoll umschloß
Jesus die Völker der Welt,
Jesus die Völker der Welt.

Stille Nacht! Heilige Nacht!
Lange schon uns bedacht,
Als der Herr vom Grimme befreit,
In der Väter urgrauer Zeit
Aller Welt Schonung verhieß,
Aller Welt Schonung verhieß.

Stille Nacht! Heilige Nacht!
Hirten erst kundgemacht
urch der Engel Alleluja,
Tönt es laut bei Ferne und Nah:
Jesus der Retter ist da!
Jesus der Retter ist da!

Der Weihnachtsaufzug
Robert Reinick

Bald kommt die liebe Weihnachtszeit,
vorauf die ganze Welt sich freut;
das Land, so weit man sehen kann,
sein Winterkleid hat angetan.
Schlaf überall; es hat die Nacht
die laute Welt zur Ruh gebracht –
kein Sternenlicht, kein grünes Reis,
der Himmel schwarz, die Erde weiß.

Da blinkt von fern ein heller Schein –
was mag das für ein Schimmer sein?
Weit übers Feld zieht es daher,
als ob's ein Kranz von Lichtern wär',
und näher rückt es hin zur Stadt,
obgleich verschneit ist jeder Pfad.

Ei seht, ei seht! Es kommt heran!
Oh, schauet doch den Aufzug an!
Zu Roß ein wunderlicher Mann
mit langem Bart und spitzem Hute,
in seinen Händen Sack und Rute.
Sein Gaul hat gar ein bunt Geschirr,
von Schellen dran ein blank Gewirr;
am Kopf des Gauls, statt Federzier,
ein Tannenbaum voll Lichter hier;
der Schnee erglänzt in ihrem Schein,
als wär's ein Meer von Edelstein. –

Wer aber hält den Tannenzweig?
Ein Knabe, schön und wonnereich;
's ist nicht ein Kind von unsrer Art,
hat Flügel an dem Rücken zart. –
Das kann fürwahr nichts andres sein,
als wie vom Himmel ein Engelein!
Nun sagt mir, Kinder, was bedeut't
ein solcher Zug in solcher Zeit? –

Was das bedeut't? Ei, seht doch an,
da frag ich grad beim Rechten an!
Ihr schelmischen Gesichterchen,
ich merk's ihr kennt die Lichterchen,
kennt schon den Mann mit spitzem Hute,
kennt auch den Baum, den Sack, die Rute.

Der alte bärt'ge Ruprecht hier,
er pocht' schon oft an eure Tür;
droht' mit der Rute bösen Buben;
warf Nüss' und Äpfel in die Stuben
für Kinder, die da gut gesinnt. –
Doch kennt ihr auch das Himmelskind?
Oft bracht' es ohne euer Wissen,
wenn ihr noch schlieft in weichen Kissen,
den Weihnachtsbaum zu euch ins Haus,
putzt' wunderherrlich ihn heraus;
Geschenke hing es bunt daran
und steckt' die vielen Lichter an;
flog himmelwärts und schaute wieder
von dort auf euren Jubel nieder.

O Weihnachtszeit, du schöne Zeit,
so überreich an Lust und Freud'!
Hör doch der Kinder Wünsche an
und komme bald, recht bald heran,
und schick uns doch, wir bitten sehr,
mit vollem Sack den Ruprecht her.
Wir fürchten seine Rute nicht,
wir taten allzeit unsre Pflicht.
Drum schick uns auch den Engel gleich
mit seinem Baum, an Gaben reich.
O Weihnachtszeit, du schöne Zeit,
worauf die ganze Welt sich freut!

* * * * * * *

Das Christkind
Robert Reinick

Die Nacht vor dem Heiligen Abend,
da liegen die Kinder im Traum.
Sie träumen von schönen Sachen
und von dem Weihnachtsbaum.

Und während sie schlafen und träumen,
wird es am Himmel klar,
und durch den Himmel fliegen
drei Engel wunderbar.

Sie tragen ein holdes Kindlein,
das ist der Heilige Christ.
Es ist so fromm und freundlich,
wie keins auf Erden ist.

Und wie es durch den Himmel
still über die Häuser fliegt;
schaut es in jedes Bettchen,
wo nur ein Kindlein liegt.

Es freut sich über alle,
die fromm und freundlich sind,
denn solche liebt von Herzen
das liebe Himmelskind.

Heut schlafen noch die Kinder
und sehen es nur im Traum.
Doch morgen tanzen und springen
sie um den Weihnachtsbaum.

* * * * * * *

Weihnacht
Hans Christian Andersen

Die Krippe blieb dem Jesuskind,
obwohl die Welt sein Eigen.
Nur Heu und Stroh sein Kissen sind,
kein Lichtlein wollt' sich zeigen!
Doch e i n Stern überm Stalle stand,
und Ochsen küssten Jesu Hand.
Halleluja! Halleluja! Klein Jesus!

Seid fröhlich, Seelen, die ihr matt,
werft ab all Sorg' und Schmerzen,
geboren ist in Davids Stadt,
der Tröster aller Herzen.
Wir eilen nun zum Kindlein hin
und bleiben Kind in Seel' und Sinn.
Halleluja! Halleluja! Klein Jesus!

Aus dem Dänischen von © Bertram Kottmann

* * * * * * *

Der Christbaum
Franz von Pocci

Gott in der Höh´ allein sei Ruhm und Ehre
Und Menschen guten Willens Freud und Frieden!
Frohlocket, groß und klein! Nun sproßt hienieden
Der Christbaum uns, der ewig grüne, hehre!

Hin starb die Welt, die trost- und liebeleere,
Den Fluren gleich, die Sommerlust gemieden:
Da ward uns jener Heilesbaum beschieden,
Das Kreuz, an Hoffnung reich und sel´ger Lehre.

Licht blüht aus seiner Krone, Himmelsgaben
Trägt er, das Herz durch höhern Trost zu laben
Als aller Weisen Kunst und Erdenschätze.

Denn froh verkündigt ist im Engelliede
Des Höchsten Ehr´ und guter Menschen Friede,
Und Liebe heißt die Summe der Geset

* * * * * * *

Der Pelzemärtel
Franz Graf von Pocci

Die Winde sausen um das Haus,
es stürmt daher der Winter.
Nun schaut Pelzmärtel Nikolaus
nach euch sich um, ihr Kinder.
Da will ich sehen, was er sagt,
wenn er nun Vater und Mutter fragt,
ob ihr auch brav gewesen.

Horch! Kommt er nicht die Trepp' herauf?
Hört ihr nicht poltern und schnaufen?
Jawohl, er ist's! - Die Tür geht auf. –
Ihr braucht nicht fortzulaufen
und dürft auch nicht erschrecken
vor Ruten und vor Stecken,
sieht er auch gleich zum Fürchten aus!

Nun schaut er rings die Kleinen an
und spricht: "Ihr frommen Kinder,
ihr sollt mir alles Gute han!

Ich bring euch für den Winter
hier Äpfel und Birnen und Mandelkern,
Lebkuchen und Nüsse und Zuckerstern
da füllt euch Kappen und Taschen!

Die Kinder klauben und freuen sich sehr;
doch finster brummt der Alte:
"Nun gebt mir die bösen Buben her,
die trag ich mit fort zum Walde!"
Der Vater spricht: "Sie sind alle brav
und brauch weder Zank noch Straf';
sie folgen und lernen mit Freuden!"

Da sagt der Märtel: "'s freut mich doch,
dass wir euch Freude machten.
Seid nur recht brav, dann gibt's auch noch
recht fröhliche Weihnachten!
Ade, ihr Kinder! Bleibt nur hier!" –
Nun schlürft er wieder hinaus zur Tür
und stolpert die Stiege hinunter.

Doch horch, wie schrei'n im Nachbarhaus
die bösen Knaben und Mädchen!
Ha, sieh! Der Nikolaus kommt heraus,
im Sack den Fritz und das Gretchen.
Nun hilft kein gutes, kein böses Wort;
der Pelzmärtel trägt sie fort
zu den Wölfen und Bären im Wald.

* * * * * * *

Weihnachten
Hermann Kletke

Die Tage kommen, die Tage gehn,
der schönste Tag hat kein Bestehn,
ob Lenz und Sommer schmückt die Welt,
rasch kommt der Herbst ins Stoppelfeld,
es saust, es schneit, es friert; doch dann –
das Christkind zündet die Lichter an!

O Kindeslust, o Kindertraum,
o liebesheller Weihnachtsbaum!
In dunkle Nächte glänzt dein Licht
so froh voraus, du wandelst nicht;
es sorgt der Mutter Herz, und dann –
das Christkind zündet die Lichter an!

Großmama spricht: Nur still, nur still!
Denn wenn ein Kind nicht warten will,
vorwitzig schaut voll Ungeduld,
was dann geschieht, ´s ist seine Schuld!
Sitz still ein Weilchen nur, und dann –
das Christkind zündet die Lichter an!

Ihr Hänschen stitzt ihr stumm im Schoß,
macht nur die Augen hell und groß,
hat für sein fragend Kätzchen dort
kein Auge jetzt, kein Schmeichelwort;
Großmutter blickt so lieb und dann –
das Christkind zündet die Lichter an.

* * * * * * *

Kinderlied zu Weihnachten
Achim von Arnim

Gott's Wunder, lieber Bu,
Geh, horch ein wenig zu,
Was ich dir will erzählen,
Was geschah in aller Fruh.

Da geh ich über ein Heid,
Wo man die Schäflein weidt,
Da kam ein kleiner Bu gerennt,
Ich hab ihn all mein Tag nicht kennt.

Gott's Wunder, lieber Bu,
Geh, horch ein wenig zu!

Den alten Zimmermann,
Den schaun wir alle an,
Der hat dem kleinen Kindelein
Viel Gutes angethan.

Er hat es so erkußt,
Es war ein wahre Lust,
Er schafft das Brod, ißt selber nicht,
Ist auch sein rechter Vater nicht.

Gott's Wunder, lieber Bu,
Geh, lausch ein wenig zu.

Hätt' ich nur dran gedenkt,
Dem Kind hätt ich was g'schenkt;
Zwei Äpfel hab ich bei mir g'habt,
Es hat mich freundlich angelacht.

Gott's Wunder, lieber Bu,
Geh, horch ein wenig zu.

* * * * * * *

Winterlandschaft
Friedrich Hebbel

Unendlich dehnt sie sich, die weiße Fläche,
bis auf den letzten Hauch von Leben leer;
die muntern Pulse stocken längst, die Bäche,
es regt sich selbst der kalte Wind nicht mehr.

Der Rabe dort, im Berg von Schnee und Eise,
erstarrt und hungrig, gräbt sich tief hinab,
und gräbt er nicht heraus den Bissen Speise,
so gräbt er, glaub' ich, sich hinein ins Grab.

Die Sonne, einmal noch durch Wolken blitzend,
wirft einen letzten Blick auf's öde Land,
doch, gähnend auf dem Thron des Lebens sitzend,
trotzt ihr der Tod im weißen Festgewand.

* * * * * * *

Christbaum
Friedrich Wilhelm Weber

Der Winter ist ein karger Mann,
Er hat von Schnee ein Röcklein an;
Zwei Schuh' von Eis
Sind nicht zu heiß?
Von rauhem Reif eine Mütze
Macht auch nur wenig Hitze.

Er klagt: "Verarmt ist Feld und Flur!"
Den grünen Christbaum hat er nur;
Den trägt er aus
In jedes Haus,
In Hütten und Königshallen:
Den schönsten Strauß von allen!

* * * * * * *

Vor Weihnachten
Karl Gerok

Die Kindlein sitzen im Zimmer –
Weinachten ist nicht mehr weit –
bei traulichem Lampenschimmer
und jubeln: „Es schneit, es schneit!"

Das leichte Flockengewimmel,
es schwebt durch die dämmernde Nacht
herunter von hohen Himmel
vorüber am Fenster so sacht.

Und wo ein Flöckchen im Tanze
den Scheiben vorüberschweift,
da flimmerts in silbernem Glanze
vom Lichte der Lampe bestreift.

Die Kindlein sehn's mit Frohlocken,
sie drängen ans Fenster sich dicht,
sie verfolgen die silbernen Flocken,
die Mutter lächelt und spricht:

„Wisst, Kinder, die Engelein schneidern
im Himmel jetzt früh und spät;
an Puppenbettchen und Kleidern
wird auf Weihnachten genäht.

Da fällt von Säckchen und Röckchen
manch silberner Flitter beiseit,
von Bettchen manch Federflöckchen;
auf Erden sagt man: es schneit.

Und seid ihr lieb und vernünftig,
ist manches für euch bestellt;
wer weiß, was schönes euch künftig
vom Tische der Engelein fällt."

Die Mutter spricht's; vor Entzücken
den Kleinen das Herz da lacht;
sie träumen mit seligen Blicken
hinaus in die zaubrische Nacht.

* * * * * * *

O Heiliger Abend
Karl Gerok

O heiliger Abend,
mit Sternen besät,
wie lieblich und labend
dein Hauch mich umweht!
Vom Kindergetümmel,
vom Lichtergewimmel
auf schau ich zum Himmel
im leisen Gebet.

Da funkelt's von Sternen
am himmlischen Saum,
da jauchzt es vom fernen,
unendlichen Raum.
Es singen mit Schalle
die Engelein alle,
ich lausche dem Halle,
mir klingt's wie ein Traum.

O Erde, du kleine,
du dämmernder Stern,
dir gleichet doch keine
der Welten von fern!
So schmählich verloren,
so selig erkoren,
auf dir ist geboren
die Klarheit des Herrn!

* * * * * * *

Drei Lieder vom Christbaum - I.
Karl Gerok

Heiliger Baum!

Heiliger Baum,
paradiesischem Boden entsprossen,
Hast du denn wieder
die flammenden Blüten erschlossen?
Haben bei Nacht
Engel dich wieder gebracht
Sündigen Erdegenossen?

Heiliger Baum,
uns vom himmlischen Vater entzündet,
Daß er in Liebe
die Kinder des Höchsten verbündet!
Grünendes Reis
Mitten in Schnee und in Eis,
Das uns den Frühling verkündet!

Heiliger Baum,
so verbreite die duftenden Aeste
Wieder durch
niedrige Hütten und stolze Paläste,
Lade herein In den entzückenden Schein
Tausend beseligte Gäste!

Kommet, ihr Kinder,
ihr seid ja vor allen erkoren!
Tretet herein
zu den leuchtend geöffneten Thoren!
Freut euch des Herrn, Sieht er die Kleinen doch gern,
Der als ein Kind ist geboren!

Kommet, ihr Alten,
gedenket verklungener Wonnen,
Kommt, in der Freude
der Kleinen euch selber zu sonnen;
Grün ist der Baum,
Doch wie ein goldener Traum
Ach! ist die Jugend verronnen!

Kommet, ihr Armen,
den König der Liebe zu grüßen;
Ward er doch arm,
um den Armen ihr Los zu versüßen;
Hirten vom Feld
Kamen, von Engeln bestellt,
Sanken dem Kindlein zu Füßen.

Kommet, ihr Reichen,
und habt ihr den Baum euch behangen,
Lasset ein Bäumchen
für Witwen und Waisen noch prangen!
Seliger ist —
Lernt es vom heiligen Christ —
Geben als Gaben empfangen!

Kommet, ihr Weisen,
und folget dem strahlenden Sterne!
Werdet mit Kindern
zu Kindern, so führt er euch gerne,
Wie er die Spur
Zeigte nach Bethlehems Flur
Pilgernden Weisen von ferne.

Kommet, ihr Heiden,
heran von entleg'nen Gestaden!
Kommet und sonnt
euch im Lichte der göttlichen Gnaden;
Unter dem Baum
Ist noch für Tausende Raum;
Alles was Mensch, ist geladen!

Heilige Tanne! —
Die Eiche der heidnischen Alten
Stürzte, vom Beil
des Apostels der Deutschen gespalten :
Aber dein Grün
Soll noch Jahrtausende blühn!
Amen! Der Höchste wird's walten!

* * * * * * *

Drei Lieder vom Christbaum - II.
Karl Gerok

Der schönste Baum

Joh. 3, 16.
Also hat Gott die Welt geliebt.

Sag an, wie heißt der schönste Baum
Auf weitem Erdenrund,
Seit einst im Paradiesesraum
Der Baum des Lebens stund?

Die Palme grüßt im Morgenland
Des Pilgers Aug' entzückt,
Wenn ragend er im Wüstensand
Ihr hohes Haupt erblickt.

Schön ruht sich's an der Eiche Fuß,
Wenn durch den grünen Wald
Der Jägerschar des Waldhorns Gruß
Zum muntern Mahle schallt.

Die Linde glüht im Abendglanz,
Umweht von Blütenduft,
Wenn durch das Dorf zum Erntetanz
Des Spielmanns Fidel ruft.

Doch schöner glänzt im Kerzenschein
Der Tannenbaum fürwahr,
Wenn nun der Vater ruft "herein!"
Der frohen Kinderschar.

Wenn dann ins lichte Heiligtum
Geblendet und entzückt,
Vor Freude bang, vor Staunen stumm,
Das Kindervolk sich drückt;

Wenn wonnevoll der Eltern Blick
Sich ans die Kleinen senkt
Und an der eignen Kindheit Glück
Mit süßer Wehmut denkt.

Da blüht in finstrer Winternacht,
Umstarrt von Schnee und Eis,
Ein Frühling auf in bunter Pracht
Am dunkeln Tannenreis.

Da bringt der schlichte Tannenbaum
Des Paradieses Glück,
Der ersten Unschuld Kindheitstraum
Der armen Welt zurück.

Und draußen blickt der Sterne Schar
Mit wunderholdem Schein
Wie Engelsangen licht und klar
Vom Himmel hoch herein.

Und aus der Himmel Himmel sieht's
Herab mit Vaterblick,
Und durch die dunkeln Lüfte zieht's
Wie himmlische Musik:

"Also hat Gott die Welt geliebt,
Daß er aus freiem Trieb
Uns feinen Sohn zum Heiland giebt,
Wie hat uns Gott so lieb!"

* * * * * * *

Drei Lieder vom Christbaum - III.
Karl Gerok

Des armen Knaben Christbaum

Was für ein fröhlich Thun und Treiben
Am Weihnachtsmarkt bis in die Nacht,
Wie funkelt durch erhellte Scheiben
Der schönen Waren bunte Pracht;
Wer kaufen will, muß heut noch laufen,
Daß er den Christbaum schmücken mag.
Wer feil hat, will noch heut verkaufen,,
Denn morgen ist Bescherungstag.

Doch sieh, wie mit betrübten Mienen
Dort an der Ecke, frosterstarrt,
Vom nahen Gaslicht hell beschienen,
Ein Knabe noch des Käufers harrt;
Er hat den Christbaum selbst geschnitten
Mit saurer Müh im Tannenwald,
Sein schüchtern Ange scheint zu bitten:
"O kauft mir ab, die Nacht ist kalt!"

"Kauft ab, ihr könnt so lustig lachen,
Ihr habt das Glück, und ich die Not;
Was soll ich mit dem Christbaum machen?
Die Mutter krank, der Vater tot!"
Doch niemand, der des bleichen Kleinen
Und seines Baums gewahren mag,
Vorbei rennt jeder mit dem Seinen, —
Und heut ist schon der letzte Tag!

Doch schau, da kommt mit muntrem Schritte,
In Sammetpelz und Federhut, —
Die schöne Mutter in der Mitte, —
Ein Kinderpärchen wohlgemut;
Den Korb gefüllt mit Weihnachtsgaben,
Trabt hinterher des Hauses Knecht —
"O Mutter, sieh den Baum des Knaben,
Der ist für uns noch eben recht!"

Die schöne Mutter zahlt in Eile
Dem Knaben sein Achtgroschenstück,
Er dankt — und schaut noch eine Weile
Den Frohen nach mit trübem Blick:
Wie wird fein Christbaum morgen funkeln
Im fremden Hans, im Kerzenschein,
Und ach! im Kämmerlein, im Dunkeln,
Wie still wird seine Weihnacht sein!

Drum, Kinder, wenn bekränzt mit Gaben
Euch euer Christbaum fröhlich brennt,
Denkt, ob ihr nicht den bleichen Knaben
Und seine kranke Mutter kennt?
Und geht und trocknet ihm die Wangen
Und lernet von dem heil'gen Christ,
Daß zwar vergnüglich das Empfangen,
Doch seliger das Geben ist!

Zur heiligen Weihnacht
Adolf Kolping

Es strebte aus der Nacht des Lebens
Die Menschheit stets nach Glück und Licht,
Doch suchte sie den Weg vergebens
Jahrtausende und fand ihn nicht.

Da ließ den Friedensgruß erschallen
Durch Engelsmund das Christuskind,
Es bot den wahren Frieden allen,
Die eines guten Willens sind.

Es nahm auf sich der Menschheit Bürde
Und gab des reinen Herzens Glück,
Es gab dem Weibe seine Würde,
Dem Sklaven gab es sie zurück.

O, lasst uns dieses Kindlein preisen,
Das uns versöhnte mit dem Grab,
Das uns das große Ziel der Weisen,
Den Frieden und die Wahrheit, gab.

Ihr Mütter, eilt im Geist zur Krippe,
In der das Kindlein Jesu lag,
Und betet nicht bloß mit der Lippe,
Nein, mit dem Herzen betet nach:

"O Jesu, segne mein Bestreben
Für meine Kinder, dass ich sie,
Die Du für Dich mir hast gegeben,
Für Deinen Himmel auch erzieh'!

Lass mich sie lehren, Dir zu dienen,
Steh Du mir auch, Maria, bei,
Damit ein jedes unter ihnen
Dem Kinde Jesu ähnlich sei!"

"Die Kinder, Herr, die ich geboren,
Ich führte sie zum Heil, zum Glück,
Ich habe keines Dir verloren,
Ich geb' sie Dir, mein Gott, zurück!"

* * * * * * *

In der Neujahrsnacht
Betty Paoli

Weithin ertönt der Gruß der Glocken,
Von hundert Lichtern glänzt der Saal,
Die Menschen jubeln und frohlocken,
Vereint beim festlich heitern Mahl.

Sie bringen Wünsche sich entgegen
Und klingen mit den Gläsern an.
Wie mag sie's nur so froh bewegen,
Daß abermals ein Jahr verrann!

Daß sie aus ihrer Freuden Mitte
Verhülltem Los entgegengehn,
Daß näher sie um so viel Schritte
Dem Ziel, vor dem sie schaudern, stehn!

Wie? Oder sollen Spiel und Necken,
Der Scherz, der immer Toll'res wagt,
Das Wehgefühl nur überdecken,
Das leis an jedem Herzen nagt?

Das Wehgefühl, nicht zu versöhnen,
Daß eine Frist nun wieder um,
Und daß die Glocken nur ertönen,
Vergänglichkeit! zu deinem Ruhm!

* * * * * * *

Weihnachtsruhe
Gottfried Kinkel

Es ist so still geworden,
verrauscht des Abends Wehn,
nun hört man allerorten
der Engel Füße gehen.
Rings in die Täler senket
Sich Finsternis mit Macht.
Wirf ab, Herz, was dich kränket
Und was dich bange macht.

* * * * * * *

Weihnacht
Emanuel Geibel

Wie bewegt mich wundersam
Euer Hall, ihr Weihnachtsglocken,
Die ihr kündet mit Frohlocken,
Daß zur Welt die Gnade kam.

Überm Hause schien der Stern,
Und in Lilien stand die Krippe,
Wo der Engel reine Lippe
Hosianna sang dem Herrn.

Herz, und was geschah vordem,
Dir zum Heil erneut sich's heute:
Dies gedämpfte Festgeläute
Ruft auch dich nach Bethlehem.

Mit den Hirten darfst du ziehn,
Mit den Königen aus Osten
Und in ihrer Schar getrosten
Muts vor deinem Heiland knien.

Hast du Gold nicht und Rubin,
Weihrauch nicht und Myrrhenblüte:
Schütt' aus innerstem Gemüte
Deine Sehnsucht vor ihm hin!

Sieh, die Händchen zart und lind
Streckt er aus, zum Born der Gnaden,
Die da Kinder sind, zu laden,
Komm! Und sei auch du ein Kind!

* * * * * * *

Blumen der Weihnacht
August Auch

O Weihnacht mit deinem lachenden Traum! —
Da sitzet die hoffende Kinderschaar,
Sich erzählend Geschichten so wunderbar,
Von Englein mit der goldigen Pracht,
Vom Christ, der leise durchwandelt die Nacht;
Ist draußen auch kalt das todte Gefild,
Das Kinderherz hat im blühenden Bild:
Blumen der Weihnacht.

O du liebesorgende Weihnachtszeit!
Auf dem Markte stehn der Buden so viel
Mit mancherlei Schmuck und buntem Gesspiel,
Und ob es auch stürmet und tobt und schneit
Zum Markt hin eilen die Mütter doch,
Und opfern wohl oft ihr Letztes noch,
Zu schaffen den Kleinen die Weihnachtslust,
Und die Liebe hegt in der Mutterbrust:
Blumen der Weihnacht.

Und dort, ach, in der Hütte da ist
Der Armuth Winter, der Sorge Hand
Hält der Bekümmerten Geist umspannt!
Und, wenn am heiligen Feste ermisst
Ihr Weh ein mitleidfühlendes Herz,
Dann steigen die Engel wohl erdenwärts.
Und leuchten hell in die Welt hinein
Der Freude geheiligter Maienschein:
Blumen der Weihnacht!

* * * * * * *

Es ist Advent!
Friedrich Wilhelm Kritzinger

Die Blumen sind verblüht im Tal,
Die Vöglein heimgezogen;
Der Himmel schwebt so grau und fahl,
Es brausen kalt die Wogen.
Und doch nicht Leid im Herzen brennt:
Es ist Advent!

Es zieht ein Hoffen durch die Welt,
Ein starkes, frohes Hoffen;
Das schließet auf der Armen Zelt
Und macht Paläste offen;
Das kleinste Kind die Ursach kennt:
Es ist Advent!

Advent, Advent, du Lerchensang
Von Weihnachtsfrühlingstunde!
Advent, Advent, du Glockenklang
Vom neuem Gnadenbunde!
Du Morgenstrahl von Gott gesendt!
Es ist Advent.

* * * * * * *

Das Weihnachtsfest
Theodor Storm

Vom Himmel bis in die tiefsten Klüfte
ein milder Stern herniederlacht;
vom Tannenwalde steigen Düfte
und kerzenhelle wird die Nacht.

Mir ist das Herz so froh erschrocken,
das ist die liebe Weihnachtszeit!
Ich höre fernher Kirchenglocken,
in märchenstiller Herrlichkeit.

Ein frommer Zauber hält mich nieder,
anbetend, staunend muß ich stehn,
es sinkt auf meine Augenlider,
ich fühl's, ein Wunder ist geschehn.

* * * * * * *

Knecht Ruprecht
Theodor Storm

Von drauß' vom Walde komm ich her;
ich muss euch sagen, es weihnachtet sehr!
All überall auf den Tannenspitzen
sah ich goldene Lichtlein sitzen;
und droben aus dem Himmelstor
sah mit großen Augen das Christkind hervor.

Und wie ich so strolcht' durch den finstern Tann,
da rief's mich mit heller Stimme an:
"Knecht Ruprecht", rief es, "alter Gesell,
hebe die Beine und spute dich schnell!
Die Kerzen fangen zu brennen an,
das Himmelstor ist aufgetan.

Alt' und Junge sollen nun
von der Jagd des Lebens einmal ruhn;
und morgen flieg ich hinab zur Erden;
denn es soll wieder Weihnachten werden!"
Ich sprach: "O lieber Herre Christ,
meine Reise fast zu Ende ist;

ich soll nur noch in diese Stadt,
wo's eitel gute Kinder hat."
"Hast denn das Säcklein auch bei dir?"
Ich sprach: "Das Säcklein, das ist hier:
Denn Äpfel, Nuss und Mandelkern
essen fromme Kinder gern."

"Hast denn die Rute auch bei dir?"
Ich sprach: "Die Rute, die ist hier;
doch für die Kinder nur, die schlechten,
die trifft sie auf den Teil, den rechten.
Christkindlein sprach: "So ist es recht!
So geh mit Gott, mein treuer Knecht!"

Von drauß' vom Walde komm ich her;
ich muss euch sagen, es weihnachtet sehr!
Nun sprecht, wie ich's hier drinnen find!
Sind's gute Kind sind's böse Kind?

* * * * * * *

Weihnachtsabend 1852
Theodor Storm

Die fremde Stadt durchschritt ich sorgenvoll,
Der Kinder denkend, die ich ließ zu Haus.
Weihnachten war's; durch alle Gassen scholl
Der Kinderjubel und des Marktes Gebraus.

Und wie der Menschenstrom mich fortgespült,
Drang mir ein heiser Stimmlein in das Ohr:
"Kauft, lieber Herr!" Ein magres Händchen hielt
Feilbietend mir ein ärmlich Spielzeug vor.

Ich erschrak empor, und beim Laternenschein
Sah ich ein bleiches Kindergesicht;
Wes Alters und Geschlechts es mochte sein,
Erkannt ich im Vorübertreiben nicht.

Nur von dem Treppenstein, darauf es saß,
Noch immer hört ich, mühsam, wie es schien:
"Kauft, lieber Herr!" den Ruf ohn Unterlaß;
Doch hat wohl keiner ihm Gehör verliehn.

Und ich? - War's Ungeschick, war es die Scham,
Am Weg zu handeln mit dem Bettelkind?
Eh meine Hand zu meiner Börse kam,
Verscholl das Stimmlein hinter mir im Wind.

Doch als ich endlich war mit mir allein,
Erfaßte mich die Angst im Herzen so,
Als säß mein eigen Kind auf jenem Stein
Und schrie' nach Brot, indessen ich entfloh.

* * * * * * *

Weihnachtsabend
Theodor Storm

An die hellen Fenster kommt er gegangen
Und schaut in des Zimmers Raum;
Die Kinder alle tanzten und sangen
Um den brennenden Weihnachtsbaum.

Da pocht ihm das Herz, daß es will zerspringen;
"Oh", ruft er, "laßt mich hinein!
Was Frommes, was Fröhliches will ich euch singen
Zu dem hellen Kerzenschein."

Und die Kinder kommen, die Kinder ziehen
Zur Schwelle den nächtlichen Gast;
Still grüßen die Alten, die Jungen umknien
Ihn scheu in geschäftiger Hast.

Und er singt: "Weit glänzen da draußen die Lande
Und locken den Knaben hinaus;
Mit klopfender Brust, im Reisegewande
Verläßt er das Vaterhaus.

Da trägt ihn des Lebens breitere Welle –
Wie war so weit die Welt!
Und es findet sich mancher gute Geselle,
Der's treulich mit ihm hält.

Tief bräunt ihm die Sonne die Blüte der Wangen,
Und der Bart umsprosset das Kinn;
Den Knaben, der blond in die Welt gegangen,
Wohl nimmer erkennet ihr ihn.

Aus goldenen und aus blauen Reben
Es mundet ihm jeder Wein;
Und dreister greift er in das Leben
Und in die Saiten ein.

Und für manche Dirne mit schwarzen Locken
Im Herzen findet er Raum; –
Da klingen durch das Land die Glocken,
Ihm war's wie ein alter Traum.

Wohin er kam, die Kinder sangen,
Die Kinder weit und breit;
Die Kerzen brannten, die Stimmlein klangen,
Das war die Weihnachtszeit.

Da fühlte er, daß er ein Mann geworden;
Hier gehörte er nicht dazu.
Hinter den blauen Bergen im Norden
Ließ ihm die Heimat nicht Ruh.

An die hellen Fenster kam er gegangen
Und schaut' in des Zimmers Raum;
Die Schwestern und Brüder tanzten und sangen
Um den brennenden Weihnachtsbaum." –

Da war es, als würden lebendig die Lieder
Und nahe, der eben noch fern;
Sie blicken ihn an und blicken wieder;
Schon haben ihn alle so gern.

Nicht länger kann er das Herz bezwingen,
Er breitet die Arme aus:
"Oh, schließet mich ein in das Preisen und Singen,
Ich bin ja der Sohn vom Haus!"

* * * * * * *

Weihnachtslied
Theodor Storm

Vom Himmel in die tiefsten Klüfte
Ein milder Stern herniederlacht;
Vom Tannenwalde steigen Düfte
Und hauchen durch die Winterlüfte,
Und kerzenhelle wird die Nacht.

Mir ist das Herz so froh erschrocken,
Das ist die liebe Weihnachtszeit!
Ich höre fernher Kirchenglocken
Mich lieblich heimatlich verlocken
In märchenstille Herrlichkeit.

Ein frommer Zauber hält mich wieder,
Anbetend, staunend muß ich stehn;
Es sinkt auf meine Augenlider
Ein goldner Kindertraum hernieder,
Ich fühl's, ein Wunder ist geschehn.

* * * * * * *

Deutsche Weihnacht
Otto Roquette
1870

Ueber dem Schnee in der heiligen Nacht
   Funkelt das Sternengeleite.
Fern in Frankreich auf einsamer Wacht
   Schaut der Soldat in die Weite.

   Weit, so weit ist der Sternenraum,
   Weit, wie die Lieb' ohne Schranken!
   Heimathlichter am Tannenbaum
   Geh'n ihm durch die Gedanken.

   Mutteraugen und Jugendlust,
   Kinderlachen und Singen –
Leuchtend geht's ihm auf in der Brust,
   Will ihm das Auge bezwingen.

   Kalt und eisig schneidet der Wind,
   Horch! Was schwirrt durch die Bäume?
Weg von der Stirn, vom Auge geschwind
   Streicht er die fremden Träume.

»Dank dir, du fränkischer Winterhauch,
   Der mir pfeift um die Ohren!
Hier wird in heiliger Weihnacht auch
   Neu uns die Liebe geboren.«

»Treue Brüder von Süd und Nord
   Steh'n auf dem Posten wir Alle.
Deutschland hoch! sei mein Jubelwort,
   Ob ich heut, ob ich morgen falle!«

Lautlos schimmert die heilige Nacht,
   Still ist's droben und nieden.
Schütze dich Gott, du treue Wacht,
   Bring' uns den Sieg und den Frieden!

* * * * * * *

Christbescherung
Louise Otto

Der Christnacht heilig' Offenbaren,
Das einst an alles Volk erging,
Die Kunde, die durch Engelscharen
Zuerst das arme Volk empfing:

»Die Liebe ist zur Welt gekommen,
Um einen neuen Bund zu weihn,
Ein reines Licht ist hell entglommen
Ein Stern mit wunderreichem Schein!« –

Die Kunde klingt aufs neue wieder
Zu uns in jeder Weihnachtszeit
Sie tönt durch alle Festeslieder
In jedem Gruß von nah und weit.

»Die Liebe soll die Welt regieren!«
Das ist die Losung allerwärts,
Die Lichter, die den Christbaum zieren
Wie strahlen sie in jedes Herz;

Und all die Gaben, lichtumschwommen,
Für jung und alt, für groß und klein:
Vom Himmel scheinen sie gekommen
In einer Wundernacht zu sein! –

Doch all das Wunder zu vollenden,
Viel Sorgen gab es Tag und Nacht.
Viel Mühen von geschäft'gen Händen,
Viel Opfer freudig dargebracht.

Die Liebe soll die Welt regieren,
Und Weihnacht zeigt, daß sie's vermag,
Doch höhres Ziel muß sie sich küren,
Als schaffen nur für einen Tag,

Der eine Tag soll allen lehren;
Solch Mühn und Opfern wohl uns ziert,
Die wir das Wort der Weihnacht ehren:
Daß Liebe nur die Welt regiert –

Auch Völkerwünsche sich erfüllen
Nicht durch das Wunder einer Nacht,
Drum mühe jeder sich im stillen
Bis einst das Liebeswerk vollbracht;

Bis daß im ganzen Vaterlande
Der Freiheit Christbaum leuchtend glüht –
Solch Wunder kommt gewiß zu Stande
Wenn alles Volk darum sich müht.

* * * * * * *

Aus der Brieftasche
Gottfried Keller

Ich hab in kalten Wintertagen,
In dunkler, hoffnungsarmer Zeit
Ganz aus dem Sinne dich geschlagen,
O Trugbild der Unsterblichkeit.

Nun, da der Sommer glüht und glänzet,
Nun seh ich, daß ich wohlgetan!
Aufs neu hab ich das Haupt bekränzet,
Im Grabe aber ruht der Wahn.

Ich fahre auf dem klaren Strome,
Er rinnt mir kühlend durch die Hand,
Ich schau hinauf zum blauen Dome
Und such – kein beßres Vaterland.

Nun erst versteh ich, die da blühet,
O Lilie, deinen stillen Gruß:
Ich weiß, wie hell die Flamme glühet,
Daß ich gleich dir vergehen muß!

Seid mir gegrüßt, ihr holden Rosen,
In eures Daseins flücht'gem Glück!
Ich wende mich vom Schrankenlosen
Zu eurer Anmut froh zurück!

Zu glühn, zu blühn und ganz zu leben,
Das lehret euer Duft und Schein,
Und willig dann sich hinzugeben
Dem ewigen Nimmerwiedersein!

Winternacht
Gottfried Keller

Nicht ein Flügelschlag ging durch die Welt,
Still und blendend lag der weiße Schnee.
Nicht ein Wölklein hing am Sternenzelt,
Keine Welle schlug im starren See.

Aus der Tiefe stieg der Seebaum auf,
Bis sein Wipfel in dem Eis gefror;
An den Ästen klomm die Nix' herauf,
Schaute durch das grüne Eis empor.

Auf dem dünnen Glase stand ich da,
Das die schwarze Tiefe von mir schied;
Dicht ich unter meinen Füßen sah
Ihre weiße Schönheit Glied um Glied.

Mit ersticktem Jammer tastet' sie
An der harten Decke her und hin,
Ich vergeß' das dunkle Antlitz nie,
Immer, immer liegt es mir im Sinn!

* * * * * * *

Weihnachtsmarkt
Gottfried Keller

Welch lustiger Wald um das graue Schloß
Hat sich zusammengefunden,
Ein grünes bewegliches Nadelgehölz,
Von keiner Wurzel gebunden!

Anstatt der warmen Sonne scheint
Das Rauschgold durch die Wipfel;
Hier backt man Kuchen, dort brät man Wurst,
Das Räuchlein zieht um die Gipfel.

Es ist ein fröhliches Leben im Wald,
Das Volk erfüllet die Räume;
Die nie mit Tränen ein Reis gepflanzt,
Die fällen am frohsten die Bäume.

Der eine kauft ein bescheidnes Gewächs
Zu überreichen Geschenken,
Der andre einen gewaltigen Strauch,
Drei Nüsse daran zu henken.

Dort feilscht um ein verkrüppeltes Reis
Ein Weib mit scharfen Waffen:
Der dünne Silberling soll zugleich
Den Baum und die Früchte verschaffen!

Mit glühender Nase schleppt der Lakai
Die schwere Tanne von hinnen,
Das Zöfchen trägt ein Leiterchen nach,
Zu ersteigen die grünen Zinnen.

Und kommt die Nacht, so singt der Wald
Und wiegt sich im Gaslichtscheine;
Bang führt die arme Mutter ihr Kind
Vorüber dem Zauberhaine.

Einst sah ich einen Weihnachtsbaum:
Im düstern Bergesbanne
Stand eisbezuckert auf dem Granit
Die alte Wettertanne.

Und zwischen den Ästen waren schön
Die Sterne aufgegangen,
Am untersten Ast sah ich entsetzt
Die alte Schmidtin hangen.

Hell schien der Mond ihr in's Gesicht,
Das festlich still verkläret;
Weil sie auf der Welt sonst nichts besaß,
Hatte sie sich selbst bescheret.

Alles still!
Theodor Fontane

Alles still! Es tanzt den Reigen
Mondenstrahl in Wald und Flur,
Und darüber thront das Schweigen
Und der Winterhimmel nur.

Alles still! Vergeblich lauschet
Man der Krähe heisrem Schrei.
Keiner Fichte Wipfel rauschet,
Und kein Bächlein summt vorbei.

Alles still! Die Dorfeshütten
Sind wie Gräber anzusehn,
Die, von Schnee bedeckt, inmitten
Eines weiten Friedhofs stehn.

Alles still! Nichts hör ich klopfen
Als mein Herze durch die Nacht –
Heiße Tränen niedertropfen
Auf die kalte Winterpracht.

* * * * * * *

Der erste Schnee
Theodor Fontane

Herbstsonnenschein. Des Winters Näh'
Verrät ein Flockenpaar;
Es gleicht das erste Flöckchen Schnee
Dem ersten weißen Haar.

Noch wird – wie wohl von lieber Hand
Der erste Schnee dem Haupt –
So auch der erste Schnee dem Land
Vom Sonnenstrahl geraubt.

Doch habet acht! mit einem Mal
Ist Haupt und Erde weiß,
Und Liebeshand und Sonnenstrahl
Sich nicht zu helfen weiß.

* * * * * * *

Verse zum Advent
Theodor Fontane

Noch ist Herbst nicht ganz entflohn,
Aber als Knecht Ruprecht schon
Kommt der Winter hergeschritten,
Und alsbald aus Schnees Mitten
Klingt des Schlittenglöckleins Ton.

Und was jüngst noch, fern und nah,
Bunt auf uns herniedersah,
Weiß sind Türme, Dächer, Zweige,
Und das Jahr geht auf die Neige,
Und das schönste Fest ist da.

Tag du der Geburt des Herrn,
Heute bist du uns noch fern,
Aber Tannen, Engel, Fahnen
Lassen uns den Tag schon ahnen,
Und wir sehen schon den Stern

* * * * * * *

Gedanken zu Weihnachten
Theodor Fontane

Weihnachten
Noch einmal ein Weihnachtsfest,
immer kleiner wird der Rest,
aber nehm ich so die Summe,
alles Gerade, alles Krumme,
alles Falsche, alles Rechte,
alles Gute, alles Schlechte,
rechnet sich aus all dem Braus
doch ein richtig Leben raus.
Und dies können ist das Beste
wohl bei diesem Weihnachtsfeste.

* * * * * * *

Winterabend
Theodor Fontane

Da draußen schneit es: Schneegeflimmer
Wies heute mir den Weg zu dir;
Ein tret' ich in dein traulich Zimmer,
Und warm ans Herze fliegst du mir –
Ab schüttl' ich jetzt die Winterflocken,
Ab schüttl' ich hinterdrein die Welt,
Nur leise noch von Schlittenglocken
Ein ferner Klang herübergellt.

»Nun aber komm, nun laß uns plaudern
Vom eignen Herd, von Hof und Haus!«
Da baust du lachend, ohne Zaudern,
Bis unters Dach die Zukunft aus;
Du hängst an meines Zimmers Wände
All meine Lieblingsschilderein,
Ich seh's und streck' danach die Hände,
Als müss' es wahr und wirklich sein.

So flieht des Abends schöne Stunde,
Vom fernen Turm tönt's Mitternacht,
Die Mutter schläft, in stiller Runde
Nur noch die Wanduhr pickt und wacht.
Ade, ade! von warmen Lippen
Ein Kuß noch, – dann in Nacht hinein:
Das Leben lacht, trotz Sturm und Klippen,
Nur Steurer muß die Liebe sein.

* * * * * * *

Zu Weihnachten 1856
Theodor Fontane

Die Weihnachtszeit ist wieder da
Mit Tannen und mit Lichtern,
ich stünd gern als Herr Papa
unter lachenden Gesichtern;
doch ach, zu fremdem Gänsegenuss
nach Brompton fahr ich im Omnibus
es geht nun mal nicht anders.

Gern kröch ich umher mit meinem Boy
Wie der Sohn der jeanne d'Albret
Und stimmte mit ein , bei Hott und Hoi,
in sein Lachen und Gedalbre;
doch die Abschlagszahlung auf meinen Wunsch
heißt „66" und Whiskypunsch –
es geht nun mal nicht anders.

Die Stunden gehen, die Tage gehen,
vergehen immer geschwinder,
es kommt, will's Gott, ein Wiedersehn,
es kommen Fau und Kinder,
es ist Trennung bald genug
und leer wird auch ein bitterer Krug,
es geht nun mal nicht anders.

* * * * * * *

Das Christkind in der Fremde
Moritz Graf von Strachwitz

Ich habe bei Becherschimmer
Gestern allein gewacht,
Und habe wohl wie immer
An Schlachten und Stürme gedacht.

Der Wein, der kraftgewürzte,
War hell wie Heldenblut,
Doch je mehr ich hinunterstürzte,
Je trüber ward mein Mut.

Ich mocht' es nicht mehr tragen,
Ich ging in die Nacht hinein;
Lichtwellen sah ich schlagen
Aus Fenster und Fensterlein.

Da sah wie ein Bettlerkind ich
In jeden erhellten Raum;
Wo meine Mutter find' ich,
Wo steht mein Weihnachtsbaum?

Und als ich kam nach Hause,
Was ist das in aller Welt?
Da war in meiner Klause
Ein jedes Fenster erhellt.

Und als ich trat ins Zimmer,
Da war's nicht mehr ein Traum,
Da stand im vollsten Schimmer
Der schönste Weihnachtsbaum.

Und an dem Strahl der Kerzen,
Da fühlt' ich, wie zerschmolz
Im sturmbegierigen Herzen
Der wilde, sehnende Stolz.

Es war so mild zu schauen,
Wie jedes Lichtlein glomm,
In die Augen tät mir tauen
Ein Fühlen kindesfromm.

Mir war's, als dürft' ich träumen,
Ich sei nicht mehr verwaist,
Und es webte in den Räumen
Meiner Mutter süßer Geist.

Doch die den Baum mir stellten
In meine öde Nacht,
Mag's ihnen Gott vergelten,
Wie selig sie mich gemacht!

* * * * * * *

Der Christbaum im Himmel
Georg Christian Dieffenbach

Da droben, da droben muß Christtag sein;
Es leuchten und flimmern die Lichtelein;
Vielhundert und tausend, ach mehr wohl gar,
Die glänzen am Himmel so hell und so klar.

Dort droben, dort droben wohnt allezeit
Christkindchen in himmlischer Herrlichkeit.
Es hat wohl den Engeln in dunkler Nacht
Ein Bäumchen mit flimmernden Lichtern gebracht.

Da hängen der goldenen Sternlein so viel,
den freundlichen Englein ein liebliches Spiel;
Wie werden sich freuen die Engel heut
Und jubeln und singen in seliger Freud'!

Dort oben, dort oben möcht' gerne ich sein,
Mich freun mit den heiligen Engelein
Und wandeln im hellen, im himmlischen Saal
Und schauen die himmlischen Lichtelein zumal.

* * * * * * *

Der gleitende Purpur
Conrad Ferdiand Meyer

"Eia Weihnacht! Eia Weihnacht!"
Schallt im Münsterchor der Psalm der Knaben.
Kaiser Otto lauscht der Mette
Diener hinter sich mit Spend und Gaben.

Eia Weihnacht! Eia Weihnacht!
Heute, da die Himmel niederschweben
Wird dem Elend und der Blösse
Mäntel er und warme Röcke geben.

Hundert Bettler stehn erwartend –
Einer hält des Kaisers Knie umfangen
Mit den wundgeriebnen Armen,
dran zerrissner Fesseln Enden hangen.

"Schalk! Was zerrst du mir den Purpur?
Harr und bete! Kennst du mich als Kargen?"
Doch der Bettler hält den Mantel
Fest und jammert: "Kennst du mich, den Argen?

Du Gesalbter und Erlauchter!
Kennst du mich? ... Du hast mit mir gelegen,
Mit dem Siechen, mit dem Wunden,
Unter eines Mutterherzens Schlägen.

Aus demselben Wollentuche
Schnitt man uns die Kappen und die Kleider!
Aus demselben Psalmenbuche
Sang das frische Jugendantlitz beider!

Heinz, wo bist du? Heinz, wo bleibst du?
Hast zum Spiele du mich oft gerufen
Durch die Säle, durch die Gänge,
Auf und ab der Wendeltreppe Stufen ...

Wehe mir! Da du dich kröntest,
Hat des Neides Natter mich gebissen!
Mit dem Lügengeist im Bunde
Hab ich dieses deutsche Reich zerrissen!

Als den ungetreuen Bruder
Und Verräter hast du mich erfunden!
Du ergrimmtest und du warfest
In die Kerkertiefe mich gebunden ...

In der Tiefe meines Kerkers
Hab ich ohne Mantel heut gefroren ...
Eia Weihnacht! Eia Weihnacht!
Heute wird der Welt das Heil geboren!

"Eia Weihnacht! Eia Weihnacht!"
Hundert Bettler strecken jetzt die Hände:
"Gib uns Mäntel! Gib uns Röcke!
Sei barmherzig! Gib uns deine Spende!"

Eine Spange löst der Kaiser
Sacht. Sein Purpur gleitet, gleitet, gleitet
Über seinen sündgen Bruder,
Und der erste Bettler steht bekleidet ...

Eia Weihnacht! Eia Weihnacht!
Jubelt Erd und Himmelreich mit Schallen.
Glorie! Glorie! Friede! Freude!
Und am Menschenkind ein Wohlgefallen!

* * * * * * *

Friede auf Erden
Conrad Ferdinand Meyer

Da die Hirten ihre Herde
Ließen und des Engels Worte
Trugen durch die niedre Pforte
Zu der Mutter und dem Kind,
Fuhr das himmlische Gesind
Fort im Sternenraum zu singen,
Fuhr der Himmel fort zu klingen:
»Friede, Friede! auf der Erde!«

Seit die Engel so geraten,
O wie viele blut'ge Taten
Hat der Streit auf wildem Pferde,
Der geharnischte, vollbracht!
In wie mancher heil'gen Nacht
Sang der Chor der Geister zagend,
Dringlich flehend, leis verklagend:
»Friede, Friede... auf der Erde!«

Doch es ist ein ew'ger Glaube,
Daß der Schwache nicht zum Raube
Jeder frechen Mordgebärde
Werde fallen allezeit:
Etwas wie Gerechtigkeit
Webt und wirkt in Mord und Grauen
Und ein Reich will sich erbauen,
Das den Frieden sucht der Erde.

Mählich wird es sich gestalten,
Seines heil'gen Amtes walten,
Waffen schmieden ohne Fährde,
Flammenschwerter für das Recht,
Und ein königlich Geschlecht
Wird erblühn mit starken Söhnen,
Dessen helle Tuben dröhnen:
Friede, Friede auf der Erde!

* * * * * * *

Weihnacht in Ajaccio
Conrad Ferdinand Meyer

Reife Goldorangen fallen sahn wir heute, Myrte blühte,
Eidechs glitt entlang der Mauer, die von Sonne glühte.

Uns zu Häupten neben einem morschen Laube flog ein Falter –
Keine herbe Grenze scheidet Jugend hier und Alter.

Eh das welke Blatt verweht ist, wird die Knospe neu geboren –
Eine liebliche Verwirrung, schwebt der Zug der Horen.

Sprich, was träumen deine Blicke? Fehlt ein Winter dir, ein bleicher?
Teures Weib, du bist um einen lichten Frühling reicher!

Liebst du doch die langen Sonnen und die Kraft und Glut der Farben!
Und du sehnst dich nach der Heimat, wo sie längst erstarben?

Horch! durch paradieseswarme Lüfte tönen Weihnachtsglocken!
Sprich, was träumen deine Blicke? Von den weißen Flocken?

* * * * * * *

Kommet, ihr Hirten
Carl Riedel

Kommet, ihr Hirten, ihr Männer und Frau'n!
Kommet, das liebliche Kindlein zu schau'n!
Christus, der Herr, ist heute geboren,
den Gott zum Heiland euch hat erkoren.
Fürchtet euch nicht!

Lasset uns sehen in Bethlehems Stall,
was uns verheissen der himmlische Schall!
Was wir dort finden, lasset uns künden,
lasset uns preisen mit frommen Weisen,
Hallelujah!

Wahrlich, die Engel verkünden heut
Bethlehems Hirtenvolk gar grosse Freud':
Nun soll es werden Friede auf Erden,
den Menschen allen ein Wohlgefallen.
Ehre sei Gott!

Und Friede auf Erden
Albert Traeger.

Und Friede war's auf Erden wieder,
Und strahlend sank die heil'ge Nacht,
Die einst den Engelsgruß gebracht,
Auf die beglückte Welt hernieder. –
Weit durch die stolzgewölbten Bogen
In's stille Land dringt Pracht und Glanz,
Von Lust und Ruhm ein frischer Kranz
Hat hell das alte Schloß umzogen.

Heim kam der Herr aus blut'gem Kriege,
Kein Haar auf seinem Haupt berührt,
Die treue Schaar hat er geführt
Im Sturmesschritt von Sieg zu Siege;
Dank bringt dem himmlischen Berather
Am reichen Weihnachtstisch' er dar,
Die Mutter und der Kinder Schaar
Dankt für den Helden und den Vater.

In ihren Augen blinken Thränen,
Es blitzt das Kreuz auf seiner Brust,
Hier ward befriedigt jede Lust,
Kein Hoffen blieb ein eitles Wähnen,
Und aus der Fluth des Kerzenbrandes
Erglänzt in so viel Glück hinein
Vieltausendfach mit gold'nem Schein
Des Königs Bild als Dank des Landes.
Und Friede war's auf Erden wieder,
Starr steht das arme Kind am Thor
Und staunt und reckt die Hand empor,
Als rief' es all' die Pracht hernieder,
Damit sein Elend satt sich sauge
An diesem zaubervollen Traum;
Mit ihm freut sich am Lichterbaum
Kein Mutterherz, kein Vaterauge.

Von Weib und Kind riß sich der Fröhner,
Stumm zu gehorchen stets gewohnt,
Nicht Glück noch Dank hat ihm gelohnt,
Der auch des Schlachtfelds Tagelöhner;
Verzweiflung ließ ihn wild sich raufen,
Der Seinen nur dacht' er dabei;
In deutscher Brust das deutsche Blei,
So stürzt' er auf den großen Haufen.

Zwei Herzen hat der Schuß getroffen,
Doch härter war der Wittwe Tod,
Sie ließ die Waise ohne Brod,
Die sie gesegnet ohne Hoffen. –
Nicht länger will die Pfleg'rin lungern,
Des Schlosses Lichter löschen aus,
Sie weckt das Kind und treibt's nach Haus,
Zu frieren wieder und zu hungern.

Wohl mögt Ihr hoch die Helden preisen,
Und Jeder ehrt sich, der sie schmückt,
Doch denkt, beglückend und beglückt,
Der armen Wittwen auch und Waisen,
Daß trocken alle Thränen werden;
Erst wenn sich freundlich Reich und Arm
Begegnen ohne Haß und Harm,
Erst dann wird Friede sein auf Erden!

* * * * * * *

Weihnacht
Ludwig Anzengruber

Ob hoch, ob nieder wir geboren,
So wie uns antritt das Geschick,
So geht der frohe Kindesblick,
Das Kinderherz geht uns verloren.

Wir fühlen mählich uns verhärten
'gen alter Sagen Trost und Lust,
Die uns des Lebens wirren Wust
Zur heil'gen Einheit einst verklärten.

Zerstoben bis auf wen'ge Reste
Ist der Erinnerung Gewalt,
Abwägend stehen wir und kalt
Selbst vor des Jahres schönstem Feste.

Wir stehn vor einem toten Baume,
Gemordet an des Waldes Rand,
Geschmückt mit Flitter und mit Tand,
Gar ungleich unserm Kindheitstraume.

Doch stürzet dann herein zur Schwelle
Die kleine Schar mit Jubelschrei,
Dann schleicht auch uns ins Herz dabei
Der Weihnachtslichter frohe Helle.

Und glänzt dein Aug' in freud'gem Schimmer,
O, sage mir, was es verschlägt,
Wenn das, was dir das Herz bewegt,
Auch eitel Tand nur ist und Flimmer?

Dem allem, was mit scharfen Sinnen
Du an den Dingen dir erschließ'st,
Und was du wägst und zählst und miss't,
Dem läßt kein Glück sich abgewinnen!

Was dich an Leiden und an Freuden
Auf deines Lebens Bahn betrifft,
Es ist des Herzens Runenschrift,
Und nur das Herz weiß sie zu deuten.

Drum laß das Kritteln und Verneinen
Und lautern Herzens sei bereit,
Zur frohen, sel'gen Weihnachtszeit
Dem Kinderjubel dich zu einen.

Erfasse ganz des Glaubens Fülle,
Der deine Kindheit einst durchweht,
Vom Gott, der hilfbereit ersteht,
In armer, dürft'ger Menschenhülle.

Der Heiland wallt allzeit auf Erden,
Das glaube felsenfest und treu,
Nur freilich muß er stets aufs neu'
In jedes Brust geboren werden.

* * * * * * *

Das Wunder der Heiligen Nacht
Friedrich von Bodelschwingh

Weihnachten ist das große Wunder
der vergebenden Gnade Gottes;
den verlorenen Leuten bietet ER ewiges Leben.

Das ist das Wunder der Heiligen Weihnacht,
dass ein hilfloses Kind unser aller Helfer wird.

Das ist das Wunder der Heiligen Nacht,
dass in die Dunkelheit der Erde die helle Sonne scheint,

Das ist das Wunder der Heiligen Nacht,
dass traurige Leute ganz fröhlich werden können.

Das ist das Wunder der Heiligen Nacht:
Das Kind nimmt unser Leben in seine Hände,
um es niemals wieder loszulassen.

* * * * * * *

Unbeliebtes Wunder
Wilhelm Busch

In Tours, zu Bischof Martins Zeit,
Gab's Krüppel viel und Bettelleut.
Darunter auch ein Ehepaar,
Was glücklich und zufrieden war.
Er, sonst gesund, war blind und stumm;
Sie sehend, aber lahm und krumm
An jedem Glied, bis auf die Zunge
Und eine unverletzte Lunge.

Das paßte schön. Sie reitet ihn
Und, selbstverständlich, leitet ihn
Als ein geduldig Satteltier,
Sie obenauf, er unter ihr,
Ganz einfach mit geringer Müh,
Bloß durch die Worte Hott und Hüh,
Bald so, bald so, vor allen Dingen
Dahin, wo grad die Leute gingen.

Fast jeder, der's noch nicht gesehn,
Bleibt unwillkürlich stille stehn,
Ruft: »Lieber Gott, was ist denn das?«
Greift in den Sack, gibt ihnen was
Und denkt noch lange gern und heiter
An dieses Roß und diesen Reiter.

So hätten denn gewiß die zwei
Durch fortgesetzte Bettelei,
Vereint in solcherlei Gestalt,
Auch ferner ihren Unterhalt,
Ja, ein Vermögen, sich erworben,
Wär' Bischof Martin nicht gestorben.

Als dieser nun gestorben war,
Legt man ihn auf die Totenbahr
Und tät' ihn unter Weheklagen
Fein langsam nach dem Dome tragen
Zu seiner wohlverdienten Ruh.

Und sieh, ein Wunder trug sich zu.
Da, wo der Zug vorüber kam,
Wer irgend blind, wer irgend lahm,
Der fühlte sich sogleich genesen,
Als ob er niemals krank gewesen.
Oh, wie erschrak die lahme Frau!
Von weitem schon sah sie's genau,
Weil sie hoch oben, wie gewohnt,
Auf des Gemahles Rücken thront.
»Lauf«, rief sie, »laufe schnell von hinnen,
Damit wir noch beizeit entrinnen.«
Er läuft, er stößt an einen Stein,
Er fällt und bricht beinah ein Bein.

Die Prozession ist auch schon da.
Sie zieht vorbei. Der Blinde sah,
Die Lahme, ebenfalls kuriert,
Kann gehn, als wie mit Öl geschmiert,
Und beide sind wie neu geboren
Und kratzen sich verdutzt die Ohren.

Jetzt fragt es sich: Was aber nun?
Wer leben will, der muß was tun.
Denn wer kein Geld sein eigen nennt
Und hat zum Betteln kein Talent
Und hält zum Stehlen sich zu fein
Und mag auch nicht im Kloster sein,
Der ist fürwahr nicht zu beneiden.
Das überlegten sich die beiden.

Sie, sehr begabt, wird eine fesche,
Gesuchte Plätterin der Wäsche.
Er, mehr beschränkt, nahm eine Axt
Und spaltet Klötze, daß es knackst,
Von morgens früh bis in die Nacht.
Das hat Sankt Martin gut gemacht.

* * * * * * *

Der Stern
Wilhelm Busch

Hätt einer auch fast mehr Verstand,
als wie die drei Weisen aus Morgenland,
und ließe sich dünken, er wär wohl nie
dem Sternlein nachgereist wie sie;
dennoch, wenn nun das Weihnachtsfest
seine Lichtlein wonniglich scheinen läßt,
fällt auch auf sein verständig Gesicht,
er mag es merken oder nicht,
ein freundlicher Strahl
des Wundersternes von dazumal.

* * * * * * *

Winterabend
Ferdinand von Saar

Wie muß der Tag sich neigen
Im Winter, ach, so bald;
Ein tiefes, mildes Schweigen
Liegt über Flur und Wald.

Am Himmel noch ein Schimmern,
Ein letztes, doch kein Stern;
Trübrote Lichter flimmern
Aus Hütten still und fern.

Und trüb und immer trüber
Der Landschaft weiter Kreis;
Es zieht der Bach vorüber
Eintönig unter'm Eis.

Horch – welch ein leises Beben
Urplötzlich in der Luft?
Geheimnißvolles Weben,
Geheimnißvoller Duft!

Wie ferne, ferne Glocken
Erklingt's – so wohl – so weh' –:
Da fällt in dichten Flocken
Zur Erde sanft der Schnee.

Christnacht
Ferdinand von Saar

Wieder mit Flügeln, aus Sternen gewoben,
   Senkst du herab dich, o heilige Nacht;
Was durch Jahrhunderte Alles zerstoben –
   Du noch bewahrst deine leuchtende Pracht!

Ging auch der Welt schon der Heiland verloren,
   Der sich dem Dunkel der Zeiten entrang,
Wird er doch immer auf's neue geboren,
   Nahst du, Geweihte, dem irdischen Drang.

Selig durchschauernd kindliche Herzen,
   Bist du des Glaubens süßester Rest;
Fröhlich begangen bei flammenden Kerzen,
   Bist du das schönste, das menschlichste Fest.

Leerend das Füllhorn beglückender Liebe,
   Schwebst von Geschlecht zu Geschlecht du vertraut –
Wo ist die Brust, die verschlossen dir bliebe,
   Nicht dich begrüßte mit innigstem Laut?

Und so klingt heut' noch das Wort von der Lippe,
   Das einst in Bethlehem preisend erklang,
Strahlet noch immer die liebliche Krippe –
   Tönt aus der Ferne der Hirten Gesang ...

Was auch im Sturme der Zeiten zerstoben –
   Senke herab dich in ewiger Pracht,
Leuchtende du, aus Sternen gewoben,
   Frohe, harzduftende, heilige Nacht!

* * * * * * *

Christbaum
Peter Cornelius

Wie schön geschmückt der festliche Raum!
Die Lichter funkeln am Weihnachtsbaum!
O fröhliche Zeit! O seliger Traum!

Die Mutter sitzt in der Kinder Kreis;
nun schweiget alles auf ihr Geheiß:
sie singet des Christkinds Lob und Preis.

Und rings, vom Weihnachtsbaum erhellt,
ist schön in Bildern aufgestellt
des heiligen Buches Palmenwelt.

Die Kinder schauen der Bilder Pracht,
und haben wohl des Singen acht,
das tönt so süß in der Weihenacht!

O glücklicher Kreis im festlichen Raum!
O goldne Lichter am Weihnachtsbaum!
O fröhliche Zeit! O seliger Traum!

Die Hirten
Peter Cornelius

Hirten wachen im Feld;
Nacht ist rings auf der Welt;
Wach sind die Hirten alleine
Im Haine.

Und ein Engel so licht
Grüßet die Hirten und spricht:
"Christ, das Heil aller Frommen,
Ist kommen!"

Engel singen umher:
"Gott im Himmel sei Ehr!
Und den Menschen hienieden
Sei Frieden!"

Eilen die Hirten fort,
Eilen zum heiligen Ort,
Beten an in den Windlein
Das Kindlein.

Weihnachtslied
Felix Dahn

Nun ist die liebe Weihnachtszeit
Mit ihren Wundern kommen:
Durch alles deutsche Land ist weit
Ein heller Glanz erklommen:
Das ist der Glanz vom Weihnachtsbaum,
Im Schnee ein Sommersonnen-Traum –
Nie sei er uns genommen!

Die Kindheit flieht; die Jugend sieht:
Der Weihnacht-Traum soll dauern.
Wie süß er Mannes Brust durchzieht
Mit tannenduft'gen Schauern!
Es schmückt den Baum in fernem Land
Des Kriegers waffenmüde Hand:
Wie hat er doch so hell gebrannt,
Paris, vor deinen Mauern!

Denn was die Weihnacht wahrhaft weiht,
Ihr Mädchen und ihr Knaben,
Ist nicht die bunte Herrlichkeit
Der hochgehäuften Gaben:
Das ist die Reinheit, kindlich wahr,
Der Gier, des Neids, der Lüge bar
Die sich an Lichtglanz still und klar
Als höchstem Glück kann laben.

Solch reiner Sinn - er bleibt' uns treu –
Auf allen Lebensbahnen;
Dann wird uns rühren immer neu
Der Weihnacht hehres Ahnen:
Dann wird der Glanz vom Weihnachtsbaum,
Nicht nur ein flücht'ger Wonnentraum,
Im Alters-Schnee ein Sonnentraum
Uns sel'ger Jugend mahnen.

* * * * * * *

Weihnachtslied
Johannes Trojan

Lieblich wieder durch die Welt
geht die holde Kunde,
die den Hirten auf dem Feld
klang aus Engelsmunde.

Was den Hirten wurde kund,
blieb uns unverloren:
wieder kündet Engelsmund,
daß uns Christ geboren.

Welch ein Glanz durchbricht die Nach
in des Winters Mitte!
Welche Freude wird gebracht
in die ärmste Hütte!

Winters Nacht und Sorge weicht
hellen Jubel wieder,
und der Himmel wieder steigt
auf die Erde nieder.

Wenn die goldnen Sterne glüh'n
in des Himmels Ferne,
leuchten aus dem Tannengrün
auch viele goldne Sterne.

Haus an Haus mit hellem Schein
flammen auf die Kerzen,
durch die Augen fällt hinein
Licht auch in die Herzen.

Sei willkommen, Weihnachtslust,
kling empor im Liede!
Freude wohn in Menschenbrust,
auf der Erde Friede!

* * * * * * *

Weihnacht
Ernst Scherenberg

Goldner Kindheit Sonnentage
Grüßen hold in Märchenpracht,
Leuchtender jedoch als alle
Grüßt der Schimmer Einer Nacht;

Jener Nacht, darin der Lichtglanz
Unsern Sinn zuerst entzückt,
Da uns frommer Kinderglaube
Allem Erdenleid entrückt.

Weihnacht, du bist's, die noch heut sich
Tröstend über uns erbarmt;
Wie auch unser Aug' umdüstert,
Wie auch unser Herz verarmt!

Wenn in die beschneiten Straßen
Hell der Schein der Kerzen dringt,
Wenn der Ruf der Kinderstimmen
Jubelnd durch die Räume klingt,

Sieh, da wacht auch uns im Herzen
Heimlich auf der alte Traum: --
Und wir stehn als Kinder wieder
Unterm ersten Weihnachtsbaum.

* * * * * * *

Weihnachtsglocken
Karl Stieler

O Winterwaldnacht, stumm und hehr,
mit deinen eisumglänzten Zweigen,
lautlos und pfadlos, schneelastschwer, -
wie ist das groß, dein stolzes Schweigen!

Es blinkt der Vollmond klar und kalt;
in tausend funkelharten Ketten
sind fest geschmiedet Berg und Wald,
nichts kann von diesem Bann erretten.

Der Vogel fällt, das Wild bricht ein,
der Quell erstarrt, die Fichten beben;
so ringt den großen Kampf ums Sein
ein tausendfaches banges Leben.

Doch in den Dörfern traut und sacht,
da läuten heut' zur Welt hinieden
die Weihnachtsglocken durch die Nacht
ihr Wunderlied - vom ew'gen Frieden.

* * * * * * *

Der kleine Nimmersatt
Heinrich Seidel

Ich wünsche mir ein Schaukelpferd,
'ne Festung und Soldaten
Und eine Rüstung und ein Schwert,
Wie sie die Ritter hatten.

Drei Märchenbücher wünsch' ich mir
Und Farben auch zum Malen
Und Bilderbogen und Papier
Und Gold- und Silberschalen.

Um weiße Tiere auch von Holz
Und farbige von Pappe,
Um einen Helm mit Federn stolz
Und eine Flechtemappe.

Ein Domino, ein Lottospiel,
Ein Kasperletheater,
Auch einen neuen Pinselstiel
Vergiss nicht, lieber Vater!

Auch einen großen Tannenbaum,
Dran hundert Lichter glänzen,
Mit Marzipan und Zuckerschaum
Und Schokoladenkränzen.

Doch dünkt dies alles euch zu viel,
Und wollt ihr daraus wählen,
So könnte wohl der Pinselstiel
Und auch die Mappe fehlen.

Ein Zelt und sechs Kanonen dann
Und einen neuen Wagen
Und ein Geschirr mit Schellen dran,
Beim Pferdespiel zu tragen.

Ein Perspektiv, ein Zootrop,
'ne magische Laterne,
Ein Brennglas, ein Kaleidoskop –
Dies alles hätt' ich gerne.

Als Hänschen so gesprochen hat,
Sieht man die Eltern lachen:
"Was willst du, kleiner Nimmersatt,
Mit all den vielen Sachen?

"Wer so viel wünscht", der Vater spricht's,
"Bekommt auch nicht ein Achtel –
Der kriegt ein ganz klein wenig Nichts
In einer Dreierschachtel!"

* * * * * * *

Der Weihnachtsbaum
Heinrich Seidel

Schön ist im Frühling die blühende Linde,
bienendurchsummt und rauschend im Winde,
hold von lieblichen Düften umweht;

schön ist im Sommer die ragende Eiche,
die riesenhafte, titanengleiche,
die da in Wettern und Stürmen besteht;

schön ist im Herbste des Apfelbaums Krone,
die sich dem fleißigen Pfleger zum Lohne
beugt von goldener Früchte Pracht;

aber noch schöner weiß ich ein Bäumchen,
das gar so lieblich ins ärmlichste Räumchen
strahlt in der eisigen Winternacht.

Keiner kann mir ein schöneres zeigen:
Lichter blinken in seinen Zweigen,
goldene Äpfel in seinem Geist,

und mit schimmernden Sternen und Kränzen
sieht man ihn leuchten, sieht man ihn glänzen
anmutsvoll zum lieblichsten Fest

Von seinen Zweigen ein träumerisch Düften
weihrauchwolkig weht in den Lüften,
füllet mit süßer Ahnung den Raum!

Dieser will uns am besten gefallen,
ihn verehren wir jauchzend vor allen,
ihn, den herrlichen Weihnachtsbaum!

* * * * * * *

Die Schneekönigin
Carl Spitteler

Es kam einmal vom Himmel her ein Schlitten rot und weiß,
Vom Christkind unverhofft gebracht zum Lohn für Gerdas Fleiß.

Sie zählte schon das Einmaleins und schrieb das ABC.
Und jeden Morgen spähte sie nach dem ersehnten Schnee.

Heut' stürmt sie nach dem Tannenrain, in Pelze eingehüllt,
Das Ohr mit weisem Mahnungswort, das Herz mit Glück gefüllt.

Schon sitzt sie; schaut sich trotzig um: "Achtung! Hurra! aus Weg!"
O weh, das steife Fuhrwerk bockt im Zickzack krumm und schräg.

Mit offnem Mund keucht sie heran, versucht's zum andern Mal.
Der Schlitten stolpert links und rechts, doch gleitet nie zu Tal.

Inzwischen dunkelt's im Zenit. Ein flaumig Flockenheer
flüstert vom Himmel leis herab; und einsam wird's umher.

Ihr wird so bang, ihr wird so kalt; das Weinen steht ihr nah.
Und müder stets und matter tönt ihr klägliches Hurra.

Sieh da, was blinkt und schimmert dort im Tannendickicht? Schau,
Auf einem moosbewachsnen Strunk sitzt eine hehre Frau,

Ihr Königsmantel blank und rein, mit Hermlin bestickt.
"Soll ich Dir helfen, gutes Kind?" versetzt sie. Gerda nickt.

Sie nimmt das Mädchen auf den Schoß, fein sanft und warm gewiegt.
Juch, wie mit lust'gem Federschwung der Schlitten talwärts fliegt!

Verschwunden ist die Müdigkeit, das Auge jauchzt und strahlt.
Und unversehen glänzt die Welt mit Märchenschein bemalt.

Es lebt der Wald, es singt die Luft, so hold man glaubt es kaum.
Diamanten sprüht das Gletscherfeld und Sterne sprießt der Baum.

"Gerda!" erscholl der Mutter Ruf. Sie hört es mit Verdruß;
Die Frau erschrickt, erhebt sich, flieht nach einem kurzen Kuß.

Nach sieben Tagen blies der Föhn vom Berge lau und lind.
Was weinen und was wimmern die Glocken so durch den Wind?

Schulmädchen folgen einem Sarg, den Wagen lenkt der Tod.
Verlassen steht im Kämmerlein der Schlitten weiß und rot.

Ein grünes Kränzlein liegt darauf mit einem Bibelspruch.
Und ewig klafft im Einmaleins ein ungelöster Bruch.

Zum Weihnachtsbaum
Peter Rosegger

Friede war im Wald und jeder Baum beglückt
durch schöne, reife Frucht, womit der Herbst beschmückt
die Äste all, daß jeder Zweig sich bieget
bis hoch hinauf, wo leis' die Krone wieget.
Doch leider, wo's zum Segen will gedeihn,
da findet sich auch gern der Hochmut ein
und selbst der Neid. Und jeder wollt' sich prahlen,
daß seine Frucht die schönste sei von allen,
und jeder hing an seine längsten Äste
als stolzes Aushängeschild der Früchte beste.
Es war ein herrlich Wogen bis zur Spitze,
ein Wetten, wer das beste wohl besitze.

Nur eines litt im Wald viel Weh und Gram
und barg sich ins Gesträuch voll tiefer Scham.
Ein Tannenbäumchen war's gar schmächtig, schlank,
wohl aller Früchte, auch der ärmsten, blank,
und während andre stolz im vollen Prangen
hatt' es an seinem Stamm nur Nadeln hangen,
nur dunkelgrüne Nadeln, scharf und spitz;
sie stachen es, doch schärfer stach der Witz
der andren und ihr Hohn, gar schal und widrig
dem schlichten Bäumchen, weil's so arm und niedrig.
Es flüsterte der Wald sich in die Ohren
vom Taugenichts, der da umsonst geboren,
und warf ihm boshaft gar zum Spott und Schmach
die ersten gelben, dürren Blätter nach.
Das schnitt dem Bäumchen tief ins junge Herz,
es wollte schier vergehen in Leid und Schmerz
und weinte, tief bedrängt vom Weh, dem schweren
das Harz heraus, die bittersten der Zähren.
So duldete das Bäumchen still und fromm.

Da zog hernieder durch den mächtigen Dom
ein Engel aus des Himmels heiligen Hainen,
der sah den armen Dulder schmerzlich weinen.

Er ließ sich erdenwärts vom weiten Raum,
zur armen Tanne sprechend: "Liebster Baum!
Du warst bisher verachtet und verflucht,
doch tragen wirst du noch die schönste Frucht,

die je ein Baum getragen hier auf Erden,
du sollst der Baum der höchsten Freude werden."

Wie wurde jetzt der Himmel trüb und grau!
Es blies ein kalter Wind auf Heid' und Au',
er heulte durch den Wald voll wilder Hast
und rüttelte die letzte Frucht vom Ast.
Oh, bald war jeder Baum, der einst geprahlt,
der Frucht und Blätter bar, gar kahl und alt,
es fielen Flocken und es krächzten Raben,
und sieh, der stolze Wald war wie begraben.
Nur jenes Bäumchen steht noch frisch und frei
und grünt und flüstert sanft wie einst im Mai.

Und als die heilige Nacht gekommen war,
da schwebte durch den Wald die Engelschar
zum Bäumchen zart und trug es durch die Nacht
in festlich aufgegangener Strahlenpracht.

* * * * * * *

Zu Weihnachten
Victor Blüthgen

Das ist der liebe Weihnachtsbaum.
Ja solch ein Baum!
Der grünt bei Schnee, der glänzt bei Nacht
wie die himmlische Pracht,
trägt alle Jahre seine Last,
Äpfel und Nüsse am selben Ast,
Zuckerwerk obendrein –
so müssten alle Bäume sein!
Nun hat ihn gebracht der Weihnachtsmann,
drei Kinder steh'n und seh'n ihn an.

Das erste spricht:
"Der ist doch Weihnacht das Schönste, nicht?"
Das andre: "Woher an Äpfeln und Nüssen
Gold und Silber wohl kommen müssen?
Ich denk mir, das Christkind fasste sie an,
gleich war Gold oder Silber dran."
Das dritte: "Christkind müßte einmal
den ganzen Wald so putzen im Tal;
dann würde gleich aller Schnee zergeh'n,
und dann - das gäb ein Spazierengeh'n!"

Die Legende vom heiligen Nikolaus
Detlef von Liliencron

Nach dem französischen Urtext

Es waren einmal drei Kinder auf der Welt,
Die gingen zum Ährenlesen ins Feld.
Sie kamen abends an eines Schlachters Bank:
Wir sind hungrig und müd, gib uns Speis und Trank.
Nur herein, lieben Kinder, herein zu mir,
Hier findet ihr alles, auch Nachtquartier.

Kaum sind sie bei ihm und warten auf Brot,
Da schlägt sie der Schlachter mausetot
Und zerhackt sie in viele Stücke klein
Und pökelt sie wie Ferkelfleisch ein.
Es waren einmal drei Kinder auf der Welt,
Die gingen zum Ährenlesen ins Feld.

Nach sieben Jahren ging Sankt Nikolaus
In diese selbe Gegend hinaus.
Er kam vorbei an des Schlachters Bank:
Ich bin hungrig und müd, gib mir Speis und Trank.
Es waren einmal drei Kinder auf der Welt,
Die gingen zum Ährenlesen ins Feld.

Tritt ein, heiliger Nikolaus, tritt ein,
Hier findest du alles, auch Brot und Wein.
Der heilige Nikolaus hat sich kaum gesetzt,
Da hat er am Brot sein Messer gewetzt.
Es waren einmal drei Kinder auf der Welt,
Die gingen zum Ährenlesen ins Feld.

Gib mir von deinem Pökelfleisch zart,
Das dort sieben Jahre schon liegt verwahrt.
Kaum hat der Schlachter gehört dies Wort,
Läuft er stracks aus seiner Ladentür fort.
Es waren einmal drei Kinder auf der Welt,
Die gingen zum Ährenlesen ins Feld.

Aber Schlachter, Schlachter, lauf doch nicht,
Gott verzeiht ja dem reuigen Bösewicht
Sankt Nikolaus setzt an das Faß sich hin,
Wo rosig das Pökelfleiich lagerte drin.
Es waren einmal drei Kinder auf der Welt,
Die gingen zum Ahrenlesen ins Feld.

Hört, ihr Knaben, ihr schlieft nun aus,
Ich bin der große Sankt Nikolaus.
Und der Heilige hob drei Finger baß,
Da sprangen die Drei heraus aui dem Faß.
Es waren einmal drei Kinder auf der Welt,
Die gingen zum Ährenlesen ins Feld.

Der erste spricht: Wie schlief ich gut.
Der zweite: Auch ich hab sanft geruht.
Und der dritte Dreikäsehoch, gähnt und sagt dies:
Mir träumte, ich war im Paradies.
Es waren einmal drei Kinder auf der Welt,
Die gingen zum Ährenlesen ins Feld.

* * * * * * *

Weihnachtslied
Detlev von Liliencron

Seht! der jetzt hier vor euch steht,
Ist ein Engel aus dem Himmel,
Von den Sternen hergeweht,
Ach, ins irdische Gewimmel.

Manches hab ich angeschaut,
Ganz zuletzt die Weihnachtsbäume,
Und darunter aufgebaut
Tausend wachgewordne Träume.

Mit Knecht Ruprecht ging ich viel
Vor den schönen Christkindtagen,
Immer neu war unser Ziel,
Seinen Rucksack half ich tragen.

Unsrer Gaben Fülle lag
Fest verschlossen in Verstecken,
Daß nicht vor dem Jesustag
Naseweischen sie entdecken.

Ein Klein-Lottchen konnt ich sehn,
Mit dem Brüderchen, dem Fritzen,
Suchten emsig auf den Zehn
Schlüsselloch und Thürenritzen.

Kinder, ward der alte Mann
Böse, zeigte schon die Rute!
Doch ich that ihn in den Bann,
Bis ihm wieder lieb zu Mute.

Und nun trägt vom hellen Baum
Jeder seinen Schatz in Händen,
und er läßt sich selbst im Traum
Die Geschenke nicht entwenden.

Ganz besonders diesmal fand
Märchenbuch ich und Geschichten,
Denn ich kam in jedes Land,
Wo die Menschen alle dichten.

Bleibt ihr artig, kleine Schar,
Wird Knecht Ruprecht an euch denken,
Bringt euch auch im nächsten Jahr
Einen Sack voll von Geschenken.

Und dann steht ihr wie im Traum.
Und noch einmal seht ihr wieder
Kerzenglanz und Tannenbaum
Und hört alte Weihnachtslieder.

* * * * * * *

Christkind im Walde
Ernst von Wildenbruch

Christkind kam in den Winterwald,
der Schnee war weiß, der Schnee war kalt.
Doch als das heil'ge Kind erschien,
fing's an, im Winterwald zu blühn.

Christkindlein trat zum Apfelbaum,
erweckt ihn aus dem Wintertraum.
"Schenk Äpfel süß, schenk Äpfel zart,
schenk Äpfel mir von aller Art!"

Der Apfelbaum, er rüttelt sich,
der Apfelbaum, er schüttelt sich.
Da regnet's Äpfel ringsumher;
Christkindlein's Taschen wurden schwer.

Die süßen Früchte alle nahm's,
und so zu den Menschen kam's.
Nun, holde Mäulchen, kommt, verzehrt,
was euch Christkindlein hat beschert!

Weihnacht
Ernst von Wildenbruch

Die Welt wird kalt, die Welt wird stumm,
der Winter-Tod zieht schweigend um;
er zieht das Leilach weiß und dicht
der Erde übers Angesicht –
Schlafe – schlafe

Du breitgewölbte Erdenbrust,
du Stätte aller Lebenslust,
hast Duft genug im Lenz gesprüht,
im Sommer heiß genug geglüht,
nun komme ich, nun bist du mein,
gefesselt nun im engen Schrein –
Schlafe – schlafe

Die Winternacht hängt schwarz und schwer,
ihr Mantel fegt die Erde leer,
die Erde wird ein schweigend Grab,
ein Ton geht zitternd auf und ab:
Sterben - sterben.

Da horch - im totenstillen Wald
was für ein süßer Ton erschallt?
Da sieh - in tiefer dunkler Nacht
was für ein süßes Licht erwacht?
Als wie von Kinderlippen klingt's,
von Ast zu Ast wie Flammen springt's,
vom Himmel kommt's wie Engelsang,
ein Flöten- und Schalmeienklang:
Weihnacht! Weihnacht!

Und siehe - welch ein Wundertraum:
Es wird lebendig Baum an Baum,
der Wald steht auf, der ganze Hain
zieht wandelnd in die Stadt hinein.
Mit grünen Zweigen pocht es an:
»Tut auf, die sel'ge Zeit begann,
Weihnacht! Weihnacht!«

Da gehen Tür und Tore auf,
da kommt der Kinder Jubelhauf,
aus Türen und aus Fenstern bricht
der Kerzen warmes Lebenslicht.
Bezwungen ist die tote Nacht,
zum Leben ist die Lieb' erwacht,
der alte Gott blickt lächelnd drein,
des laßt uns froh und fröhlich sein!
Weihnacht! Weihnacht!

* * * * * * *

In der Christnacht
Ottokar Kernstock

Ein Bettelkind schleicht durch die Gassen –
Der Markt lässt seine Wunder sehn:
Lichtbäumchen, Spielzeug, bunte Massen.
Das Kind blieb traumverloren stehn.

Aufseufzt die Brust, die leidgepresste,
Die Wimpern sinken tränenschwer.
Ein freudlos Kind am Weihnachtsfeste –
Ich weiß kein Leid, das tiefer wär.

Im Prunksaal gleißt beim Kerzenscheine
Der Gaben köstliches Gemisch,
Und eine reichgeputzte Kleine
Streicht gähnend um den Weihnachtstisch.

Das Schönste hat sie längst, das Beste,
Ihr Herz ist satt und wünscht nichts mehr.
Ein freudlos Kind am Weihnachtsfeste –
Ich weiß kein Leid, das tiefer wär.

Doch gälts in Wahrheit zu entscheiden,
Wer des Erbarmens Preis verdient –
Ich spräch: Das ärmste von euch beiden
Bist du, du armes reiches Kind!

Weihnachtsbäume
Gustav Falke

Nun kommen die vielen Weihnachtsbäume
aus dem Wald in die Stadt herein.
Träumen sie ihre Waldesträume
wieder beim Laternenschein?

Könnten sie sprechen! Die holden Geschichten
von der Waldfrau, die Märchen webt,
was wir uns erst alles erdichten,
sie haben das alles wirklich erlebt.

Da steh'n sie nun an den Straßen und schauen
wunderlich und fremd darein,
als ob sie der Zukunft nicht trauen,
es muß doch was im Werke sein!

Freilich, wenn sie dann in den Stuben
im Schmuck der hellen Kerzen stehn,
und den kleinen Mädchen und Buben
in die glänzenden Augen sehn.

Dann ist ihnen auf einmal, als hätte
ihnen das alles schon mal geträumt,
als sie noch im Wurzelbette
den stillen Waldweg eingesäumt.

Dann stehen sie da, so still und selig,
als wäre ihr heimlichstes Wünschen erfüllt,
als hätte sich ihnen doch allmählich
ihres Lebens Sinn enthüllt;

Als wären sie für Konfekt und Lichter
vorherbestimmt, und es müßte so sein,
und ihre spitzen Nadelgesichter
sehen ganz verklärt darein.

* * * * * * *

Das Wunder von Weihnachten
Gustav Falke

Durch den Flockenfall
klingt süßer Glockenschall.
Ist in der Winternacht
ein süßer Mund erwacht.

Herz, was zitterst du
den süßen Glocken zu?
Was rührt den tiefen Grund
dir auf der süße Mund?

Was verloren war,
du meintest, immerdar,
das kehrt nun all zurück,
ein selig Kinderglück.

O du Nacht des Herrn
mit deinem Liebesstern,
aus deinem reinen Schoß
ringt sich ein Wunder los.

* * * * * * *

Nun leuchten wieder die Weihnachtskerzen
Gustav Falke

Nun leuchten wieder die Weihnachtskerzen
und wecken Freude in allen Herzen.
Ihr lieben Eltern, in diesen Tagen,
was sollen wir singen, was sollen wir sagen?
Wir wollen euch wünschen zum heiligen Feste
vom Schönen das Schönste, vom Guten das Beste!
Wir wollen euch danken für alle Gabe
und wollen euch immer noch lieber haben.

* * * * * * *

Heilige Nacht
Otto Sievers.

Ahnungsfrohe Stille waltet,
Und herauf in hehrer Schöne
Zieht die Nacht: andächtig grüßen
Sie vom Thurm der Glocken Töne,
Und die Windsbraut, welche tosend
Fegte schneebehang'ne Hügel –
Solche Klänge sanft zu tragen,
Senkt sie friedlich ihre Flügel.

Sieh', der Himmel ließ erschimmern
Seine ewigen Demanten,
Und in Hütten und Palästen
Lichter ohne Zahl entbrannten,
Und die Nacht, sie ward zum Tage:
Heller noch als tausend Kerzen,
Freude strahlt aus jungen, alten
Kinderaugen, Kinderherzen.

Denn in dieser Nacht alljährlich
Wird die Kindheit neu geboren.
Wenn ihr nicht zu Kindern werdet,
Seid ihr diesem Fest verloren.
Drum, was alt und kalt, laßt draußen,
Frost beim Frost im Winterschein:
Heute sollen jung die Greise,
Alle sollen Kinder sein.

Und in dieser Nacht alljährlich
Wird die *Liebe* neu geboren,
Und enterbter Brüder denket,
Wen das Glück zum Sohn erkoren,
Und was abgedarbt der Arme
Sich im Werkeltagsgetriebe,
Wandelt er in kleine Gabe,
Bringt's zum Opfer seiner Liebe.

Ja, in dieser Nacht alljährlich
Wird die Liebe neu geboren,
Die die Welt erlös't vom Fluche –
Frohe Botschaft, unverloren!
Leuchtet heller auf, ihr Kerzen,
Heller flamme, Sternenpracht,
Voller tönet, Glockenklänge:
Hosianna, heil'ge Nacht!

* * * * * * *

Weihnacht
Gustav Falke

Zeit der Weihnacht, immer wieder
rührst du an mein altes Herz,
führst es fromm zurück
in sein früh'stes Glück,
kinderheimatwärts.

Sterne leuchten über Städte,
über Dörfer rings im Land.
Heilig still und weiß
liegt die Welt im Kreis
unter Gottes Hand.

Kinder singen vor den Türen:
"Stille Nacht, heilige Nacht!"
Durch die Scheiben bricht
hell ein Strom von Licht,
aller Glanz erwacht.

Und von Turm zu Turm ein Grüßen,
und von Herz zu Herz ein Sinn,
und die Liebe hält
aller Welt
ihre beiden Hände hin.

* * * * * * *

Die Weihnachtsfee
Peter Hille

Und Frieden auf Erden den Menschen,
die eines guten Willens sind.

Suchende Sterne ins eilende Haar,
Frierende Sterne, schmelzend zergangen
Über den wunderfeiernden Wangen,
Und die Augen von Liebe so klar.

Wie Glocken klar, wie Reif so rein
Und so duft und so jung und blühend vor Güte
Tau der Frühe himmlische Blüte
Wie Rosen und wie Fliederschnein.

Da steigen die Hände, ein bettelndes Meer,
Augen dunkeln nach Geschenken,
Mir! Mir! Mir! Mich mußt du bedenken!
So steigen die bettelnden Teller her.

Dunkel wird's, ein Wundern steht
Strenge in der Feenseele,
Wie wenn rohe Nacht das Leuchten quäle,
Und Ernst in die Güte der Augen geht.

Und es spricht wie klares Licht
Aus dem milden Angesicht:
Geben euch? Was soll ich euch geben,
Alle Wunder habt ihr ja hier,
Eine Erde die könnt hegen ihr,
In euch selber will der Himmel leben.

Kinder, ihr wünscht,
So könnt ihr ja geben
Und selig sein und selig machen,
Und innig sein wie Kinderlachen
Und wie wir von Wundern leben.

Tuet frohe Liebesgaben
Einer in des anderen Hand,
Tuet ab das Geizgewand
Und ihr pflücket alles Haben.

Weihnachten bei den Großeltern
Jakob Loewenberg

Heut abend, als wir zu euch gingen,
da war in der Luft ein leises Klingen,
da war ein Rauschen, man wußt' nicht woher,
als ob man in einem Tannenwald wär,
da huschte vorüber und ging nicht aus
ein heimliches Leuchten von Haus zu Haus.

Der Mond kam über die Dächer gesprungen:
"Wohin noch so spät, ihr kleinen Jungen?
Ihr müßt ja zu Bett, was fällt euch ein?"
und lachte uns an mit vollem Schein.

Da lachten wir wieder: "Du alter Klöner,
heut abend ist alles anders und schöner.
Und glaubst du's nicht, kannst mit uns gehen,
da wirst du ein blaues Wunder sehn."

Da sprang er leuchtend uns voran,
bei diesem Hause hielt er an.
Wir gingen hinein mit froher Begier,
und Klingen und Rauschen und Leuchten ist hier.

* * * * * * *

Eisnacht
Clara Müller-Jahnke

Wie in Seide ein Königskind
schläft die Erde in lauter Schnee,
blauer Mondscheinzauber spinnt
schimmernd über der See.

Aus den Wassern der Rauhreif steigt,
Büsche und Bäume atmen kaum:
durch die Nacht, die erschauernd schweigt,
schreitet ein glitzernder Traum.

* * * * * * *

Heilige Nacht
Clara Müller-Jahnke

Eh der Stern von Bethlehem
noch im dunklen Tal erschienen,
lösten, Sklaven zu bedienen,
Fürsten schon ihr Diadem;
ahnend eine höhre Macht,
grüßten sie die heil'ge Nacht.

Eh das Licht der Welt genaht,
flammten schon in tiefer, scheuer
Waldesnacht die Sonnwendfeuer
himmelwärts; vom Bergesgrat
lohte talwärts ihre Pracht,
grüßend die geweihte Nacht.

Hoben Geisterhände nicht
in der Vorzeit heil'ger Feier
den geheimnisvollen Schleier
von der Zukunft Angesicht?
Ahnte deiner Wunder Macht
schon die Welt, geweihte Nacht? –

Nicht auf einen kurzen Tag
ward die Freiheit dir erschlossen –
jauchze mit den Festgenossen,
Sklave, deine Kette brach!
Liebe hat dich frei gemacht –
beug dein Knie in heil'ger Nacht!

Nicht im unwirtbaren Raum
flammt die Glut der Sonnenwende,
unsrer Kinder zarte Hände
schmücken heut den Tannenbaum.
Schimmernd strahlt der Kerzen Pracht
– sei gegrüßt, geweihte Nacht!

Und durch klares Schneegefild,
schwebend auf des Mondlichts Wogen,
kommt ein Glockenton gezogen,
der die tiefste Sehnsucht stillt –
lenzhauchmild durch Winterpracht
klingt der Gruß der Weihenacht:

»Aller Menschheit, ruhelos,
schmerzbefangen, wahnverloren,
ward der Friede heut geboren
aus der ew'gen Liebe Schoß! –
Die der Welt das Heil gebracht,
sei gegrüßt, geweihte Nacht!

* * * * * * *

Winternacht
Clara Müller-Jahnke

Die lange, lange, dunkle Nacht
hab ich durchwacht,
mit Seufzen und in Tränen
tät sich mein Herz aus öder Qual
dem Sonnenstrahl,
dem Licht entgegensehen.

Und nun es kommt – wie bleich und kalt:
es wogt und wallt
des Nebels Wahngebilde, –
zu Eis erstarrt die Träne – ach!
ein Wintertag
liegt über dem Gefilde!

* * * * * * *

Weihe-Nacht
Clara Müller-Jahnke

Ein leises Rauschen durch die Tannenzweige –
des kurzen Tages Zwielicht geht zur Neige.

Im Westen glimmt ein matter Rosenstreif,
auf stille Fluren fällt der weiße Reif.

Der weiße Reif, der rings das Feierkleid
der Erde stickt mit flimmerndem Geschmeid.

Der Abend kommt. Es kommt die heilige Nacht,
die aus den Menschen selige Kinder macht,

die Weihe-Nacht, da trost- und wundersam
ein Märchentraum zur dunklen Erde kam:

Der Friedenskönig, den die Welt verstieß,
weil er die Armen Gottes Kinder hieß.

Weil er den Sanften, der den Frieden liebt,
den Liebenden, der seine Seele gibt,

weit über alle Reichen dieser Welt,
hoch über alle Herrschenden gestellt.

Du Weiser, seit die Engelharfen klangen,
sind nun Jahrtausende dahingegangen,

die deinen Namen auf den Fahnen trugen
und zu den fernsten Ländern Brücken schlugen,

Millionen Kirchen prangen dir zum Ruhme,
die ewige Flamme brennt im Heiligtume . . . .

Und dennoch, du, der Sklaven Heil gespendet,
du wärst noch heut in tiefe Nacht gesendet,

du schienst auch heut in unser finstres Tal
aus fernen Himmeln, ein verirrter Strahl;

und gingest du im schlichten Arbeitskleid
durch deine Menschheit, deine Christenheit,

sie hätten heute dir das Kreuz errichtet
und morgen dir den Holzstoß aufgeschichtet!

Hoch auf dem Grunde, den dein Blick gesucht,
darüber hin rast laut der Zeiten Flucht,

da regt sich's dumpf, und aus der Erde Schoß
ringt sich der Urquell aller Sehnsucht los.

Die Welt durchhallt ein Schrei nach Luft und Licht:
Wann braust du, Strom, der Wall und Schranke bricht?

Wann kommst du, Tag, da hell die Sonne steigt,
vor deren Glanz der tiefste Schatten weicht?

Ich sah dein dunkles Angesicht
erglühn in einem Strom von Licht. –
Ich sah dein Aug, das sonst so trübe,
verklärt von einem Strahl der Liebe.

Da ward mir traumhaft wunderbar
zumut; in tiefster Seele war
mir's fast, als könnt der lichte Schein
ein Abglanz meiner Liebe sein.

* * * * * * *

Des Blinden Weihnachtsabend
Clara Müller-Jahnke

Halt meine Hand, ich führ dich gut.
Ich führe dich auf dunklen Wegen
dem Licht entgegen.
Ich führe dich durch dreißig Jahr –
und heut, wie seltsam wunderbar
will sich verschollne Sehnsucht regen!

Kein Laut. Die Violine schweigt.
Dein Auge schaut in finstre Weiten.
In heilige Nacht. Die Sterne gleiten
zu unsern Häuptern hell und klar.
Ich führe dich durch dreißig Jahr –
ach du, die alten Zeiten!

Die heilige Nacht – das war einmal!
das war, eh' unsern einzigen Jungen
der Krieg verschlungen....
Das war, als noch dem heiligen Kind
mit Tannenbaum und Angebind
dein jauchzend Lied erklungen!

Das war – ach du! das Lied der Qual,
dein Lied will keine Seele hören.
In vollen Chören
erschallt der Weihnacht Festchoral.
Halt meine Hand: das war einmal,
und einmal wird es wiederkehren!

Dann blüht für uns die heilige Nacht,
dann wird auch dir der Morgen grauen,
und du wirst *schauen*.
Und spielen wirst du laut und klar, –
und was wir träumten, das wird wahr.
Halt meine Hand. –

* * * * * * *

Weihnachts-Wünsche
Richard Zoozmann.

Nun haben ihre Wünsche die lieben
Kinder wieder aufgeschrieben.
Die Aelteste möcht eine Puppenstube,
Pferd und Wagen erhofft sich der Bube,
Die Jüngste wünscht – sie ist noch so klein –
Kinkerlitzchen und Schnurrpfeiferei'n;
Sie wollen tausend bunte Sachen,
Die Kindern Spass und Freude machen.

Der Vater liest mit lächelndem Bangen
Die Zettel der drei, die unheimlich langen,
Und spricht:»Schier müsst ich ein Rothschild sein,
Wollt alles ich erfüllen euch drei'n!
Vorerst, wenn ich mir's recht bedenke,
Möcht *ich* auch etwas zum Geschenke;
Ich möchte gern vom Jesusknaben
Zu Weihnacht – drei artige Kinder haben!«

Der Bube senkt den Kopf auf die Brust,
Auch die Aelteste fühlt sich getroffen vom Spotte –
Doch hocherfreut ruft die kleine Lotte:
»Ach ja! Dann sind wir sechse just!«

* * * * * * *

Weihnachtsidylle
Bruno Wille

Aus Rauhreif ragt ein Gartenhaus,
Das schaut so schmuck, so sonnig aus.

An blanken Giebel schmiegt sich hold
Der Wintersonne Abendgold.

Eiszapfen, Scheiben in rotem Glanz,
Die Fenster umrahmt von Waldmooskranz.

Blattgrün, Gelbkrokus, ein rosiger Bube
Lächeln aus frühlingswarmer Stube.

Kanarienvogel schmettert so hell,
Kinderlachen und Hundegebell.

Klein Hansemann und Ami spielen
Wolfsjagd, sie balgen sich auf den Dielen.

Die Mutter ging holen den Weihnachtsmann.
Der klopft an die Türe brummend an.

Und sieh, vermummt, ein bärtiger Greis,
Ein Sack voll Nüsse, ein Tannenreis.

"Seid ihr auch artig?" Stumm nicken die Kleinen
Und reichen die Patschhand; eins möchte weinen.

Da prasseln die Nüsse, das gibt ein Haschen!
Der süße Hagel füllt die Taschen ...

Fort ist der Mann. Mit Lampenschein
Tritt nun die liebe Mutter herein.

Gejubel: "Der Weihnachtsmann war da!
O, Nüsse hat er gebracht, Mama!"

Den großen Tisch umringt ein Schwatzen,
Schalenknacken, behaglich Schmatzen.

Die Mutter klatscht in die Hände und zieht
Die Spieluhr auf: "Nun singt ein Lied!"

"Ihr Kinderlein kommet, o kommet doch all,
Zur Krippe her kommet, in Bethlehems Stall!"

Fromm tönt's in die frostige Nacht hinaus.
Ein Stern steht selig über dem Haus.

* * * * * * *

Heiliger Morgen
Otto Ernst

Von den Tannen träufelt Märchenduft;
Leise Weihnachtsglocken sind erklungen –
Blinkend fährt mein Hammer durch die Luft;
Denn ein Spielzeug zimmr' ich meinem Jungen.

Graue Wolken kämpfen fernen Kampf;
Blau darüber strahlt ein harter Himmel.
Durch die Nüstern stößt den weißen Dampf
Vor der Thür des Nachbars breiter Schimmel.

Kommt Herr Doktor Schlapprian daher,
Cigaretten- und Absinthvertilger!
Voll erhabnen Hohnes lächelt er,
Hirn- und lendenlahmer Abwärtspilger.

Spöttisch grüßend schlendert er dahin
Und - verachtet ich, den blöden Gimpel,
Der gefügig spannt den dumpfen Sinn
In die Enge, ein "Familiensimpel." –

Rote Sonne überm Schneegefild:
Und das weite Feld ein Sterngewimmel!
Und ins Auge spann ich euer Bild,
Wundererde - unerforschter Himmel.

Und den frischen, kalten, klaren Tag
Saug ich ein mit gierig starken Lungen –
Pfeifend trifft mein Hammer Schlag um Schlag,
Und ein Spielzeug zimmr' ich meinem Jungen.

Weihnachtsspaziergang.
Otto Ernst

Täglich fast aus meines Dorfes Frieden,
Wo ich zwischen Feld und Büschen wohne,
Wo ich sieben Nachtigallen höre,
Wo mich Fink und Amsel lang schon kennen
Und mich keck beäugen, wenn ich nahe,
Wo die Welt im Sommer eine Laube
Und ein silberweißer Dom im Winter,
Wo vom Schreibtisch ich den Habicht schweben
Sehe duch des Himmels große Stille –
Täglich fast aus meines Dorfes Frieden,
Wo ich Ruhe, Traum und Klarheit atme,
Lenk' ich meinen Schritt zur nahen Weltstadt,
Um zu fühlen, was ich sonst vergäße,
Daß die Welt nicht Klarheit, Traum und Frieden,
Nicht ein heimlich Wohnen zwischen Hecken,
Ach, kein Spiel mit Fink und Drossel ist.
In das weite, wilde Meer der Menschen
Tauch' ich unter dann und laß mich treiben.

Ja, sie sind wie windverstörte Wellen;
Eine will die and're überrennen,
Und am letzten Strand zerschäumen alle.
Wie sie jagen, stoßen, knirschen – wie sie
Not und Habsucht durcheinander wirbelt!
Nur geradeaus den Blick gerichtet,
Drängen sie und trappeln sie und traben,
Sehen nicht das stille Leben fluten,
Sehn nicht, wie es stumm zu beiden Seiten
Fließt und fließt ins große Meer der Stille,
Ewig ungelebt und ungenossen.
Ach, sie leben nicht – nur, um zu leben!
Vorwärts, vorwärts nur den Blick gerichtet,
Treibt es sie die schattenlose Straße
Fort, hinweg vom Schoß der großen Mutter.
Und versunken in des wilden Meeres
Tote Tiefen ist die alte Kunde,

Daß ein Glück sich dehnt in leichten Lüften,
Friede wandert zwischen Halm und Hecken,
Daß ein off'nes, frohes Menschenauge
Wie ein See des Paradieses glänzt.

Einmal nur im Jahre find' ich's anders!
Brach herein der Weihnacht heil'ge Frühe,
Nehm ich Hut und Stock und wand're fröhlich
In die große Stadt. So tat ich heute.
Drängen, Treiben seh' ich heut' wie immer,
Seh' ein wogend Meer wie alle Tage;
Aber auf den Fluten dieses Meeres
ruht wie Sonnenschein ein einzig Lächeln.
Und – o frommes Wunder ohnegleichen,
Selbst der Kaufherr, dessen Furcht und Hoffnung
Sonst um Indiens Silberminen kreisen,
Heimgefunden hat er in den Frieden
Einer höheren und stiller'n Welt.

Lächeln seh' ich in entspannten Mienen
Und wo Lächeln nicht, doch einen Glauben
An das Lächeln. Starre Blicke seh' ich
Wohl wie sonst, allein sie starren glänzend
In ein Licht, das sie allein erschauen.
Welches Glaubens sie und welches Sinnes,
E i n m a l wieder haben sie's vernommen,
E i n m a l glauben sie die frohe Botschaft,
Daß ein Glück mag kommen aus den Lüften,
Daß ein Friede wohnt in grünen Tannen,
Daß ein liebend Wang'-an-Wange-Schmiegen
Alle Not beschämt und alles Prangen,
Daß ein off'nes, frohes Menschenauge
Wie ein See des Paradieses glänzt.

Von versunk'nen Städten singt die Sage,
Deren Glocken aus der Tiefe klingen.
Geh' ich weihnachts durch den Schwall der Straßen,
Dringt durch allen Lärm ein stetes Klingen:
Leise aus verlor'nen Gründen hör' ich
Läuten die versunk'ne Stadt des Glücks.

Sankt Niklas' Auszug
Paula Dehmel

Sankt Niklas zieht den Schlafrock aus,
klopft seine lange Pfeife aus
und sagt zur heiligen Kathrein:
Öl mir die Wasserstiefel ein,
bitte hol auch den Knotenstock
vom Boden und den Fuchspelzrock,
die Mütze lege oben drauf,
und schütte dem Esel tüchtig auf,
halt auch sein Sattelzeug bereit;
wir reisen, es ist Weihnachtszeit.
Und dass ich's nicht vergess, ein Loch
ist vorn im Sack, das stopfe noch!
Ich geh derweil zu Gottes Sohn
und hol mir meine Instruktion.

Die heilige Käthe, sanft und still,
tut alles, was Sankt Niklas will.
Der klopft indes beim Herrgott an,
Sankt Peter hat ihm aufgetan
und sagt: Grüß Gott! wie schaut's denn aus?
und führt ihn ins himmlische Werkstättenhaus.

Da sitzen die Englein an langen Tischen,
ab und zu Feen dazwischen,
die den kleinsten zeigen, wie's zu machen,
und weben und kleben die niedlichsten Sachen,
hämmern und häkeln, schnitzen und schneidern,
fälteln die Stoffe zu zierlichen Kleidern,
packen die Schachteln, binden sie zu
und haben so glühende Bäckchen wie Du.
Herr Jesus sitzt an seinem Pult
und schreibt mit Liebe und Geduld
eine lange Liste. Potz Element,
wieviel artige Kinder Herr Jesus kennt!
Die sollen die schönen Engelsgaben
zu Weihnachten haben.

Was fertig ist, wird eingepackt
und auf das Eselchen gepackt.
Sankt Niklas zieht sich recht warm an;
Kinder, er ist ein alter Mann,
und es fängt tüchtig an zu schnein,
da muss er schon vorsichtig sein.

So geht es durch die Wälder im Schritt,
manch Tannenbäumchen nimmt er mit;
und wo er wandert, bleibt im Schnee
manch Futterkörnchen für Hase und Reh.
Aus Haus und Hütte strahlt es hell,
da hebt er dem Esel den Sack vom Fell,
macht leise alle Türen auf
jubelnd umdrängt ihn der kleine Hauf:
Sankt Niklas, Sankt Niklas,
was hast du gebracht?
was haben die Englein
für uns gemacht?
»Schön Ding, gut Ding,
aus dem himmlischen Haus;
langt in den Sack! holt euch was raus!«

* * * * * * *

Knecht Ruprecht in Nöten
Paula Dehmel

Knecht Ruprecht kratzt sich seinen Bart
und rückt zurecht die Brille:
Ihr Engelskinder, lärmt nicht so,
seid mal ein bißchen stille!
Kommt, rückt hübsch artig zu mir ran,
seht euch mal das Bestellbuch an!

Was steht hier auf dem ersten Blatt?
was auf dem zweiten, dritten?
was steht am Ende von dem Buch?
was steht hier in der Mitten?
Ach Weihnachtsmann, wir bitten sehr,
schick uns doch mal das Luftschiff her!

Hans möchte nach Amerika,
und Fritz zu Tante Lotte,
Kurt durch die Luft zu Großpapa,
Marie zum lieben Gotte;
Georg will bloß nach Neuruppin
mit Zeppelin, mit Zeppelin.

Ach Zeppelin, du Zaubermann,
's ist aus der Haut zu fahren,
das ganze liebe kleine Pack
will bloß noch Luftschiff fahren;
dein Fahrzeug ist ja viel zu klein,
da gehn nicht alle Kinder 'rein.

Ihr Engelskinder, helft mir doch
in meinen Weihnachtsnöten,
baut mir ein Luftschiff riesengroß
mit hunderttausend Böten,
laßt lustig die Propeller gehn,
da sollt ihr mal die Freude sehn!

Hurra, schreit da die Engelschar,
wir helfen alle, alle.
Nach dreien Tagen, blitzeblank,
stehts Luftschiff in der Halle.
Dank schön, sagt Ruprecht, fährt hinab,
holt alle Jungs und Mädels ab
zur Flugfahrt durch die Welten.
Ob sie sich nicht erkälten?

Weihnachtschnee
Paula Dehmel

Ihr Kinder, sperrt die Näschen auf,
Es riecht nach Weihnachtstorten;
Knecht Ruprecht steht am Himmelsherd
Und bäckt die feinsten Sorten.

Ihr Kinder, sperrt die Augen auf,
Sonst nehmt den Operngucker:
Die große Himmelsbüchse, seht,
Tut Ruprecht ganz voll Zucker.

Er streut - die Kuchen sind schon voll –
Er streut - na, das wird munter:
Er schüttelt die Büchse und streut und streut
Den ganzen Zucker runter.

Ihr Kinder sperrt die Mäulchen auf,
Schnell! Zucker schneit es heute;
Fangt auf, holt Schüsseln - ihr glaubt es nicht?
Ihr seid ungläubige Leute!

* * * * * * *

Weihnachten
Arno Holz

Und wieder nun lässt aus dem Dunkeln
die Weihnacht ihre Sterne funkeln!
Die Engel im Himmel hört man sich küssen
und die ganze Welt riecht nach Pfeffernüssen ...
So heimlich war es die letzten Wochen,
die Häuser nach Mehl und Honig rochen,
die Dächer lagen dick verschneit
und fern, noch fern schien die schöne Zeit.
Man dachte an sie kaum dann und wann.
Mutter teigte die Kuchen an
und Vater, dem der Lehnstuhl taugte,
saß daneben und las und rauchte.
Da plötzlich, eh man sich's versah,
mit einmal war sie wieder da.
Mitten im Zimmer steht nun der Baum!
Man reibt sich die Augen und glaubt es kaum ...
Die Ketten schaukeln, die Lichter wehn,
Herrgott, was gibt's da nicht alles zu sehn!
Die kleinen Kügelchen und hier
die niedlichen Krönchen aus Goldpapier!
Und an all den grünen, glitzernden Schnürchen
all die unzähligen, kleinen Figürchen:
Mohren, Schlittschuhläufer und Schwälbchen,
Elefanten und kleine Kälbchen,
Schornsteinfeger und trommelnde Hasen,
dicke Kerle mit roten Nasen,
reiche Hunde und arme Schlucker
und alles, alles aus purem Zucker!
Ein alter Herr mit weißen Beffchen
hängt gerade unter einem Äffchen.
Und hier gar schält sich aus dem Ei
ein kleiner, geflügelter Nackedei.
und oben, oben erst in der Krone!

Da hängt eine wirkliche, gelbe Kanone
und ein Husarenleutnant mit silbernen Tressen –
ich glaube wahrhaftig, man kann ihn essen!
In den offenen Mäulerchen ihre Finger,
stehn um den Tisch die kleinen Dinger,
und um die Wette mit den Kerzen
puppern vor Freude ihre Herzen.
Ihre großen, blauen Augen leuchten,
indes die unsern sich leise feuchten.
Wir sind ja leider schon längst "erwachsen",
uns dreht sich die Welt um andre Achsen
und zwar zumeist um unser Bureau.
Ach, nicht wie früher mehr macht uns froh
aus Zinkblech eine Eisenbahn,
ein kleines Schweinchen aus Marzipan.

Eine Blechtrompete gefiel uns einst sehr,
der Reichstag interessiert uns heut mehr;
auch sind wir verliebt in die Regeldetri
und spielen natürlich auch Lotterie.
Uns quälen tausend Siebensachen.
Mit einem Wort, um es kurz zu machen,
wir sind große, verständige, vernünftige Leute!

Nur eben heute nicht, heute, heute!

Über uns kommt es wie ein Traum,
ist nicht die Welt heut ein einziger Baum,
an dem Millionen Kerzen schaukeln?
Alte Erinnerungen gaukeln
aus fernen Zeiten an uns vorüber
und jede klagt: Hinüber, hinüber!
Und ein altes Lied fällt uns wieder ein:
O selig, o selig, ein Kind noch zu sein!

* * * * * * *

Das Wunderblümlein
Richard Dehmel

Altes Weihnachtslied ergänzt.

Uns ist ein' Ros' entsprungen
aus einer Wurzel zart;
wie uns die Alten sungen,
von Jesse kam die Art;
und hat ein Blümlein bracht
mitten im kalten Winter,
wol zu der halben Nacht.

Das Blümlein war so reine
und duftete so süß;
mit seinem milden Scheine
verklärt's die Finsternis;
und leuchtet immerdar,
tröstet die Menschenkinder
holdselig, wunderbar.

Ein Stern mit hellem Scheine
hat es der Welt verkündt,
den Hirten und den Heiden,
wo man dies Blümlein findt.
Nun ist uns nicht mehr bang,
seit aus der dunklen Erde
solch köstlich Knösplein sprang.

* * * * * * *

Der liebe Weihnachtsmann
Richard Dehmel

Der Esel, der Esel,
wo kommt der Esel her?
Von Wesel, von Wesel,
er will ans schwarze Meer.

Wer hat denn, wer hat denn
Den Esel so bepackt?
Knecht Ruprecht, Knecht Ruprecht
mit seinem Klappersack.

Mit Nüssen, mit Äpfeln,
mit Spielzeug allerlei,
und Kuchen, ja Kuchen
aus feiner Bäckerei.

Wo bäckt denn, wo bäckt denn
Knecht Ruprecht seine Speis?
In Island, in Island,
drum ist sein Bart so weiß.

Die Rute, die Rute
hat er dabei verbrannt;
heut sind die Kinder artig
im ganzen deutschen Land.

Ach Ruprecht, ach Ruprecht,
du lieber Weihnachtsmann:
komm auch zu mir mit deinem
Sack heran!

* * * * * * *

Durch stille Dämmrung...
Richard Dehmel

Durch stille Dämmrung strahlt ein Weihnachtsbaum.
Zwei Menschen sitzen Hand in Hand und schweigen.
Die Lichter züngeln auf den heiligen Zweigen.
Ein Mann erhebt sich, wie im Traum:

Ich kann zu keinem Gott mehr beten
als dem in dein-und-meiner Brust;
und an die Gottsucht der Propheten
denk ich mit Schrecken statt mit Lust.
Es war nicht Gott, womit sie nächtlich rangen:
es war das Tier in ihnen: qualbefangen
erlag's dem ringenden Menschengeist!
O Weihnachtsbaum - oh wie sein Schimmer,
sein paradiesisches Geflimmer
gen Himmel züngelnd voller Schlänglein gleißt –
wer kann noch ernst zum Christkind beten
und hört nicht tief auf den Propheten,
indes sein Mund die Kindlein preist,
zu sich und seiner Schlange sprechen:
du wirst mir in die Ferse stechen,
ich werde dir den Kopf zertreten!

Ein Weib erhebt sich. Ihre Haut
schillert braun von Sommersprossen;
ihr Stirngeäder schwillt und blaut.
Sie spricht, von goldnem Glanz umflossen:

Ich denk nit nach um die Legenden,
die unsern Geist vieldeutig blenden,
ich freu mich nur, wie schön sie sind.
"Uns ist geboren heut ein Kind"
das klingt mir so durch meine dunkelsten Gründe,
durch die zum Glück, dank einer Ahnensünde,
auch etwas Blut vom König David rinnt,
dass ich mich kaum vor Stolz und Wonne fasse
und deine Schlangenfabeln beinah hasse!

Er lächelt eigen; sie sieht es nicht.
Ein Lied erhebt sich, fern, aus dunkler Gasse.
Zwei Menschen lauschen - dem Lied, dem Licht.

Weihnachtsglocken
Richard Dehmel

Weihnachtsglocken, wieder, wieder
sänftigt und bestürmt ihr mich.
Kommt, o kommt, ihr hohen Lieder,
nehmt mich, überwältigt mich!

Daß ich in die Knie fallen,
daß ich wieder Kind sein kann,
wie als Kind Herr-Jesus lallen
und die Hände fallen kann.

Denn ich fühl's, die Liebe lebt, lebt,
die mit ihm geboren wurde,
ob sie gleich von Tod zu Tod schwebt,
obgleich er gekreuzigt wurde.

Fühl's, wie alle Brüder werden,
wenn wir hilflos, Mensch zu Menschen,
stammeln: "Friede sei auf Erden
und ein Wohlgefall'n am Menschen!"

* * * * * * *

Rauhreif vor Weihnachten
Anna Ritter

Das Christkind ist durch den Wald gegangen,
Sein Schleier blieb an den Zweigen hangen,
Da fror er fest in der Winterluft
Und glänzt heut' Morgen wie lauter Duft.

Ich gehe still durch des Christkind's Garten,
Im Herzen regt sich ein süß Erwarten:
Ist schon die Erde so reich bedacht,
Was hat es mir da erst mitgebracht!

* * * * * * *

Schlittenfahrt
Anna Ritter

Ein feiner Dunst liegt in der Luft,
Der Wald steht tief in Träumen,
Nur manchmal löst im Abendwind
Ein zitternd Flöckchen sich und rinnt
Schlaftrunken von den Bäumen ...

Die Peitsche knallt, der Schlitten saust,
Die Silberschellen klingen,
Wir sitzen, Arm an Arm geschmiegt,
Ein blasses Winterseelchen fliegt
Um uns mit weißen Schwingen
Und spricht:
Wie heiß euer Athem weht!
Mein kaltes Kleidchen zergeht
Vor seinem Hauch;
Es schlagen Flammen
Aus euren Augen,
Und eure Hände
Und eure Seelen
Die glühen auch. –
Wir sind so kühl ...
Schnee unser Pfühl,
Schnee unsre Speise;
Und unser Herzchen schlägt
Unter dem weißen Kleid
Ganz leise. –
Wenn die Sonne scheint,
Ziehn wir erschrocken
Die Mützchen über das Ohr,
Fassen uns an und hocken
Unter den Zweigen. –
Aber der Vater weint ...
Der Vater ist alt
Und die Mutter jung,
Und die Sonne weckt
Die Erinnerung
An das lachende Leben!
Dann liegt sie unter den weißen Decken
So traumhaft schön,
Kleine, kichernde Seufzer wehn
Um ihrem Mund, die Hände recken

Sich sehnsüchtig aus,
Und über der Brust, der große Strauß
Eisiger Blüthen nickt dazu:
"Schlafe, liebe Königin du ...!"
Aber der Vater weint!
Wir fürchten uns,
Wenn die Sonne scheint ..."

Die Peitsche knallt, der Schlitten saust,
Das Seelchen ist zerstoben,
Unmerklich hat die Winternacht
Die ganze, weiße Märchenpracht
Mit Dunkelheit umwoben.

Zu Thale gehts, es stäubt der Schnee,
Die Silberschellen klingen,
Am Wege blitzen Lichter auf,
Der Lärm der Stadt wacht brausend auf,
Und kleine Buben singen:
"Morgen kommt der Weihnachtsmann.."

* * * * * * *

Weihnachten
Anna Ritter

Weißer Flöckchen Schwebefall,
Stille Klarheit überall,
Glockenklang und Schellenklingen,
Mäulchen, die vom Christkind singen,
Flammen, die von grünen Zweigen
Gläubig, strahlend aufwärts steigen,
Und im tiefsten Herzen drinnen
Ein Erinnern, ein Besinnen ...

Neige dich, mein Herz, und bete,
Daß das Christkind zu dir trete,
Auch in deiner Schwachheit Gründen
Eine Flamme zu entzünden,
Die das Ringen deiner Tage
Gläubig strahlend aufwärts trage.

* * * * * * *

Christkindchen
Anna Ritter

Wo die Zweige am dichtesten hangen,
die Wege am tiefsten verschneit,
da ist um die Dämmerzeit
im Walde das Christkind gegangen.

Es mußte sich wacker plagen,
denn einen riesigen Sack
hat's meilenweit huckepack
auf den schmächtigen Schultern getragen.

Zwei spielende Häschen saßen
geduckt am schneeigen Rain.
Die traf solch blendender Schein,
daß sie das Spielen vergaßen.

Doch das Eichhorn hob schnuppernd die Ohren
und suchte die halbe Nacht,
ob das Christkind von all seiner Pracht
nicht ein einziges Nüßchen verloren.

* * * * * * *

Denkt euch, ich habe das Christkind gesehen
Anna Ritter

Denkt euch, ich habe das Christkind gesehen!
Es kam aus dem Walde, das Mützchen voll Schnee,
mit rotgefrorenem Näschen.

Die kleinen Hände taten ihm weh,
denn es trug einen Sack, der war gar schwer,
schleppte und polterte hinter ihm her.

Was drin war, möchtet ihr wissen?
Ihre Naseweise, ihr Schelmenpack –
denkt ihr, er wäre offen der Sack?

Zugebunden bis oben hin!
Doch war gewiss etwas Schönes drin!
Es roch so nach Äpfeln und Nüssen!

Weihnacht!
Anna Ritter

Wie am Baum die Lichter prangen –
schöner war das Christfest nie!
Heiß erglüh'n der Kinder Wangen,
und ihr Mund singt unbewusst
mitten in der Weihnachtslust
eine süße Melodie,
wie sie schon der Ahn gesungen,
als er selbst im Lockenhaar
um den Lichterbaum gesprungen.
Leise schwindet Jahr für Jahr . . .
Schaukelpferd und Hampelmann
wandelt die Zerstörung an,
und das Bilderbuch, das heute
euer Kinderherz erfreute,
wird dereinst zerrissen sein.
Aus der Schar der kleinen Leute
werden Männer, werden Frauen,
die ihr eignes Nestchen bauen.
Gestern wird, was heute war,
aber bleiben immerdar
wird der Christnacht heller Schein,
wird der Klang der Weihnachtsglocken,
Kinderjubel und Frohlocken!

* * * * * * *

Weihnacht im Süden
Anna Ritter

Ueber duft'gen Bergeslinien, gold'nen Feldern, grünen Wogen,
Blaut des Südens wolkenloser, weit gespannter Himmelsbogen.

Leuchtend steigen die Terrassen in der Sonne lichte Gluthen,
Und zum Strande drängen schäumend des Tyrrhenermeeres Fluten.

Nah' an meiner Bank vorüber treibt ein Hirt die zott'ge Herde,
Mahnt mich an ein müdes, blasses, liebes Fleckchen Heimatherde.

Mahnt mich in dem Schönheitstaumel all der Töne, all der Farben,
An des Nordens keusche Blumen, die wohl lange, lange starben.

Während von Messinas Thürmen die metall'nen Stimmen locken,
Denk' ich an den zärtlich leisen Feierklang der Heimathglocken.

An des Nachbars nied're Hütte, d'rin der Meister schafft und hämmert,
Bis der frühe Winterabend störend ihm in's Stübchen dämmert.

Weihnacht ist's! Ich seh' die Tropfen rinnen von den kleinen Fenstern,
Hör' die Alte heimlich raunen von Verwunschnen und Gespenstern,

Hör' der Kinder athemloses: "Muhme ist's auch wahr?" dazwischen,
Spür' den Duft der Weihnachtsäpfel, die in heißer Röhre zischen.

Wenn es draußen Nacht geworden in dem stillen Spiel der Flöckchen,
Wird der Glanz der Weihnachtskerzen zittern über gold'ne Löckchen,

Kinderstimmen werden klingen voller Jubel, voll Verlangen –
Ueber meiner deutschen Heimath ist die Weihnacht aufgegangen.

* * * * * * *

Weihnachtszeit
Anna Ritter

Seit Jahren hat's nicht so geschneit!
Das rieselt, rinnt und häuft sich an,
dass man im Lande weit und breit
nicht Weg noch Steg erkennen kann.
Die Stadt sieht wie ein Märchen aus:
Hat jedes Häuschen, jedes Haus
ein Mützchen auf aus weißem Schnee,
das blinkt und blitzt im Sonnenschein,
als wär's von lauter Edelstein.
Und drinnen gibt's verschlossene Tüten!
Ein Zimmer, das das ganze Jahr
genau wie andre Zimmer war,
bekommt ein feierlich Gesicht
Oft ist's zur Dämmerung, als glitten
verstohlne Schritte in und her,
man sieht ein heimlich huschend Licht,
als ob das Christkind drinnen wär!
Verschwiegne Päckchen kommen an,
die rascheln gar so wunderlich,
wenn kleine Finger dran rühren.
Doch Mutter wehrt auf alle Bitten:
„Nicht fragen! 's ist vom Weihnachtsmann!"
Ein unbestimmter Kuchenduft
liegt wunderlich in der Luft!
Die Kinder schnuppern leis' herum
und schaun sich an und lachen stumm
und drücken sich am Schlüsselloch die Näschen platt.
O selge Zeit, wenn Liebe sich im Stillen müht
und nicht genug zu tun weiß'
wenn mitten unter Schnee und Eis
die Blume des Erbarmens blüht,
wenn jubelnd sich die Glocken schwingen
und jedem, der es hören will,
die süße Weihnachtsbotschaft bringen:
„Das Christkind kommt, seid froh und still!"

Christoph, Rupprecht, Nikolaus
Otto Bierbaum

Ich kenn drei gute, deutsche Geselln
Mit großen Händen und Beinen schnelln;
Mit dicken Säcken auf breitem Buckel
Stampfen sie eilig durchs Land mit Gehuckel;
Haben Eis im Bart
Und grimmige Art,
Aber Augen gar milde;
Führn Aepfel und Nüsse und Kuchen im Schilde
Und schleppen und schleppen im Huckepack
Himmeltausendschöne Sachen im Sack.

All drei sind früher Heiden gewesen.
Der erst heißt Christoph: Auserlesen
Hat er in einer eisgrimmigen Nacht
Das Christkindel übers Wildwasser gebracht.
Rupprecht der zweite ist genannt:
Der fuhr voreinsten übers Land
Tief nächten in Gespenstergraus
Als Heidengott. Den Nikolaus,
Als wie der dritte ist geheißen,
Thät man als einen Bischof preisen.

Das ist nun all Legend und Mär.
Ich übernehme nicht Gwähr,
Daß just genau es so gewesen.
Habs nicht gesehn, habs nur gelesen.
Auf Schildereien jedermann
Die dreie freilich sehen kann.

Da ist der Rupprecht dick beschneet
Und derb gestiefelt fürder geht.
Drei Aepfel trägt der Nikolaus,
Sieht väterlich und ernsthaft aus.
Und Christophor im langen Bar
Ist heidenmäßig dick behaart,
Hat einen roten Mantel an
Und ist ansonst ein nackter Mann.

Die dreie nun, daß ihr es wißt,
Verehre ich als Mensch und Christ.
Sie sind so lieb und ungeschlacht
Und ganz aus deutschem Mark gemacht.
Mildherzig rauh, kratzhaarig lind,
Des deutschen Gottes Ingesind.

Die guten Knechte, reichen Herrn!
Sie dienen gern und schenken gern,
Wolln keinen Dank, wolln keinen Lohn,
Sind in sich selbst bedanklohnt schon.

Grüß Gott ihr dreie miteinand
Im lieben weiten deutschen Land!
Christoph, Rupprecht, Nikolaus!
Schüttet eure Säcke aus,
Schüttet sie mit Lachen,
Blickt mit hellen Augen drein
Und laßt wohl gesegnet sein
Eure Siebensachen.

* * * * * * *

Schneelied zu Weihnachten
Otto Bierbaum

Du trittst mich, singt der Schnee,
Mir aber tuts nicht weh:
Ich knirsche nicht, ich singe;
Dein Fuß ist wie der Bogenstrich,
Daß meine Seele klinge.
Hör und verstehe mich –:
Getreten singe ich,
Und nichts als frohe Dinge.
Denn, die getreten sind,
Wissen, es kam ein Kind,
Gar sehr geringe,
In einem Stall zur Welt:
Das hat sein Herz wie ein leuchtendes Licht
In große Finsternis gestellt.

Es wurde zerschlagen. Verloschen ist's nicht.

* * * * * * *

Der amen Kinder Weihnachtslied
Otto Bierbaum

Hört, schöne Herrn und Frauen,
Die ihr im Lichte seid:
Wir kommen aus dem Grauen,
Dem Lande Not und Leid;
Weh tun uns unsre Füße
Und unsre Herzen weh,
Doch kam uns eine süße
Botschaft aus Eis und Schnee.
Es ist ein Licht erglommen,
Und uns auch gilt sein Schein.
Wir habens wohl vernommen:
Das Christkind ist gekommen
Und soll auch uns gekommen sein.

Drum gehn wir zu den Orten,
Die hell erleuchtet sind,
Und klopfen an die Pforten:
Ist hier das Christuskind?
Es hat wohl nicht gefunden
Den Weg in unsre Nacht,
Drum haben wir mit wunden
Füßen uns aufgemacht,
Daß wir ihm unsre frommen
Herzen und Bitten weihn.
Wir habens wohl vernommen:
Das Christkind ist gekommen
Und soll auch uns gekommen sein.

So laßt es uns erschauen,
Die ihr im Lichte seid!
Wir kommen aus dem Grauen,
Dem Lande Not und Leid;
Wir kommen mit wunden Füßen,
Doch sind wir trostgemut:
Wenn wir das Christkind grüßen,
Wird alles, alles gut.
Der Stern, der heut erglommen,
Gibt allen seinen Schein:
Das Christkind ist gekommen! –
Die ihr es aufgenommen,
O, laßt auch uns zu Gaste sein!

Oft in der stillen Nacht
Otto Bierbaum

Oft in der stillen Nacht,
Wenn zag der Atem geht
Und sichelblank der Mond
Am schwarzen Himmel steht,

Wenn alles ruhig ist
Und kein Begehren schreit,
Führt meine Seele mich
In Kindeslande weit.

Dann seh ich, wie ich schritt
Unfest mit Füßen klein,
Und seh mein Kindesaug
Und seh die Hände mein,

Und höre meinen Mund,
Wie lauter klar er sprach,
Und senke meinen Kopf
Und denk mein Leben nach:

Bist du, bist du allweg
Gegangen also rein,
Wie du gegangen bist
Auf Kindes Füßen klein?

Hast du, hast du allweg
Gesprochen also klar,
Wie einsten deines Munds
Lautleise Stimme war?

Sahst du, sahst du allweg
So klar ins Angesicht
Der Sonne, wie dereinst
Der Kindesaugen Licht?

Ich blicke, Sichel, auf
Zu deiner weißen Pracht;
Tief, tief bin ich betrübt
Oft in der stillen Nacht.

* * * * * * *

Weihnachtsfeier
Otto Bierbaum

Berge und Wälder und Wiesen und See:
Schnee und Nebel, Nebel und Schnee;
Nieder der Himmel, farblos und fahl;
War er denn heiter und hoch einmal?
Hockende Krähen auf kahlem Geäst, –
Das ist des blutwarmen Lebens der Rest?

Siehe, die Sonne versinkt hinterm See:
Broncegold taut auf dem glitzernden Schnee,
Taut und verfließt in das flockige Weiß, –
Rundum umstarrt mich lebloses Eis.
Dampfende Nebel umhüllen mich dicht,
Wehen wie Haßhauch mir naß ins Gesicht.
Stechen nicht Augen hervor aus dem Grau,
Augen der lieblosen alten Frau,
Die in der knochigen Hand zurück
Grausam mir hält mein bangsüßes Glück?
Nein doch und nein! Ein lieberes Licht
Lacht mir aus Nebelgrau hell ins Gesicht:
»G'rannt bin i schnell wie der Wind übern Schnee!«
– Mädel, oh du meine Weihnachtsfee!

Schmiegt sie sich an mich dicht und bang,
Wandern wir wortlos im Glockenklang,
Wandern durch Nebel und Nacht und Wind,
Weint an der Brust mir leise das Kind,
Weint, daß getrennt wir müssen, allein,
In der heiligen Weihenacht sein.
Küß ich die Thränen ihr lind vom Gesicht:
Weine nicht, Mädel, geh, weine nicht!
Zündet heut Andern der Liebesmann
Flimmernde Christkindlkerzen an,
Hat er in unseren Herzen entfacht
Eine ewige Weihenacht.

Sind wir auch heute Abend getrennt,
Doch uns im Herzen ein Christbaum brennt.
Dir aus dem Auge ja lacht sein Schein,
Nein doch, du Meine, wir sind nicht allein.
Trag ich dein Herz ja in meiner Brust,
Du auch das meine tragen mußt.

Froh mir ein hellwarmes Lächeln dankt,
Fest mich ihr rundvoller Arm umrankt,
Tief saugt ihr Blick sich in meinen ein:
»Nein, oh du Meiner, wir sind nicht allein.«
Wandern zurück wir durch Nebel und Wind,
Lacht an der Seite mir selig das Kind.

* * * * * * *

Eisblumen zu Weihnachten
Otto Bierbaum

Das unfruchtbare Eis, kalt, panzerglatt,
Verhärtet Leben, das dem Tode dient,
Der sich, der Farblose, mit ihm umschient –
Das Eis, das keine Seele hat,
Das unbewegte, allen Lebens Bann:

Das starre Eis selbst ist nicht tot.
In ihm auch wirkt gestaltendes Gebot,
Der Schönheit Triebkraft ward auch ihm:
Es setzt geheimnisvolle Blüten an,
Und Schwingenrispen, wie dem Seraphim
Gefiederüppig sie aus Schulternrund,
Gekraust, geschwungen, tausendförmig und
In tausend Formen eine Form, entsprießen,
Siehst du im Eis nach innerstem Gesetz,
Ein wunderbares Bild, zusammenschießen.
Die ärmste Scherbe trägt ein Wundernetz,
Und alles gleißt von Wundersilberfliesen.

Sieh, Mensch, mit Andacht diesem Wunder zu
Und glaub ans Leben! Überall sind Triebe.
Es ist kein Wahn: Im Tode selbst ist Liebe,
Und neues Werden und bewegte Ruh.

* * * * * * *

Weihnachtslied
Otto Bierbaum

Maria lag in großer Not,
Mit Lumpen angethan,
In einem Stall zu Bethlehem
Und sah die Stunde nahn,
Da sie ein Kindlein haben sollt.
Der Himmel stand in lauter Gold;
Da hub ein Singen an:

»Süße Maria, sei getrost;
Das um dich ist kein Stall.
Blick um dich, allerholdste Frau,
Und sieh die Gäste all,
Die von weither gekommen sind,
Dich zu begrüßen und dein Kind
Mit Flöt- und Geigenschall.«

Und wie Marie ihr Haupt erhob,
Oh Wunder, was sie sah:
Es knieten auf der schlechten Streu
Drei goldne Könige da,
Und, wie wenns ihr Gefolge wär,
Ein Heer von Engeln stand umher
Und sang Hallelujah.

Es war ein Licht und war ein Glanz,
Wie sie es nie gesehn,
Und vor den Thürn und Fenstern war
Ein Auf- und Niedergehn,
Als ging die ganze Welt vorbei;
Da hört sie einen leisen Schrei:
Da war das Glück geschehn.

Maria strahlte wie ein Stern
Und hob das Kind empor;
Das war so hold und engelschön,
Wie nie ein Kind zuvor.
Die Wände sanken, und die Welt,
Die weite Welt war rings erhellt,
Und alles sang im Chor:

»O seht die Blume, die da blüht,
Die Blume weiß und rot!
Der Kelch ist von der Lilie,
Ein Herz darinnen loht.
Nun ist die ganze Erde licht,
Wir fürchten Schmerz und Trauern nicht
Und fürchten nicht den Tod.

Die Blüte leuchtet uns den Tag,
Und es versank die Nacht,
Und aus der Blüte wird die Frucht,
Die Alle fröhlich macht;
Die Frucht, die Allen Nahrung giebt,
Der Mensch, der alle Menschen liebt:
Die Liebe ist erwacht.«

Der Chor verklang. Es sank der Stall
In braune Dunkelheit.
Maria gab dem Kind die Brust.
Still ward es weit und breit.
Da ward Marien im Herzen bang,
Sie küßt ihr liebes Kindlein lang,
Ihr that ihr Kindlein leid.

* * * * * * *

Zwölf Uhr: heilige Nacht
Otto Bierbaum

Zwölf Uhr: heilige Nacht. Wie ein Gesumme
Von Bienen klingt das Läuten der hundert Glocken
In meine Gartenstille aus Florenz herauf.
Nun knien im ungeheuren Dome dort
Die Betenden, und unter der Kuppel hebt
Die ringgeschmückte Hand der Erzbischof
Zum Weihnachtssegen. Gloria in excelsis!
Und Pax vobiscum!
Te laudamus,
Domine!

Mir hat der Himmel einen Weihnachtsbaum
Aus ungezählten Sternen angezündet.
Wo müßten heute die drei Könige hin,
Wenn sie den Sternen folgen wollten! Wohl!
Dies sei mir Omen: überall gebiert
Die Liebe Geist und Kraft und Herrlichkeit.

Den Frieden aber hab ich in mir selbst,
Seitdem ich weiß, daß keine Liebe ihn:
Daß ihn die Kraft verbürgt, die sich erkennt
Und ohne Furcht den Weg zur Treue geht:
Zum tätigen Selbst, das, wenn es sein muß, froh
Das Schwert gebraucht. Nichts ist so friedestark,
Als Selbstgefühl im Kampf. Friedlos ist nur,
Wer Fratzen fürchtet und um Freundschaft buhlt,
Wo Feindschaft vorbestimmt und Wonne ist.

* * * * * * *

Christnacht
Hedwig Lachmann

Es steht ein Stern verloren
Hoch über einem Haus;
Drin ist ein Kind geboren:
Ein Licht geht von ihm aus.

Von wenigen vernommen
Tönt eine Botschaft fern:
Die Weisen und die Frommen
Verkünden jenen Stern.

Da lauschen alle Ohren,
Zu denen Kunde dringt:
Wo ist der Mensch geboren,
Der mir Erlösung bringt?

Die Stätte zu betreten,
Welch Weges muss ich ziehn?
Das Wunder anzubeten,
Wo gläubig niederknien?

* * * * * * *

Winter
Hedwig Lachmann

Es treiben grosse Flocken dicht und schräg –
Der Wald hält still, die Zweige hängen träg.

Der Wind, der um die Wipfel wehte, schweigt.
Die Kronen haben langsam sich geneigt.

Um eine hohe Tanne rieselt kalt
Der Schnee: Mein Haupt wie Eis! Bin ich schon alt?

Durch hundert Jahre ist es nicht so weit –
Ich steh schon immer in der Ewigkeit.

* * * * * * *

Im Schnee
Hedwig Lachmann

Schneegeriesel. Flocken über Flocken.
In der weichen Luft zerfliesst der Schaum,
Und kein Windhauch weht die Erde trocken.

Aber, wenn im Frost erstarrt der Flaum,
Reift er schnell zu glitzernden Kristallen
Und blinkt dann am Boden und am Baum.

– Nasser Schnee ist auf mein Haar gefallen –
In den Bergen türmt er sich zu Eis
Und zu donnernden Lawinenballen.

Von den Dächern tropft es leise, leis,
Und dazwischen gleiten und verschwimmen
Fern und ferner, kaum dass ich es weiss,

Dämmernde Gedanken, leise Stimmen
Wie Erinnern, wie ein Atem bloss,
Einer Sehnsucht aufgescheuchtes Glimmen.

Alles fliesst der Erde in den Schoss.
Dieses Lebens gleitende Gesichte,
Ungezählte Tropfen, Los um Los,

Einen Augenblick beglänzt vom Lichte –
Oder in der rauhen Luft gereift,
Und nun auf der harten Erde dichte

Sternkristalle, bis ein Wind sie streift.

* * * * * * *

Winterbild
Hedwig Lachmann

In meinem Zimmer ein paar frische Blumen,
Die allen Wintermissmut mir vertreiben.
Ein Vöglein pickt vor meinem Fenster Krumen
Und guckt dabei zutraulich durch die Scheiben.

In Stroh und Bast die Bäume eingeschlagen,
Damit der strenge Frost sie nicht berühre,
Die Beete wohl verwahrt vor kalten Tagen –
Und, blossen Haupts, ein Bettler vor der Türe.

* * * * * * *

Ein Licht, das leuchten will
Hedwig von Redern

Ein Licht, das leuchten will, muss sich verzehren;
Trost, Licht und Wärme spendend, stirbt es still.
Ein Licht, das leuchten will, kann nichts begehren,
als dort zu stehen, wo's der Meister will.

Ein Licht, das leuchten will, dem muss genügen,
dass man das Licht nicht achtet, nur den Schein.
Ein Licht, das leuchten will, muss sich drein fügen,
für andre Kraft und für sich nichts zu sein.

Ein Licht, das leuchten will, darf auch nicht fragen,
ob's vielen leuchtet oder einem nur.
Ein Licht, das leuchten will, muss Strahlen tragen,
wo man es braucht, da lässt es seine Spur.

Ein Licht, das leuchten will in Meisters Händen,
es ist ja nichts, als nur ein Widerschein;
des ew'gen Lichtes Glanz darf es uns spenden,
ein Licht, das leuchten will für Gott allein.

* * * * * * *

Weihnacht
Hugo Salus

Da hob sich voll der Klang der Weihnachtsglocken.
Zu meinem Lager, drauf ich matt und krank
Und einsam siechte, drang ihr Friedensklang;
Ich wachte auf, erregt und süß erschrocken.

Mir war, der Engel der Versöhnung bleibe
Auf seinem Flug vor meinem Fenster auch,
Es taue auf vor seines Mundes Hauch
Die frosterstarrte, blinde Fensterscheibe.

Als spräche er zu mir: Mein lieber Heide,
Zum Sternenhimmel blick empor! Du bist
Durch das Martyrium des Leid's ein Christ!
Auch dir klingt eine Glocke: Leb' und leide!

* * * * * * *

Weihnachtsabend
Hermann Löns

Schwarz stehen die nackten Bäume,
Ich gehe am Holze her,
Der Weihnachtsabend ist dunkel,
Mein Herz ist müde und schwer.

Dünn klingt vom Försterhause
Der Kinder heller Gesang,
Die Christbaumlichter flimmern,
Vom Dorfe kommt Glockenklang.

Ich habe ihn lange vergessen,
Den alten Kindertraum,
Mir klingen nicht die Glocken,
Mir strahlt kein Tannenbaum.

* * * * * * *

Christabend
Hugo Salus

Christabend war's. Ich träumte durch die Gassen,
vom Weihnachtsglanz mein Herz durchglüh'n zu lassen.
Mein Herz war fromm, als ob durch jede Flocke
das Bluten einer wunden Seele stockt.

"Frieden auf Erden und den Menschen allen
Glückseligkeit und stilles Wohlgefallen!"
Da, wie ich ging, zerstörte meine Träume
ein Haufen unverkaufter Weihnachtsbäume.

Sie lagen auf dem Pflaster da, vergessen
und schneebedeckt, als wär ihr Grün vermessen,
als schämten sie sich ihrer hellen Farben,
die doch so gern, um heut zu leuchten, starben.

Gleich einer Gauklerschar, im Wald erfroren,
die tief im Schnee den Weg ins Dorf verloren,
so lagen sie und sah'n aus ihrem Dunkel
rings in den Fenstern strahlendes Gefunkel.

Sie lagen da wie unerfülltes Sehnen,
erträumter Schimmer, ausgelöscht durch Tränen,
wie Leid, das wirr um die Erlösung betet,
wie Kinderjauchzen, das der Hunger tötet.

Sie lagen da, verschüchtert und verbittert,
vom Frost des Elends bis in Mark durchzittert,
den Glanz verfluchend, gleich Millionen Seelen,
in denen heut die Friedenslichter fehlen.

* * * * * * *

Einsames Fest
Hugo Salus

Was ist doch das Herz für ein seltsames Ding!
Und wie ich heut' durch die Gassen ging,
Da fing es wie närrisch an zu schlagen:
"Hör an," so sprach es, "'s ist Weihnachtstag,
Wo jeder sein Bäumchen haben mag!" –
Da hab' ich mir auch eins nach Hause getragen.

Und nun ist es Abend. Ich bin so allein,
Man kann gar nicht toteneinsamer sein,
Und mag mein Herz wie ein Uhrwerk klopfen:
"Zünd an die Kerzen!" Ich trau' mich kaum!
Das Wachs meiner Kerzen am Weihnachtsbaum
Schmilzt mir ja doch nur zu Tränentropfen!

Und so steh' ich am Fenster und starre hinaus,
Mein Bäumchen friert, und im Nachbarhaus
Zärtliches Weihnachtskerzengefunkel!
Weißt du, mein Herz, es ist Weihnachtstag,
Da jeder sein Bäumchen haben mag,
Und nur dein Fenster, dein Fenster ist dunkel!

Jetzt geht der Weihnachtsmann durch die Stadt
Und schaut, wer das Fenster dunkel hat;
...Mutter konnte so hübsch erzählen...
Wie wird mir nur, daß ich noch singen kann!
Und singe: "Du lieber Weihnachtsmann,
Soll denn nur mir mein Bäumchen fehlen?
Zünd doch auch mir meine Kerzen an!
Hörst doch, wie innig ich bitten kann!" –

* * * * * * *

Weihnachten
Max Dauthendey

Die eisige Straße mit Schienengeleisen,
Die Häusermasse in steinernen Reih'n,
Der Schnee in Haufen, geisterweißen,
Und der Tag, der blasse, mit kurzem Schein.

Der Kirchtüre Flügel sich stumm bewegen,
Die Menschen wie Schatten zur Türspalte gehn
Bekreuzen die Brust, kaum dass sie sich regen,
Als grüßen sie jemand, den sie nur sehn.

Ein Kindlein aus Wachs, auf Moos und Watten,
Umgeben von Mutter und Hirten und Stall,
Umgeben vom Kommen und Gehen der Schatten,
Liegt da wie im Mittelpunkte des All.

Und Puppen als Könige, aus goldnen Papieren,
Und Mohren bei Palmen, aus Federn gedreht,
Sie kamen auf kleinen und hölzernen Tieren,
Knien tausend und tausend Jahr im Gebet.

Sie neigen sich vor den brennenden Kerzen;
Als ob im Arm jedem ein Kindlein schlief,
Siehst du sie atmen mit behutsamen Herzen
Und lauschen, ob das Kind sie beim Namen rief.

* * * * * * *

Anbetung der Hirten
Ludwig Thoma

Um Bethlehem ging ein kalter Wind,
Im Stall war das arme Christuskind.
Es lag auf zwei Büschel Grummetheu,
Ein Ochs und ein Esel standen dabei.

Die Hirten haben es schon gewißt,
Daß selbiges Kindlein der Heiland ist.
Denn auf dem Felde und bei der Nacht
Hat 's ihnen ein Engel zugebracht.

Sie haben gebetet und sich gefreut,
Und einer sagte: Ihr lieben Leut',
Ich glaub 's wohl, daß er bei Armen steht,
Schon weil 's ihm selber so schlecht ergeht.

* * * * * * *

Winter
Hermann Löns

Über die Heide geht mein Gedenken,
Du kleines Mädchen,
Nach dir, nach dir allein;
Über die Heide möchte ich wandern,
Du kleines Mädchen,
Bei dir zu sein.

Über die Heide flogen die Schwalben,
Du kleines Mädchen,
Sie grüßten mich von dir;
Über die Heide krächzten die Raben,
Du kleines Mädchen,
Antwort von mir.

Über die Heide fallen die Flocken,
Du kleines Mädchen,
Und fußhoch liegt der Schnee;
Über die Heide ging einst mein Hoffen,
Du kleines Mädchen,
Ade, Ade!

Christmette
Ludwig Thoma

So wissen wir, daß Jesus Christ
In einem Stall geboren ist
Zu Bethlehem bei kalter Nacht.
Kein Reicher hat nicht aufgemacht.

Die lagen all im weichen Bett.
Daß auf der harten Liegerstätt'
Das Kindlein in der Krippe fror,
Kam ihnen nicht betrübsam vor.

Sie hielten es für gar gering,
Wie daß es kleinen Leuten ging.
Was geht sie heut' das Wunder an?
Nur Armen ward es kundgetan.

* * * * * * *

Frieden
Ludwig Thoma

Die stille Nacht ist gar so kalt,
Weiß ist das Feld und weiß der Wald,
Es zittern in der Ferne
Vor Frost die kleinen Sterne.

Und führt ein Engel bei der Hand
Das Christkind her in deutsches Land,
So muß es heute kommen,
Das hoffen alle Frommen.

Und watet es durch tiefen Schnee,
Dann horcht im Wald ein armes Reh,
Ein Baum erschauert leise
Und grüßt es auf der Reise.

Wir horchen in die stille Nacht,
Die alle Menschen glücklich macht.
Hört keiner wohl die Kunde
Aus froher Engel Munde?

Heilige Nacht - Eine Weihnachtslegende
Ludwig Thoma

    Jetzt, Leuteln, jetzt loost's amal zua!
    Mein Gsangl is wohl a weng alt,
    Es is aba dennascht schö gnua.
    I moan, daß 's enk allesamm gfallt.

Erstes Hauptstück:

    Es war selm in Nazareth hint
    A Mo, der si Joseph hat gnennt;
    So brav, wia ma net oft oan findt
    Und wia ma's net glei a so kennt.

    Er hot als a Zimmamo glebt.
    Und koa Geld war freili net do,
    Mit da Arwat hot a's dahebt,
    Daß a grad a so furt macha ko.

    's werd gwen sei, wia's heunt aa no is.
    Ma hat oft halt grad a so z' toa.
    Bal baut werd, na hot ma sei G'wiß,
    Sinscht is da Vodeanst eppa kloa.

    A richtiga Mensch richt si's ei'
    Und halt seine Kreuza beinand.
    No ja, und dös muaß amal sei',
    Und dös sagt oan scho da Vastand.

    Da Joseph hat's wohl a so gmacht
    Und hot nia nix unnütz valor'n,
    Denn, bal ma dös richti betracht',
    Sinscht waar a koa Heiliga worn.

    I woaß, daß ma 'r eppa sagn kunnt:
    De Zimmaleut mögn gern a Bier,
    Und Brotzeit, de macha s' all Stund,
    De meischt'n hamm jetzt de Manier.

    Vielleicht aba selbigs Mal net?
    Obwohl daß ma's net so gwiß woaß,
    Und weil's in die Büacha oft steht,
    Z' Palästina waar's a weng hoaß.

Da kunnt oana 's Bier net ganz g'rat'n,
So moant ma. Dös hätt no koa G'fahr,
Denn drei und vier Maß san koa Schad'n,
Weil's selbigs Mal billiga war.

Ko sei und net aa, – is, wia's mog,
Ma hot nia nix Unrechts net ghört,
Und hört ma no heut nia koa Klog,
Und hot sie koa Mensch net beschwert.

Sei Frau, no dös wißts ja allsamm,
Da brauchts ja koa Wort mehra net,
Indem daß mir's alle glernt hamm,
Was im Katekisimus steht.

Ganz Nazareth sagt, wia de leb'n,
So friedli und brav und so staad! –
Dös muaß's wohl net glei wieda gebn!
Waar schö', bal's as öfta gebn tat.

Jetzt, daß i enk weita vazähl:
Es kimmt selm auf oamal a Schreibn,
Es müaßt si, und glei auf da Stell,
A jeda bei'n Rentamt ei'schreib'n.

Da Kaiser Augustus will's hamm.
Er braucht eahm halt wieda a Geld.
Ma treibts vo de kloana Leut z'samm;
Dös is amal so auf da Welt.

Was tean jetzt de Leut z' Nazareth?
Sie wern halt aa schimpfa und zahl'n,
Und wia'r oan de Sach g'ärgert hätt',
Dös siecht ma danach bei de Wahl'n.

An Joseph hot's aa net schlecht gift'.
Balst moanast, du kamst a weng z' toa,
Na kriagast a sellene Schrift,
Als waar ge de Steuerlast z' kloa!

Ja, kratz di no hinta de Ohrn,
Do ko'st scho nix macha, mei Mo!
Und zahlt is no jedesmal worn,
Mit'n Staat, da fangt koana o.

Da Joseph sagt z'letzt: »In Gotts Nam«,
Na roas' ma auf Bethlehem nei'
As Rentamt und sag'n, was ma hamm,
Es werd scho net gar so vui sei'.«

»Was is na mit dir, bleibst du do,
Maria? Du woaßt scho, warum.«
»I bleibet ja gern, liaba Mo,
Aba 's Rentamt will, daß i kumm.

Da Steuerbot hot's ins ja gsagt,
Denn a jeda, sagt a, muaß her,
Und d' Weiberleut aa, hot a gsagt,
Und koan Ausnahm geits do it mehr.«

Da Joseph sagt: »Jetza is 's recht!
Wia geht ma denn mit de Leut um!
Und bal ma'r aa ghorsam sei' möcht,
Aba dös is dennascht scho z' dumm!«

»O Joseph, es steht in da Schrift:
Ös seids bald in Bethlehem drin,
Und was si alssammet auftrifft,
Dös hot insa Herrgott an Sinn.«

Gesang:
Im Wald is so staad,
Alle Weg san vawaht,,
Alle Weg san vaschnieb'n,
Is koa Steigl net bliebn.

Hörst d' as z'weitest im Wald,
Wann da Schnee oba fallt,
Wann si 's Astl o'biagt,
Wann a Vogel auffliagt.

Aba heunt kunnts scho sei,
Es waar nomal so fei,
Es waar nomal so staad,
Daß si gar nix rührn tat.

Kimmt die heilige Nacht.
Und da Wald is aufgwacht,
Schaugn de Has'n und Reh,
Schaugn de Hirsch übern Schnee.

Hamm sie neamad net gfragt,
Hot's eahr neamad net gsagt,
Und kennan s' do bald,
D' Muatta Gottes im Wald.

Zweites Hauptstück
Beim Tagwer'n, es war no ganz fruah,
Schaugt da Joseph außi in Schnee.
»Maria, jetzt genga ma zua,
Z'erscht trink' ma no insern Kaffee.

O mei ja! Dös werd heut was wer'n!
Dei Schuahwerk is aa so vui dünn,
I wollt und i hätt's scho recht gern,
Mir waarn scho in Bethlehem drin.«

»Jetzt laß da daweil, liaba Mo!
Es geht ins ganz guat, werst as sehgn,
Was sei muaß, dös packt ma frisch o,
Und es werd ins na do scho nix gschehgn.«

So gengan sie naus bei da Tür.
D' Maria muaß langsama toa;
Es kam ihr bald selber so für,
Da Joseph ging gscheida alloa.

Vo Nazareth braucht ma ganz gwiß
Auf Bethlehem ummi sechs Stund,
Dös hoaßt, bal da Weg sauber is,
Und bal oana richti geh' kunnt.

So glangts auf koa Weit'n wohl net;
An Schuach und no drüba hot's gschneibt,
D' Maria bal hundert Schritt geht,
Is not, daß sie wieda steh' bleibt.

Es geht Buckel auf, Buckel o;
Am bessern wars dennascht im Wald,
Hat da Wind net gar so schiach to
Und war do net gar a so kalt.

Auf'n Mittag zua vespern s' a weng
Am Holz hiebei, glei neba'n Rand;
Sie müass'n, sinscht wurds eahna z' streng.
Und sie ess'n a Nudl mitnand.

An Joseph, den jammert's scho recht,
Und wia'r a d' Maria betracht',
Da sagt a: »Heunt geht's ins wohl schlecht,
Und Angscht hon i, daß 's da was macht.«

Sie zoagt eahm des freundlichste G'sicht
»Und,« sagt sie, »es feit net so weit,
Geh, Vata, was helft ins de G'schicht,
Weil 's Jammern ja aa nix bedeut'.«

Sehgt's, Leuteln, so tapfa is s' g'wen,
Koan Aug'nblick hat sie net greint,
Da kunnt'n de Weiba – was denn? –
A Beispiel dro hamm, wia's ma scheint.

No, daß i mei G'schicht füra bring, –
Sie hamm si so mitanand tröst'.
De Guatheit macht jede Sach' g'ring,
Da Unmuaß is oiwei des Größt.

Und wia sie so freundli dischkriern,
Do hört ma'r a wunderschöns G'läut
Und siecht oan a's Holz her kutschiern.
Da hot si da Joseph scho gfreut.

Der Schlitt'n, der kemma is, war
Vom reich'n Manasse, an Mo
Vo Nazareth. Da hat's koa G'fahr,
Daß d' Maria net aufsitz'n ko.

»He! Halt a weng! Sei do so guat!«
Schreit da Joseph. »Kunnts eppa sei',
Du siechst ja, wia's Weda heut tuat,
Gang's net, daß sie mit kam, de mei'?«

Der aba, der gibt gor it acht,
Er schnallt mit da Goaßl, und d' Ross',
De schiaß'n voro, und er lacht
Und zahnt recht und prahlt si no groß.

Mei Liaba, was ko ma da sag'n?
I sag grad, wer so eppas tuat,
Der is mit eahm selba scho gschlag'n,
Und selle Leut geht's it so guat.

Jetzt hockan s' halt wieda im Schnee.
Sagt d' Maria: »Ärger di net
Und hülf ma'r a wengl auf d' Höh!
Ma friert aa net so, bal ma geht.«

So waten s' drei Stund oda vier,
Und sie bleib'n gar oft wieda steh'.
Da Joseph vazagt. Er moant schier,
Sie kunnt's eahm bald nimma dageh'.

Es war aa scho nimma gar z' hell,
Und an schiach'n Neb'l hat's gmacht,
Und kam eahr de Dunkelheit z' schnell,
Was tean s' na im Wald bei da Nacht?

Da kimmt jetzt a Handwerksbursch her,
Draht si um, bleibt steh' und hat g'sagt:
»Es scheint, bei da Frau geht's net mehr,
Waar Not eppa gar, daß ma s' tragt.«

Da Joseph und er geb'n si d' Hand;
D' Maria hamm s' untersi g'faßt,
Und führen s' und trag'n s' mitanand
Und g'spürn kaam de heilige Last.

»Wo kemmts denn ös her und wer seids?«
»I arbet als Zimmamo drent
In Nazareth. Dös is a Kreiz,
Jetzt san ma acht Stund ummag'rennt.

Mir müass'ma 'r auf Bethlehem nei',
As Rentamt, du woaßt ja, gon zahl'n.
O mei, Mensch, i dank da halt fei',
Du tuast ma'r an richtinga Gfall'n!«

»Dös braucht's it. Es gschiecht ja recht gern.
Jetzt sollt ma'r an Äpfischnaps hamm,
Da wurd glei dei Frau wieda wern,
Derselbige richtet oan z'samm.«

So hamm sie halt mitanand g'redt,
Hamm d' Maria g'hebt und hamm s' trag'n.
Ja, Leut, bal s' den Helfa net hätt,
Waar's gfeit g'wen. Dös kon i enk sag'n.

Jetzt sehg'n sie scho Liachta im Tal;
Da drunt'n muaß Bethlehem sei'.
Da Handwerksbursch sagt: »Halt's amal,
I trau ma 'r in d' Stadt net ganz nei'.

Vo zweg'n de Standari, vasteht's,
Denn koane Papier hab i koa,
I moan, es is bessa, ös geht's
Auf Bethlehem eini alloa.«

Sie nehma Bfüad Good voranand,
D' Maria hot gar so liab g'lacht,
Und da Joseph druckt eahm sei Hand
Und hot eahm sei Danksagung g'macht.

Wer war ge der Bursch, liabe Leut?
Wie hoaßt a? Wia hot er si g'schrieb'n?
Mir wiss'ma's no net bis auf heut,
Es is ins koan Ausweis net blieb'n.

Du lüftiga Bursch auf da Roas',
Du host wohl koan Pfenning koa Geld
Und bist do da Reichst', den i woaß,
Und bist do da Reichst' auf da Welt!

Ja, bfüad di Good! Schwing no dein Huat!
Di derf koa Standari schinier'n!
Dir is insa Herrgott was guat,
Bei dem werst du gwiß nix valier'n!

Jetzt san ma in Bethlehem drin.
Wos werd eppa da alles gschehg'n?
Wos hamm s' eppa da alls an Sinn?
Ös Leuteln, mir wern's na scho sehg'n.

Gesang: Und dauß'd geht da Wind,
Geh, seids do guat g'sinnt!
So kalt kimmt's oan für,
Machts auf enka Tür!

»Wer klopft bei da Nacht?
Da werd net aufgmacht!
Gehts glei wieda zua
Und laßts ins in Ruah!«

»De Frau nehmts do gwiß,
Weil s' gar so arm is!
Sie wart' auf ihr Stund,
Sie geht ma sinscht z' Grund!

Und bal sie koa's hätt,
Na braucht sie koa Bett,
Es tats aa'r a so,
Kriagt s' grad an Schab Stroh.«

»Gehts weita! Gehts zua!
Und laßts ins in Ruah!
Mir hamma koan Gfalln
Mit Gäst, de schlecht zahln.«

Es sturmt und es schneibt,
Es wedat, es treibt,
Koa Mensch laßt s' net rei' –
Ja, darf denn dös sei?

Drittes Hauptstück: Da stenga de Zwoa jetzt am Tor,
Hamm freundli an Einlaß begehrt,
An Paß aba zoagn sie z'erscht vor.
So hot's a si selbigs Mal ghört.

Beim Rößlwirt oder im Lamm,
Da stell'n de vo Nazareth ei',
Da wer'n sie an Untaschluf hamm,
Da kunnt's no am leichtasten sei'.

Beim Rößlwirt san sie jetzt gwest;
Kimmt da Hausknecht mit da Latern.
»Wer is denn no dauß'd?« »Fremde Gäst,
Und a Liegastatt hätt'n mir gern.«

»Ja freili, sinscht fallt enk nix ei'?
Bei ins is scho voll,« sagt da Knecht,
»Ös kunnts ja no spata dro sei'!
Mir wart'n auf enk! Da habts recht.«

So red't a. So reden s' no heut,
De Hausknecht, ma kennt s' ja recht guat!
De hamm an da Grobheit a Freud',
Bal s' arbet'n, kemman s' in d' Wuat.

Ös Wirt, und i sag enk dessell:
Auf enkere Hausel derft's schaug'n,
Is jeda a hoanbuachna G'sell,
Und laßt's as no net aus de Aug'n!

Derselbig in Bethlehem haut
De Tür zua und sagt net guat Nacht.
Da Joseph hot grad a so g'schaut
Und hot si am Weg weita g'macht.

Beim Lamplwirt dauert's z'erscht lang,
Na rumpelt da Vizi daher
Und schreit bei da Tür raus im Gang:
»Bei ins gibt's koa Liegastatt mehr!«

Sie genga zum Bräu und auf d' Post,
Beim Schimmiwirt hamm s' zuawi g'schaut,
Zum goldna Horn, wo's so vui kost',
Da hamm s' a si net ani traut.

Na san s' no in d' Hirwa zum Bäck,
Beim Schuasta hamm s' aa'r amal gläut',
Und nacha beim Huaba am Eck,
Und nirgads hot's eahr wos bedeut'.

Da Joseph, der jammert halt recht:
»Es is ma ja gar net um mi,
Mir waar wohl koan Untastand z' schlecht,
Zweg'n meiner is net. Aba sie!

Maria, i woaß ma net z' rat'n,
Und 's Woana, dös kimmt ma glei o,
I siech's ja, du leid'st ma 'r an Schad'n,
Und daß i für gar nix sei ko.«

D' Maria is wohl a weng schwach
Und hot si vui g'sünda o'gstellt.
Sie sagt eahm: »Geh, Joseph, de Sach,
De is nöt dös Irgst auf da Welt.

Dös is halt jetzt heut amal so,
Mir find'n was, werst d'as scho sehg'n,
Und kriag i koa Bett, auf an Stroh,
Do bin i an öften scho g'leg'n.«

Da hot ihra Mo wieda glacht
Und sagt ihr: »Du bist scho so guat!
Und bal ma mit dir a weng spracht,
Da kriagt ma glei wieda an Muat.«

Und weil a si's g'ringa fürnimmt
Und frischa werd, fallt eahm wos ei'.
Ja, daß ma net glei auf dös kimmt!
»Zum Josias genga ma nei'!

Zum Josias geh' ma, woaßt d' was!
Jetzt san ma scho gwunna, dös geht.
Sie is ja a meinige Bas,
De wo aa dein Zuastand vasteht.

Jetzt renna ma so umanand
Und laff'n de halbe Stadt z'ruck,
Und hätt'n 's Loschi bei da Hand,
Bei'n Josias enta da Bruck!

I hab sie wohl lang nimma g'sehg'n,
Ganz gwiß so a simm an acht Jahr,
Paß auf, dera kemma mir g'leg'n,
Sie is a guat's Leut, dös is wahr.

O mei Good, i woaß no wia heunt,
Wia s' selbigsmal Hozet hamm g'macht,
Da Zaches, der war da nächst' Freund
Und hot ihr an Kammawag'n bracht.

Bei'n Kirchagang hot's so vui g'regn't.
Ma sagt, daß dös Reichtum bedeut',
No ja, was ma hört, san s' aa g'segn't,
Sie san scho recht geldige Leut.
Maria, paß auf, laß da sag'n,
Mei Basl, de kocht da ganz g'wiß
A Muas, und da kriagst d' was in Mag'n.
Na, daß i auf so was vagiß!«

So geht a dahi volla Freud,
»Und,« sagt a, »es braucht nix pressier'n,
Maria, jetzt laß da no Zeit,
Jetzt wiss'ma ja, wo ma loschier'n.«

O Joseph, wia kennst du de Welt?
Du host, scheint's, no weni dalebt
Mit selle Vawandte mit Geld,
Und was für an Ehr ma aufhebt.

Gesang:
    Wos eppa dös bedeut'
    Mit enk, ös reich'n Leut,
    Und enkern Geld?
    Müaßt's oiwei mehra spar'n,
    Müaßt's oiwei z'sammascharr'n
    Und müaßt's do außifahr'n
    Aus dera Welt!

Ös müaßt's ma's scho valaab'n,
I ho koan andern Glaab'n,
Als daß 's enk reut.
Kemmt's ös in d' Trucha nei',
Da seid's ös aa net fei',
Da werd's ös grad so sei'
Wia 'r ander Leut!

Drum denkt's, so lang als lebt's,
Wos ös de Arma gebt's,
Is net vaschwend't.
Ös habt's des Best davo,
So wia ma's hoffa ko,
Kriagt's ös den schönst'n Loh'
Amal da drent!

Viertes Hauptstück:
»Schaug hi!« sagt da Joseph und lacht,
»Bei'n Josias brennt no d' Latern,
Jetzt hot's a si wirkli guat g'macht,
Jetzt hamm ma z'letzt do no an Stern.

Und schaug no, wia schö is dös Haus!
Sechs Fensta herunt und fünf drob'n,
So reinli und sauba siecht's aus,
Da muaß ma mei Basl scho lob'n.

Jetzt wart no, i ziahg an da Schell'n,
Vom Ummasteh ham ma jetzt gnua,
De wer i ge außa rebell'n.
He Josias, mach amal zua!«

Sie hör'n bald, wia drob'n oana schreit:
»Wos is bei da stockfinstern Nacht?
Wer kimmt um a sellane Zeit?
Do werd koa Spetakel net g'macht!«

»Ja, grüaß di Good, Josias! Kimm
Und laß ins no g'schwind amal nei':
Du kennst mi ganz gwiß an da Stimm,
Mir kemma vo' Nazareth rei'.

Mir san heut scho lang auf da Roas',
Und suach'ma Loschi überall'n,
Und wia'r i z'letzt gar nix mehr woaß,
Da bist ma halt du no ei'gfall'n.«

»So moanst du? Da braucht's ja net mehr,
Jetzt geht's scho auf zehni bereits,
Da kamst du ganz oafach daher,
I woaß net amal, wer's ös seid's.«

»Da Joseph. Mir san do vawandt,
Und de Dei' is a Basl vo mir ...«
»Vo dem is mir gar nix bekannt,
Jetzt geht's amal weg vo da Tür!

I sag da des sell, bei da Nacht,
Da hab' i am liabern mei Ruah,
Da werd koa Bekanntschaft net g'macht,
Adjes! Und jetzt geht's amal zua!«

»Geh, Josias, bal a da's sag' ...«
»Nix sagst d' ma! I kenn di net, di,
Scho deratweg'n, weil i net mag,
Wo's d' her bist, da gehst wieda hi'!«

Jetzt kimmt no a Weibets dazua,
De tuat scho abscheili und schreit:
»A Ruah möcht' ma hamm, inser Ruah!
Was san da denn dös no für Leut!«

»A Vetta vo dir, hot a g'sagt ...«
»Wos Vetta? A sella, der kimmt
Und 's Sach na bei'n Haus außi tragt
Und selba nix hot und grad nimmt!

A Vetta! A so waar'n s' ma recht!
Ja, selle Verwandte gab's vui,
Wo jeda was brauchat und möcht
Und jeda was o'brocka wui.

Da gang oan d' Vawandtschaft net aus,
De fressat oan' arm, vor ma schaugt,
Koa sella kimmt net in mei Haus!
A Vetta! Dös hätt ma ge 'taugt!«

Sie hamm jetzt de Fensta zuag'schlag'n
Und wergeln und schimpfa no drin.
Da Joseph woaß gar nix zum sag'n,
Es is eahm ganz wunderli z' Sinn.

Er geht a paar Schritt auf da Straß',
D' Maria geht hinta eahm drei',
Sie siecht, seine Aug'n san eahm naß.
Wia kinna de Leut a so sei'?

Er wischt üba 's Gsicht mit da Hand.
»Maria, wos tean ma denn jetzt,
Wos trifft ins no alls mitanand,
Wos is ins no alles aufg'setzt?

Da soll na da Mensch net vazag'n
Und soll bei da Bravheit besteh'!
Bal's d' arm bist, muaßt d' alssamm vatrag'n,
Und alls muaß da üba si geh'!«

»A selle Red soll'n ma net führ'n,
Schau, Joseph, dös waar do a Sünd!
Mir brauchan koan Unmuaß net spür'n,
Ins is do des Schönste vakünd't.

I woaß wohl, du moanst ma's recht guat,
Grad weil a da gar so dabarm,
I hab do den fröhlichsten Muat
Und woaß ja, mir zwoa san net arm.«

Jetzt, wia no d' Maria so spracht,
Da kimmt üba d' Straß her a Mo;
Der fragt, was sie tean bei da Nacht
Und ob er s' net eppa führ'n ko.

Ös Leuteln, i bild ma dös ei,
I moan g'rad und woaß ja net g'wiß,
Dös sell kunnt an Eng'l g'wen sei,
Bal's eppa koa Mensch g'wesen is.

Ko sei oda net, er hot s' g'weist
Und hot si koan Ausred vagunnt,
Er hot si so richti befleißt,
Wia's an Engl net bessa toa kunnt.

Da drauß'd vor da Stadt war a Haus,
A Häusl war's, kloa und dafall'n,
Do sagt da Mo: »Simmei, kimm raus,
Geh außa und tua ma den G'fall'n!«

»Glei kimm i,« schreit oana vo drin,
Es dauert net lang, geht die Tür.
»De Leut hätt'n 's Dobleib'n an Sinn,
I moanat, es gang scho bei dir?«

Da Simmei, der kratzt si a weng
Z'erscht hinta de Ohr'n, sagt: »Am End
Gang's wohl, do bei mir is halt eng,
Wia waar's denn im Stall eppa drent?«

»Vagelt's Gott! Mir waar'n ja so froh,«
– Sagt da Joseph – »wann du ins nahmst
Und gabst ins a wengl a Stroh – –
Mir tat'n 's wohl aa, bal du kamst.«

»Ja, bleibt's no. I weiger mi net,
I woaß scho, wia's tuat, is ma 'r arm.
's is schod, daß 's herinna net geht,
Aba drent'n im Stall, da is warm.

Und 's Stroh hab i enk glei aufg'schütt',
A Heu kriagt's ma'r aa no dazua,
Da legt's enk ös eini a' d' Mitt',
Da habt's ös de allabest Ruah!«

»I woaß ja, da Simmei is recht,«
Sagt der ander, »bfüat enk Gott aa!
Ös sehgt's scho, ös habt's as it schlecht
Im Stall drinn auf enkera Strah.«

Da Simmei, der führt s' jetzt in Stall,
Und da Joseph b'steht eahm was ei'.
»Woaßt d',« sagt a, »bei ihr is da Fall,
Es kunnt no heut nacht eppas sei'.«

»O mei Gott, und muaß umanand!
Es is auf da Welt scho a Kreiz,
Jetzt bin i erst recht bei da Hand
Und hülf enk, weil's gar so arm seid's.«

Dös beste Stroh hot a aufg'straht,
Und schaugt, daß de Tür aa guat schliaßt,
Daß ja net koa Wind eina waht,
Und daß sie ja gar nix vodriaßt.

Na sagt a recht freundli: »Guat Nacht,
Ös Leut, und ös derft's ja it moan',
Ös hätt's ma'r an Arwat herg'macht,
Und an Umstand macht's ma'r ös koan'.

Guat Nacht jetzt und schlaft's ma recht guat
Und laßt's enk nix kümmern mitnand.
I woaß an mir selba, wia's tuat,
Und 's Armsei', dös is ma bekannt.«

Ja, Simmei, du host di scho brav,
Du host di scho richti o'gstellt!
Bal jeda so waar, den ma traf,
Na waar's da fei schö auf da Welt.

Gesang:
Es mag net finsta wer'n,
Es bleibt so hell,
Es rucken Mond und Stern
Net von da Stell.

Sie hamm wia Liachta brennt,
So still und klar,
Als waar dös Firmament
A Hochaltar.

Und 's is so wunderfei',
Wia's oba klingt!
Dös muaß da Herrgott sei,
Der 's Hochamt singt.

Fünftes Hauptstück: I denk ma, die selbige Nacht
War net, wia 'r a jede sei' kunnt,
I denk ma, die Welt is aufg'wacht
Und wart't auf de heiligste Stund.

Da Wind hot si lang scho valor'n,
Es laßt si koa Lüftl net spür'n,
Und allaweil staader is wor'n,
Es traut si koan Astl net z' rühr'n.

Und gang no a Mensch übers Feld,
Es tat eahm an Schnaufa vaheb'n,
Es hätt 'n am Weg eppas g'stellt
Und wußt si koa Rechenschaft z' geb'n.

Ma kennt's net, was is und wia's hoaßt,
Und 's is eppas rundumadum,
Und 's Herz klopft da schnella, und woaßt,
Wann's d' selba di fragst, net warum.

A diam is, als kam aus da Höh'
Vo hoamlinga Musi a Klang,
A diam is, als kam übern Schnee
Vo z'weitest a hoamlinga G'sang.

A Zeit'l, da is wieda staad,
Und fangt auf a neu's wieda o,
Als wann ma wo Orgl spiel'n tat
So fei, wia's herunt koana ko.

Es war scho a bsundere Nacht,
Und kam oan scho bald a so für,
Als waar da ganz Himmi aufg'macht,
Ma stand vor da offana Tür.

Und kunnt grad so eini. Koa Gschloß
Waar für, und da Eingang waar frei,
Und da Mond, der waar da so groß,
Als waar a vui nächa hiebei.

De Sternein, de hätt ma kaam kennt,
Sie flimmern net, scheina so klar,
So staad, wia 'r a Bergfeua brennt,
Daß oan scho grad feierli war.

Und wia si de Nacht so aufhellt,
Da Fuchs bleibt im Holz drinna steh',
Er hot seine Lauscha aufg'stellt
Und traut si koan Schritt nimma z' geh'.

In Bethlehem lieg'n wohl de Leut
A Stund oda zwoa scho im Bett.
Is g'scheida. De sell'n hätt's bloß g'reut,
Bal's eahna de Ruah gnumma hätt'.

Beim Josias hamm sie was g'spannt,
Es leucht eahna gar a so rei'
Und wirft eahna Liachta an d' Wand
Und macht in da Kamma an Schei'.

Sie is als de erste aufg'wacht
Und stößt ihran Josias o:
»Schaug außi, wia hell is de Nacht!«
Er brummt grad, es liegt eahm nix dro.

»Es werd do koa Feuer net sei?«
»Vo mir aus, bal's weita weg brennt,
I schlaf jetzt und misch mi net ei',
Scho weil ma de Leut gar it kennt.«

»Es is grad so licht wia 'r am Tag
Und is bloß da Mond und de Stern.«
»Vo mir aus, und is 's jetzt, wia's mag,
I sag da, i schlafet jetzt gern.«

Sie druckt's aba dennascht a weng,
Sie mag nimma gar so staad lieg'n,
Es werd in da Bettstatt ihr z' eng,
Sie is nacha do außag'stieg'n.

Und wia sie beim Fensta naus schaugt,
Da werd ihr so wunderli z'muat,
Es hot ihr scho gar nix mehr taugt,
Und 's is ihr scho gar nimma guat.

Sie legt si glei wieda a's Bett
Und draht si bald hin und bald her,
Als lag s' auf an stoa'hart'n Brett,
Von Schlafa is aa koa Red mehr.

»Du, Josias,« sagt s' auf amal,
»I moan, mir war'n do a weng grob,
Kunnt sei, und es waar glei da Fall,
Ma kriagat mit so was koa Lob.«

»Vo was,« fragt da Josias, »red'st?«
»No ja, vo de sell'n vo heut nacht,
I moan, bal's da s' aufgnumma hättst,
Es hätt ins net gar so vui g'macht.«

»So, moanst du? Da hab i scho gnua,
Jetzt hätt' sie d' Vawandtschaft an Sinn,
Mit selle Leut laß d' ma mei Ruah!
Mit selle Leut hot ma koan G'winn.«

»I ho vom Vawandtsei' nix g'sagt,
Es fallt ma no grad a so ei',
Und daß ma de Arma vajagt,
Werd aa net des Allaschönst sei'.«

»Bal wieda oa kemma, na g'halt s'
Und gib eahr und schenk eahr allssamm,
An Butta und Oar und a Schmalz,
Na wer'n ma bald selba nix hamm.

Denn bal amal dös oana gneißt,
Wia schö daß beim Josias is,
Und wia ma da 's Sach außi schmeißt,
Na hamm ma de Kundschaft ganz gwiß.

I mag net, dös will a da sag'n,
Do hot da mei Guatheit an End,
Und willst ma du 's Sach so vatrag'n,
Na laß a da nix mehr in d' Händ.«

Er hot si an d' Wand ummi draht,
Und sagt, daß a nix mehr hör'n möcht.
Sie brummelt no lang, aba staad,
Denn g'fall'n tuat ihr gar nix mehr recht.

Jetzt laß ma de zwoa beiranand,
Und schaug'n ins wos Schöners ge o,
Dös Streit'n, dös tat ins grad and,
Mir hamm ins scho gnua g'hört davo.

Sehgt's, weita vo Bethlehem drauß'd,
Da stengan drei Hütt'n im Feld,
In dena hamm d' Hüata drin g'haust
Und üba Nacht d' Schaf einig'stellt.

In oana, da is auf da Strah
Der selbige Handwerksbursch g'leg'n,
Er schlaft jetzt, und traamt hot er aa
Und hot eppas Wundaschön's g'sehg'n.

Woaßt scho, wia's an arma Mensch macht,
Geht wo bei de Großen was z'samm,
Er möcht grad a weng vo da Pracht
Und möcht vo da Freud eppas hamm.

Er stellt si vor d' Tür hi' und spitzt,
Und geht oana raus oda nei',
Na siecht a, wia's drinna aufblitzt,
Und kriagt vo dem Glanz aa 'r an Schei'.

So kimmt's jetzt dem Handwerksbursch für;
Es hot 'n an d' Höh aufig'hob'n,
Er steht vor da himmlischen Tür
Und schaugt umananda da drob'n.

Durch d' Klums'n durch schleicht si a Strahl,
Der glanzt scho, als waar a vo Gold,
Und Musi is drin in dem Saal,
Als wenn's oan' glei einiziahg'n wollt.

Es werd eahm so z'muat wia 'r an Kind,
Dös gar so aufs Christkindl wart',
Und drin is da Baam scho o'zünd't,
Und 's Drauß'nsteh' werd eahm so hart.

Auf oamal, da rüahrt si's am Tor,
Es werd eahm glei z'weitest aufg'macht.
Er halt si de Händ g'schwind davor,
So blend't oan dös Liacht und de Pracht.

Dös Silba! Dös Gold und de Stoa!
Und 's Sunnalicht hot so a G'walt!
Wer kunnt eppa d' Aug'n no auftoa,
Wia's funkelt und blitzt und wia's strahlt?

A Kini hot gwiß a schö's Haus,
A Reicha ko gwiß was vatrag'n,
Und haltet' do koana dös aus, –
Wos will erst an arma Mensch sag'n?

Und wia si da Handwerksbursch traut
Und blinzelt a weng umanand,
Do steht a vorm Herrgott und schaut,
Der gibt eahm ganz freundli sei' Hand.

»No, Hansei, wia g'fallt's da bei mir?
Kimmst aa 'r amal her?« hat a g'fragt,
»Und geh no ganz rei' bei da Tür,
Du derfst scho.« A so hot a g'sagt.

»Heut,« sagt a, »heut host ma fei g'fall'n,
Wer ander Leut hilft und dös tuat,
Dem hülf i aa gern überalln;
A sella, der hot's bei mir guat.«

Er klopft eahm auf d' Achsel und lacht,
Da Hansei, der danket eahm gern,
Do über dös is er aufg'wacht
Und siecht durch a Lucka an Stern.

Der leucht' eahm so hell und so klar
Und hot eahm a Botschaft vakünd't
Vo drob'n her, da wo 'r a jetzt war
Und wo 'r a scho wieda hi'find't.

– – Jetzt horcht a ... Dös is do koa Traam!
A Stimm ... und jetzt wieda ... Es tuat,
Als wenn's von da Höh oba kam ...
Jetzt hört ma's auf oamal ganz guat!

»Ös Hüata, kemmt's allesamm her!
Es schlagt enk de heiligste Stund,
Ja, Gott in da Höh sei de Ehr!
Und Frieden den Menschen herunt!«

Gesang: Und ko ma koa Bettstatt,
Und ko ma koa Wiagn,
Und ko ma koa Lei'tuch
Fürs Christkindl kriagn?

A Wiagn passat freili,
Da lieget's recht warm.
Woher solln s' as nehma?
De Leut san so arm!

Drum legn s' as in d' Kripp'n,
Drum legn s' as aufs Heu,
An Ochs und an Esel,
De stengan dabei.

Dös is für de Arma
A tröstliche G'schicht.
Sinscht hätt's insa Herrgott
Scho anderst ei'gricht'.

Sechstes
Hauptstück: Paßt's auf, und jetzt lass' ma 'r ins Zeit,
Mir müass'ma beim Simmei zuakehr'n
Und schaug'n, was 's im Stall eppa geit,
Und ob ma net gar eppas hör'n.

Es laßt si vo drinna nix g'wahr'n,
Vielleicht no, gab oana recht acht,
Er hörat an Ochs a weng scharr'n,
Wia 's Viech an da Kett'n oft macht.

De Leut is de Ruah wohl vagunnt,
Dös nimmt oan' na dennascht scho her,
A Marsch von a 'n acht a neun Stund,
Und g'spürt ma's beim Schnee no vui mehr.

Is guat für a jed's, bal ma schlaft,
Und is ja a Glück, bal ma's ko,
Ma kimmt do a weng zu da Kraft,
Und 's packt oan net gar a so o.

An Simmei hot's oiwei aufg'weckt.
Er draht si im Bett umadum,
Und bal er si wieda zuadeckt,
Er schlaft net und woaß net warum.

Er denkt eahm, was kunnt denn dös sei'?
Und was eahm denn heut so schiniert?
Er b'sinnt si und fallt eahm nix ei',
Und hot wieda 's Schlafa probiert.

Und wia's eahm net g'lingt, geht a raus.
Es treibt eahm vo selba a d' Höh,
Da siecht er den Glanz vor sein' Haus,
An Mond und de Stern überm Schnee.

Was is denn jetzt dös für a Ding,
Dös wo oan so b'sunderli macht?
Es werd oan so leicht und so g'ring
Und laßt oan koa Ruah bei da Nacht.

Vom Stall raus, da kimmt jetzt a Schei',
So hell, als wann's ei'wendi brennt.
Es werd do koa Feua net sei'!
Da Simmei is g'schwind ummi g'rennt.

Und hört scho a Stimm', – de is hell,
Is fei' wia 'r a Glock'n vo Gold,
Da is eahm scho glei auf da Stell,
Als wann er si niedaknian sollt.

Und hot's aa da Simmei net g'wißt,
Es is eahm so feierli wor'n.
Denn drin liegt da heilige Christ,
Denn drin is da Heiland gebor'n.

Und jetzt! Was dös am Himmi war!
Als wenn de Kirz'n am Altar
Da Mesna o'zünd't – da – jetzt durt –
Oans nach dem andern brenna s' furt –
So leucht'n d' Stern auf – oiwei mehr.
Auf oamal braust's von ob'n her,
Als wia von hundert Orgeln klingt's,
Als wia vo tausad Harfa singt's,
Und Engelstimma wundafei',
De klingan drei'.
Halleluja! Halleluja!
Und vo da Weit'n, vo da Näh
Und vo herunt bis z'höchst in d' Höh,
Und tuat bald laut, und bald vaschwimmt's

Ganz ob'n, und wieda runta kimmt's.
Halleluja!
Und in den hellen Jubelg'sang,
Im Orgel- und im Harfaklang
Hat jetzt
A tiafe Stimm o'g'setzt
Mit G'walt,
So wia 'r a Glock'n hallt:
»Kommt alle z'samm!
Ihr braucht koa Furcht net hamm!
Die höchste Freud wird euch verkünd't,
Im Stall dort liegt das Christuskind.
So hat die Nacht
Den Heiland bracht
Zu dieser Stund.
Ehre sei Gott in der Höh'
Und Frieden den Menschen herunt!«

Da werd's jetzt mit oan wieda staad,
Vorbei is mit Musi und G'sang.
A paarmal is grad, als vawaht
Da Wind no vo z'weitest an Klang.

Da Simmei kniat no dort im Schnee
Und lust, aba hört scho nix mehr.
Jetzt kemman vo drent über d' Höh
De selbigen Hüata daher.

Sie war'n aa no ganz ausanand,
Bei eahr war dös nämli da Fall,
Da Simmei nimmt s' staad bei da Hand
Und geht mit eahr eini in Stall.

Sie schleichen auf g'nagelte Schuah.
Da Simmei, der geht a weng für
Und mahnt no an jed'n zu da Ruah.
Jetzt bleib'n s' alle steh' bei da Tür.

De selln, de wo weita hint war'n,
De hamm si auf d' Zechaspitz g'stellt.
Vor eahna, da liegt drin im Barr'n
A Kindl, – da Heiland der Welt.

So nackt und so arm hamm s' 'n g'sehg'n.
Im Barr'n war an aufg'häufelts Stroh.
Und 's Kind is ganz ruhig drauf g'leg'n.
Es woant net und schaugt grad a so.

Es hot sie mit Stolz und mit Pracht
Und Herrlichkeit gwiß net vaführt
Und hot do a sellane Macht!
A jeda hot's ei'wendi g'spürt.

Und wia s' a si niedakniat hamm, –
Vo de hot si koana vastellt,
Sie falt'n de Händ alle z'samm,
De war'n a weng starr vo' da Kält.

Sie bringan als Erste eahm dar
De Wünsch für a Glück ohne End',
Net groß, aba ehrli und wahr,
So wia's halt an arma Mensch kennt.

Na gengan sie staad wieda naus
Und wischpern a weng mitanand.
Ziahgt jeda sein Geldbeutel raus
Und druckt was an Simmei in d' Hand.
Sie geben's fürs Kind so gern her,
Und bal dös erst größa wor'n is,
Na woaß's scho, sie hamm halt net mehr,
Es kennt de guat Meinung scho g'wiß.

Sie nehman Bfüad Good voranand
Und gengan na hoam durch de Nacht.
In Bethlehem hot ma nix g'spannt,
Vo dena is neamad aufg'wacht.

Und geht's ös in d' Mett'n, ös Leut,
Na roat's enk de G'schicht a weng z'samm!
Und fragt's enk, ob dös nix bedeut',
Daß 's Christkind bloß Arme g'sehg'n hamm.

* * * * * * *

Heilige Nacht
Ludwig Thoma

So war der Herr Jesus geboren
im Stall bei der kalten Nacht.
Die Armen, die haben gefroren,
den Reichen war's warm gemacht.

Sein Vater ist Schreiner gewesen,
die Mutter war eine Magd,
Sie haben kein Geld besessen,
sie haben sich wohl geplagt.

Kein Wirt hat ins Haus sie genommen;
sie waren von Herzen froh,
daß sie noch in Stall sind gekommen.
Sie legten das Kind auf Stroh.

Die Engel, die haben gesungen,
daß wohl ein Wunder geschehn.
Da kamen die Hirten gesprungen
und haben es angesehn.

Die Hirten, die will es erbarmen,
wie elend das Kindlein sei.
Es ist eine G'schicht für die Armen,
kein Reicher war nicht dabei.

* * * * * * *

Weihnachten
Ludwig Thoma

Christabend.
Knirschender Schnee.
Eisige Blumen
An allen Fenstern.
Wie sitzt es sich wohlig
Im warmen Zimmer
Hinter der dampfenden
Punschterrine,
Lachende Augen um mich herum.
Fröhliche Worte
Und frohe Herzen.
Ei, Kinder, wie ist das behaglich!
Da wird einem warm,
Ruft Erinnerung wach
An die helle, freundliche Jugendzeit.
Und weißt du es noch?
Und wie 's damals war
In dem alten, traulichen Försterhaus?
Das will ich erzählen.
In der Winternacht,
Die Berge wie riesige Zuckerhüte,
Mit Demanten bestreut,
Und alle die Tannen
Mit Reif bedeckt,
Ein Glitzern und Flimmern
Um Strauch und Baum,
Als hätten die Englein,
Den Herrn zu ehren,
Viel tausend Lichter
Rings aufgesetzt.
Und die Sterne funkeln
So mild und hell.
Drinnen im Haus
Die kleine Schar
Erwartungsfreudig, voll Ungeduld.

Da führt uns die Mutter
Zum Fenster hinan.
In banger Scheu
Blicken die glänzenden Kinderaugen
In das Glitzern und Flimmern,
In die schweigende Nacht.
Und horcht!
Ein Singen und Klingen
Geht durch die Luft,
Christkindlein kommt,
Christkindlein zieht durch den Wald,
Wie klopfen die Herzen!
Wie glühen die Wangen!
Schon ist es da,
Öffnet die Tür,
Und im hellen Schein
Strahlet wieder der Weihnachtsbaum!
Jubelnde Stimmen.
Glückliche Kinder.
Wißt Ihr es noch?
Wißt Ihr, wie 's damals war?
Stille wird es im Kreise,
Und in jedem erwacht
Mächtig Erinnerung
An die helle,
An die sonnige Jugendzeit.
Alle schweigen. Nur eine spricht,
Nur ein älteres Fräulein spricht.
Seufzend sagt sie, wer so erzählt,
Hat doch eigentlich ein Gemüt,
Und er sollte, sobald es geht,
Sich verheiraten.

* * * * * * *

Christrose
Mathilde Leonhardt

Zart, mit weißem Blumensterne
Aufgeblüht zur Weihnachtszeit, —
O, wie schau' ich dich so gerne
An dem Hange, tiefverschneit;
Halm und Blum' nicht zum Gesellen,
Rauh umweht von Sturm und Wind,
Sprossest du an eis'gen Stellen,
Mondenlichtgebornes Kind!

Doch, ob Sturm und Wind auch wütet,
Aufwärts steigt dein leiser Duft,
Wunderblume, gottbehütet
Blühst du über Hang und Kluft;
Blühst, bis Frühlingsahnen endet
All die bange Winterruh';
Blühst, bis sich die Sonne wendet
Neuem Auferwecken zu.

Und wenn sich in dunkeln Stunden
Nirgends eine Hilfe zeigt,
Wenn sich nirgends Trost gefunden
Und die Nacht herniedersteigt,
Schaut mein Auge tröstend milde
Gläub'gen Hoffens gold'nen Stern,
Sagt Christrose mir im Bilde:
Hilfe naht im Leid vom Herrn!

* * * * * * *

Die Legende vom Tannenbaum
Marx Möller

In der Bergpredigt, wie bei Matthäus zu lesen,
ist auch von Bäumen die Rede gewesen.
Der Heiland hatte gesagt, dass Feigen
nicht reifen können auf Diestelzweigen,
dass Trauben nicht wüchsen am Dornenhange,
und dass der Baum, der nicht Früchte trage,
zu nichts wert erscheine auf Erden,
als abgehauen und verbrannt zu werden.

Und als er geendet, da ist schon bald
ein Streiten entstanden im nahen Wald.
Die Diesteln, welche die Rede gehört,
waren über die Maßen empört
und haben so recht überlegen gesagt:
"Wir haben noch immer den Eseln behagt!"
Die Dornen reckten die scharfen Spitzen
und sagten: "Das lassen wir nicht auf uns sitzen!"
Die gelben, aufgedunsenen feigen
zeigten ein sattes, blasiertes Schweigen,
und die Trauben blähten sich gar nicht schlecht
und knarrten geschwollen "So ist es recht!"

Nur ein zierlicher Tannenbaum
stand verschüchtert, rührte sich kaum,
horchte nicht auf das Rühren und Klagen,
hat sich still und bescheiden betragen
und dachte und dachte in einem fort
an des Heilandes richtendes Wort.
Er fühlte sich ganz besonders getroffen;
er hatte kein Recht, auf Gnade zu hoffen;
die erste Axt musste ihn zerschlagen;
er wusste nur Tannenzapfen zu tragen;
Früchte hatte er nie gebracht,
das hatte ihn niedergeschlagen gemacht.

Als sich nun aber die Sonne versteckt
und tiefes Dunkel die Erde deckte,
und, ermüdet von Reden und Klagen,
die anderen Bäume im Schlummer lagen,
wollte er nichts vom Schlummer wissen,
hat die Wurzeln aus dem Erdreich gerissen,

und unbemerkt in der stillen Nacht
hat er sich auf den Weg gemacht,
um nach dem strengen Heiland zu gehen
und milderes Urteil sich zu erflehen.
Und als er nach mühseligen Stunden
endlich den langen Gesuchten gefunden
und ihm sein Leid recht herzlich geklagt,
da hat der Heiland lächelnd gesagt:
"Wisse, daß seit Beginn der Welt
ein jeglicher Fluch seinen Segen enthält,
und dass in jeglichem Segensspruch
verborgen liegt ein heimlicher Fluch!
Den Feigen brachte nur Fluch mein Segen,
weil sie jetzt sündigen Hochmut hegen;
die Trauben haben mir nicht gedankt,
die haben nur mit den Dornen gezankt;
die Disteln ließen sich nicht belehren,
die konnten den Fluch nicht zum Segen kehren;
du aber hast dich besser bedacht!
Du hast aus dem Fluch einen Segen gemacht!
Und dein Bittgang sei nicht umsonst gewagt!
Zwar - was gesagt ist, das bleibt gesagt.
Dein Schicksal ist jetzt nicht mehr zu trennen
vom Abhau'n und im Ofen-Verbrennen;
aber: ich will dich erheben und ehren,
ich will einen rühmlichen Tod dir bescheren!
Dich soll kein Winterschlaf traurig umschließen!
Ein doppeltes Leben sollst du genießen!
Und auf deinen zierlichen Zweigen
sollen die herrlichsten Früchte sich zeigen,
soll man Lichter und Zierat schaun!
Freilich - erst wenn du abgehaun!
Sei wie ein Held, der für andere leidet,
der in blühender Jugend strahlend verscheidet.
Damit dein Leben, das kurze, doch reiche,
meinem irdischen Wandel gleiche!
Du sollst ein Bote des Friedens sein!
Du sollst glänzen im Heiligenschein!
Den Kindern sollst du Freude verkünden!
Den Sünder wecken aus seinen Sünden!
Gesang und Jubel soll dich umtönen!
Mein lieblichstes Fest, sollst Du lieblich verschönen!
Du bist von allen Bäumen hienieden
der gesegnetste! - Zieh hin in Frieden.

Winternacht
Christian Morgenstern

Es war einmal eine Glocke,
die machte baum, baum.
Und es war einmal eine Flocke,
die fiel dazu wie im Traum.

Die fiel dazu wie im Traum ...
Die sank so leis hernieder
wie ein Stück Engleingefieder
aus dem silbernen Sternenraum.

Es war einmal eine Glocke,
die machte baum, baum.
Und dazu fiel eine Flocke,
so leise wie im Traum.

So leis als wie ein Traum.
Und als vieltausend gefallen leis,
da war die ganze Erde weiß,
als wie von Engleinflaum.

Da war die ganze Erde weiß,
als wie von Engleinflaum.

* * * * * * *

Das Weihnachtsbäumlein
Christian Morgenstern

Es war einmal ein Tännelein
mit braunen Kuchenherzlein
und Glitzergold und Äpflein fein
und vielen bunten Kerzlein:
das war am Weihnachtsfest so grün
als fing es eben an zu blühn.

Doch nach nicht gar zu langer Zeit,
da stands im Garten unten
und seine ganze Herrlichkeit
war, ach, dahingeschwunden.

Die grünen Nadeln war´n verdorrt
die Herzlein und die Kerzen fort.
Bis eines Tags der Gärtner kam
den fror zu Haus im Dunkeln,

und es in seinen Ofen nahm-
Hei! Tats da sprühn und funkeln!
Und flammte jubelnd himmelwärts
in hundert Flämmlein in Gottes Herz.

* * * * * * *

Die drei Spatzen
Christian Morgenstern

In einem leeren Haselstrauch
Da sitzen drei Spatzen, Bauch an Bauch.
Der Erich rechts und links der Franz
Und mittendrin der freche Hans.
Sie haben die Augen zu, ganz zu,
und oben drüber da schneit es, hu.
Sie rücken zusammen, dicht an dicht.
So warm wie der Hans hat's niemand nicht.
Sie hören alle drei ihrer Herzlein Gepoch
Und wenn sie nicht weg sind, so sitzen sie noch.

* * * * * * *

Wenn es Winter wird
Christian Morgenstern

Der See hat eine Haut bekommen,
so dass man fast drauf gehen kann,
und kommt ein großer Fisch geschwommen,
so stößt er mit der Nase an.
Und nimmst du einen Kieselstein
und wirfst ihn drauf, so macht es klirr
und titscher, titscher, titscher dir ...
Heißa, du lustiger Kieselstein!
Er zwitschert wie ein Vögelein
und tut als wie ein Schwälblein fliegen,
doch endlich bleibt mein Kieselstein
ganz weit, ganz weit auf dem See .draußen liegen.
Da kommen die Fische haufenweis
und schaun durch das klare Fenster von Eis
und denken, der Stein wär etwas zu essen;
doch so sehr sie die Nase ans Eis auch pressen,
das Eis ist zu dick, das Eis ist zu alt,
sie machen sich nur die Nasen kalt.
Aber bald, aber bald,
werden wir selbst auf eignen Sohlen
hinausgehn können und den Stein wiederholen.

* * * * * * *

Novembertag
Christian Morgenstern

Träumen Mensch und Erde,
Nebel hängt wie Rauch ums Haus,
drängt die Welt nach innen;
ohne Not geht niemand aus,
alles fällt ins Sinnen.

Leiser wird die Hand, der Mund,
stiller die Gebärde;
heimlich wie auf Meeresgrund,
träumen Mensch und Erde.

* * * * * * *

Weihnacht
Hugo von Hofmannsthal

Weihnachtsgeläute
Im nächtigen Wind ...
Wer weiß, wo heute
Die Glocken sind,
Die Töne von damals sind?

Die lebenden Töne
Verflogener Jahr'
Mit kindischer Schöne
Und duftendem Haar,
Mit tannenduftigem Haar,

Mit Lippen und Locken
Von Träumen schwer? ...
Und wo kommen die Glocken
Von heute her,
Die wandernden heute her?

Die kommenden Tage,
Die wehn da vorbei.
Wer hörts, ob Klage,
Ob lachender Mai,
Ob blühender, glühender Mai? ...

* * * * * * *

Kriegsweihnacht 1916
Paul Keller

Und wenn auch nichts mehr auf Erden wär
Und alles freude- und liebeleer:
Es blieben die Sterne in dunkler Nacht,
Es blieben die Berge in weißer Pracht,
Es bliebe der selige Kindertraum
Vom Gabentisch und vom Tannenbaum,
Es blieb Weihnachten!
Wollen alle in Demut trachten,
Vor dem schlummernden Jesulein
Stille Kinder der Not zu sein.

* * * * * * *

Wald-Weihnacht
Regine Merkle

Tief verschneit sind alle Wege
durch den dunklen Tannenwald.
Von dem nahen Dorf herüber
s'Christglöcklein herüberhallt.

Rastlos stapft ein armer Wandrer
durch die tief verschneite Bahn:
Er hört auch die Glocken läuten
und er hält ein wenig an.

Er kann nirgends Weihnacht feiern,
arm ist er und heimatlos,
seine Eltern ruhn im Grabe,
ärmlich fiel sein Erdenlos.

Weit zurück fliegt sein Gedanke
in die Jugendzeit zurück,
wo er einst am kleinen Bäumchen
strahlend stand im Kinderglück.

Dicht am Wald steht eine Tanne,
in dem Mondlicht glänzt das Eis
funkelnd wie demantne Kerzen:
Schönes Bild: Grün, silbern, weiß!

Ob die traute Weihnachtsglocke
bis ins Herz dem Wandrer hallt?
Schweigend faltet er die Hände:
Er hält Weihnacht hier im Wald.

* * * * * * *

Die hohen Tannen atmen
Rainer Maria Rilke

Die hohen Tannen atmen heiser
im Winterschnee, und bauschiger
schmiegt sich sein Glanz um alle Reiser.
Die weißen Wege werden leiser,
die trauten Stuben lauschiger.

Da singt die Uhr, die Kinder zittern:
im grünen Ofen kracht ein Scheit
und stürzt in lichten Lohgewittern, -
und draußen wächst im Flockenflittern
der weiße Tag zu Ewigkeit.

* * * * * * *

Der Abend kommt
Rainer Maria Rilke

Der Abend kommt von weit gegangen
durch den verschneiten, leisen Tann.
Dann presst er seine Winterwangen
an alle Fenster lauschend an.

Und stille wird ein jedes Haus;
die Alten in den Sesseln sinnen,
die Mütter sind wie Königinnen,
die Kinder wollen nicht beginnen
mit ihrem Spiel. Die Mägde spinnen
nicht mehr. Der Abend horcht nach innen,
und innen horchen sie hinaus.

* * * * * * *

Es gibt so wunderweiße Nächte
Rainer Maria Rilke

Es gibt so wunderweiße Nächte,
drin alle Dinge Silber sind.
Da schimmert manchen Stern so lind,
als ob er fromme Hirten brächte
zu einem neuem Jesuskind.

Weit wie mit dichtem Diamantenstaube
bestreut, erscheinen Flur und Flut,
und in die Herzen, traumgemut,
steigt ein kapellenloser Glaube,
der leise seine Wunder tut.

* * * * * * *

Der Heiland
Hermann Hesse

Immer wieder wird er Mensch geboren,
spricht zu frommen, spricht zu tauben Ohren,
kommt uns nah und geht uns neu verloren.
Immer wieder muss er einsam ragen,
aller Brüder Not und Sehnsucht tragen,
immer wird er neu ans Kreuz geschlagen.
Immer wieder will sich Gott verkünden,
will das Himmlische ins Tal der Sünden,
will ins Fleisch der Geist, der ewige, münden.
Immer wieder, auch in diesen Tagen,
ist der Heiland unterwegs zu segnen,
unseren Ängsten, Tränen, Fragen, Klagen
mit dem stillen Blicke zu begegnen,
den wir doch nicht zu erwidern wagen,
weil nur Kinderaugen ihn ertragen.

* * * * * * *

Advent
Rainer Maria Rilke

Es treibt der Wind im Winterwalde
die Flockenherde wie ein Hirt
und manche Tanne ahnt wie balde
sie fromm und lichterheilig wird.
Und lauscht hinaus: den weißen Wegen
streckt sie die Zweige hin – bereit
und wehrt dem Wind und wächst entgegen
der einen Nacht der Herrlichkeit.

* * * * * * *

Weihnachtstrost
Regine Merkle

Siehst du, wie die weißen Flocken
dicht vom Himmel niederwallen?
Hörst du auch die Weihnachtsglocken
durch die Nacht bis zu dir hallen?
Glocke spricht: Laß Schmerz und Leid,
freue dich der Weihnachtszeit!

Hörst den Tannenbaum du knisternd?
Wie die trauten Kerzen funkeln!
Kannst du hören, wie sie flüstern:
Nimmer bist du in dem Dunkeln!
Darum, o verzage nicht!
Glänzt dir doch das Weihnachtslicht!

Kannst du auch das Christkind sehen,
segnend in dem weißen Kleide?
Hoch kommt es von Himmelshöhen,
bringt auch dir die Weihnachtsfreude!
Sagt zu dir mit sanftem Blick:
Weihnachts-Segen, Weihnachts-Glück!

* * * * * * *

Weihnachten
Hermann Hesse

Ich sehn' mich so nach einem Land
der Ruhe und Geborgenheit
Ich glaub', ich hab's einmal gekannt,
als ich den Sternenhimmel weit
und klar vor meinen Augen sah,
unendlich großes Weltenall.
Und etwas dann mit mir geschah:
Ich ahnte, spürte auf einmal,
dass alles: Sterne, Berg und Tal,
ob ferne Länder, fremdes Volk,
sei es der Mond, sei's Sonnnenstrahl,
dass Regen, Schnee und jede Wolk,
dass all das in mir drin ich find,
verkleinert, einmalig und schön
Ich muss gar nicht zu jedem hin,
ich spür das Schwingen, spür die Tön'
ein's jeden Dinges, nah und fern,
wenn ich mich öffne und werd' still
in Ehrfurcht vor dem großen Herrn,
der all dies schuf und halten will.
Ich glaube, dass war der Moment,
den sicher jeder von euch kennt,
in dem der Mensch zur Lieb' bereit:
Ich glaub, da ist Weihnachten nicht weit!

* * * * * * *

In Weihnachtszeiten
Hermann Hesse

In Weihnachtszeiten reis' ich gern
Und bin dem Kinderjubel fern
Und geh' in Wald und Schnee allein.
Und manchmal, doch nicht jedes Jahr,
Trifft meine gute Stunde ein,
Daß ich von allem, was da war,
Auf einen Augenblick gesunde
Und irgendwo im Wald für eine Stunde
Der Kindheit Duft erfühle tief im Sinn
Und wieder Knabe bin...

Heilige Nacht
Erich Mühsam

Geboren ward zu Bethlehem
ein Kindlein aus dem Stamme Sem.
Und ist es auch schon lange her,
seit's in der Krippe lag,
so freun sich doch die Menschen sehr
bis auf den heutigen Tag.
Minister und Agrarier,
Bourgeois und Proletarier –
es feiert jeder Arier
zu gleicher Zeit und überall
die Christgeburt im Rindviehstall.
(Das Volk allein, dem es geschah,
das feiert lieber Chanukah.)

* * * * * * *

Weihnachten
Erich Mühsam

Nun ist das Fest der Weihenacht,
das Fest, das alle glücklich macht,
wo sich mit reichen Festgeschenken
Mann, Weib und Greis und Kind bedenken,
wo aller Hader wird vergessen
beim Christbaum und beim Karpfenessen; – –
und groß und klein und arm und reich –
an diesem Tag ist alles gleich.
So steht's in vielerlei Varianten
in deutschen Blättern. Alten Tanten
und Wickelkindern rollt die Zähre
ins Taschentuch ob dieser Märe.
Papa liest's der Familie vor,
und alle lauschen und sind Ohr ...
Ich sah, wie so ein Zeitungsblatt
ein armer Kerl gelesen hat.
Er hob es auf aus einer Pfütze,
daß es ihm hinterm Zaune nütze.

* * * * * * *

Weihnachtslied
Erich Mühsam

O Tannenbaum, o Tannenbaum –
sechs Zweiglein sind dein Alles.
So klein und dürr - man sieht dich kaum;
du hast in einem Stiefel Raum.
O Tannenbaum, o Tannenbaum,
du Sinnbild unsres Dalles!

O Weihnachtsmann, o Weihnachtsmann –
du gehst vorbei ins Weite.
Hast ein zerfetztes Röcklein an,
bringst nichts, was Kinder freuen kann.
O Weihnächtsmann, o Weihnachtsmann,
auch dein Geschäft ist pleite.

O stille Nacht, o heilige Nacht –
in ungeheizter Stube!
Das Christkind hat sich fortgemacht.
Es schläft das Recht, die Feme wacht.
O stille Nacht, o heilige Nacht,
o Wulle und o Kube!

O Friedensfest, o Liebesfest –
in Not und Angst Millionen! '
Und wer sich's nicht gefallen lässt,
den setzt die Republike fest.
O Friedensfest, o Liebesfest –
meim Rumfutsch oder Bohnen.

O Weihnachtszeit, o selige Zeit –
es hungern selbst die Flöhe. –
Doch ob nach Milch der Säugling schreit,
der Stahlhelmbund steht putschbereit. –
O Weihnachtszeit, o selige Zeit –
Hosianna in der Höhe!

* * * * * *

Weihnacht
Rudolf Alexander Schröder

Wir harren, Christ, in dunkler Zeit,
gib deinen Stern uns zum Geleit
auf winterlichem Feld.

Du kamest sonst doch Jahr um Jahr,
nimm heut auch unsre Armut wahr
in der verworrnen Welt.

Es geht uns nicht um bunten Traum
von Kinderlust und Lichterbaum;
wir bitten: Blick uns an

und lass uns schaun dein Angesicht,
drin jedermann, was ihm gebricht ,
gar leicht verschmerzen kann.

Es darf nicht immer Friede sein.
Wer`s recht begreift, der gibt sich drein ,
hat jedes seine Zeit.

Nur deinen Frieden, lieber Herr,
begehren wir je mehr und mehr,
je mehr die Welt voll Streit

* * * * * * *

Thüringer Weihnacht
Leopold Sadee

Wenn die Weihnacht kommt und das Flöcklein schallt,
Dann denk' ich an meinen Thüringer Wald:
Am Waldhaus schaut' ich ihn manches Mal
Vom Inselsberg zum Schwarzatal.
Immer neu beschneite Räume,
Hunderttausend Weihnachtsbäume;
Winter bracht Über Nacht
Eis- und Schnee und Reises Pracht.

Bis zur Bescherung ist's nicht lang?
Früh naht der Sonnenuntergang.
Auf einmal glüht der Weiße Wald
In Himmelsfarben mannigfalt,
Gold umlagert Bergeskämme,
Purpurn stehn die Tannenstämme –
Waldes Bild, Herb und mild,
Blau und rosa Schneegefild.

O sag, wer hätt' in Sommers Pracht
An solchen Farbenflor gedacht?
Zwischen den Zweigen ein Feuerball,
Spiegelt die Sonn' sich im Kristall.
Zapfen Eis von Gold umbogen,
Andre bunt wie Regenbogen –
Märchenschein? Nein, o nein:
Heute soll die Weihnacht sein!

Der Winter sprach: Nun geht nach Haus!
Ich lösch' ein Licht nach dem andern aus.
Die Sonne muss noch andre Leut'
Zur Weihnachtszeit bedenken heut.
Aber morgen, zur selbigen Stunde,
Wenn sie vollendet die Christgangsrunde:
Hier im Tann Steckt sie dann
Neu die Weihnachtslichter an.

* * * * * * *

Gehüllt in Watte weiß und rein
Die Tannen standen im Abendschein.
Hoch über den Kronen lugt von fern
In Berg und Wald der Abendstern.
Winkt den Kameraden leise,
Singen hell die alte Weise:
„Stille Nacht, Heilige Nacht!"
Unvergessliche Weihnachtspracht!

* * * * * * *

Lied im Advent
Hermann Claudius

Immer ein Lichtlein mehr
im Kranz, den wir gewunden,
dass er leuchte uns so sehr
durch die dunklen Stunden.

Zwei und drei und dann vier!
Rund um den Kranz welch ein Schimmer,
und so leuchten auch wir,
und so leuchtet das Zimmer.

Und so leuchtet die Welt
langsam der Weihnacht entgegen.
Und der in Händen sie hält,
weiß um den Segen!

* * * * * * *

Altbayrische Weihnachten
F.X. Rambold

Auf an goldigen Schimmi
reit´s Christkindl vom Himmi,
hat a Sackl guati Sach´n,
daß die Kinder grad lach´n.

Und der Schnee tuat glitz´n,
und die Stern, die tean blitz´n.
Und die Kerz´n im Dunkeln,
ganz absunderlich funkeln.

Was hat dös zu bedeuten,
daß die Glock´n so läuten
und die Büchs´n so krachen
und a Mordsmett´n machen?

Horch! Da hört man was singa
und a Musi tuat klinga:
O du heilige Nacht,
hast uns´s Christkindl bracht!

* * * * * * *

Vorfreude auf Weihnachten
Joachim Ringelnatz

Ein Kind - von einem Schiefertafel-Schwämmchen
Umhüpft - rennt froh durch mein Gemüt.

Bald ist es Weihnacht! - Wenn der Christbaum blüht,
Dann blüht er Flämmchen.
Und Flämmchen heizen. Und die Wärme stimmt
Uns mild. - Es werden Lieder, Düfte fächeln. –
Wer nicht mehr Flämmchen hat, wem nur noch Fünkchen glimmt,
Wird dann doch gütig lächeln.

Wenn wir im Traume eines ewigen Traumes
Alle unfeindlich sind - einmal im Jahr! –
Uns alle Kinder fühlen eines Baumes.

Wie es sein soll, wie's allen einmal war.

* * * * * * *

Weihnachten
Joachim Ringelnatz

Liebeläutend zieht durch Kerzenhelle
Mild, wie Wälderduft, die Weihnachtszeit,
und ein schlichtes Glück streut auf die Schwelle
schöne Blumen der Vergangenheit.

Hand schmiegt sich an Hand im engen Kreise,
und das alte Lied von Gott und Christ
bebt durch Seelen und verkündet leise,
dass die kleinste Welt die größte ist.

* * * * * * *

Die Weihnachtsfeier
des Seemanns Kuttel Daddeldu
Joachim Ringelnatz

Die Springburn hatte festgemacht
Am Petersenkai.
Kuttel Daddeldu jumpte an Land,
Durch den Freihafen und die stille heilige Nacht
Und an dem Zollwächter vorbei.
Er schwenkte einen Bananensack in der Hand.
Damit wollte er dem Zollmann den Schädel spalten.
Wenn er es wagte, ihn anzuhalten.
Da flohen die zwei voreinander mit drohenden Reden.
Aber auf einmal trafen sich wieder beide im König von Schweden.

Daddeldus Braut liebte die Männer vom Meere,
Denn sie stammte aus Bayern.
Und jetzt war sie bei einer Abortfrau in der Lehre,
Und bei ihr wollte Kuttel Daddeldu Weihnachten feiern.

Im König von Schweden war Kuttel bekannt als Krakehler.
Deswegen begrüßte der Wirt ihn freundlich: „Hallo old sailer!"
Daddeldu liebte solch freie, herzhafte Reden,
Deswegen beschenkte er gleich den König von Schweden.
Er schenkte ihm Feigen und sechs Stück Kolibri
Und sagte: „Da nimm, du Affe!"
Daddeldu sagte nie „Sie".
Er hatte auch Wanzen und eine Masse
Chinesischer Tassen für seine Braut mitgebracht.

Aber nun sangen die Gäste „Stille Nacht, Heilige Nacht",
Und da schenkte er jedem Gast eine Tasse
Und behielt für die Braut nur noch drei.
Aber als er sich später mal darauf setzte,
Gingen auch diese versehentlich noch entzwei,
Ohne daß sich Daddeldu selber verletzte.

Und ein Mädchen nannte ihn Trunkenbold
Und schrie: er habe sie an die Beine geneckt.

Aber Daddeldu zahlte alles in englischen Pfund in Gold.
Und das Mädchen steckte ihm Christbaumkonfekt
Still in die Taschen und lächelte hold
Und goß noch Genever zu dem Gilka mit Rum in den Sekt.

Daddeldu dacht an die wartende Braut.
Aber es hatte nicht sein gesollt,
Denn nun sangen sie wieder so schön und so laut.
Und Daddeldu hatte die Wanzen noch nicht verzollt,
Deshalb zahlte er alles in englischen Pfund in Gold.

Und das war alles wie Traum.
Plötzlich brannte der Weihnachtsbaum.
Plötzlich brannte das Sofa und die Tapete,
Kam eine Marmorplatte geschwirrt,
Rannte der große Spiegel gegen den kleinen Wirt.
Und die See ging hoch und der Wind wehte.

Daddeldu wankte mit einer blutigen Nase
(Nicht mit seiner eigenen) hinaus auf die Straße.
Und eine höhnische Stimme hinter ihm schrie:
„Sie Daddel Sie!"
Und links und rechts schwirrten die Kolibri.

Die Weihnachtskerzen im Pavillon an der Mattentwiete erloschen.
Die alte Abortfrau begab sich zur Ruh.
Draußen stand Daddeldu
Und suchte für alle Fälle nach einem Groschen.
Da trat aus der Tür seine Braut
Und weinte laut:
Warum er so spät aus Honolulu käme?
Ob er sich gar nicht mehr schäme?
Und klappte die Tür wieder zu.
An der Tür stand: „Für Damen".

Es dämmerte langsam. Die ersten Kunden kamen,
Und stolperten über den schlafenden Daddeldu.

* * * * * * *

Einsiedlers Heiliger Abend
Joachim Ringelnatz

Ich hab' in den Weihnachtstagen –
Ich weiß auch, warum –
Mir selbst einen Christbaum geschlagen,
Der ist ganz verkrüppelt und krumm.

Ich bohrte ein Loch in die Diele
Und steckte ihn da hinein
Und stellte rings um ihn viele
Flaschen Burgunderwein.

Und zierte, um Baumschmuck und Lichter
Zu sparen, ihn abends noch spät
Mit Löffeln, Gabeln und Trichter
Und anderem blanken Gerät.

Ich kochte zur heiligen Stunde
Mir Erbsensuppe mit Speck
Und gab meinem fröhlichen Hunde
Gulasch und litt seinen Dreck.

Und sang aus burgundernder Kehle
Das Pfannenflickerlied.
Und pries mit bewundernder Seele
Alles das, was ich mied.

Es glimmte petroleumbetrunken
Später der Lampendocht.
Ich saß in Gedanken versunken.
Da hat's an die Türe gepocht,

Und pochte wieder und wieder.
Es konnte das Christkind sein.
Und klang's nicht wie Weihnachtslieder?
Ich aber rief nicht: »Herein!«

Ich zog mich aus und ging leise
Zu Bett, ohne Angst, ohne Spott,
Und dankte auf krumme Weise
Lallend dem lieben Gott.

* * * * * * *

Schenken
Joachim Ringelnatz

Schenke gross oder klein,
Aber immer gediegen.
Wenn die Bedachten
Die Gaben wiegen,
Sei dein Gewissen rein.
Schenke herzlich und frei.
Schenke dabei
Was in dir wohnt
An Meinung, Geschmack und Humor,
So dass die eigene Freude zuvor
Dich reichlich belohnt.
Schenke mit Geist ohne List.
Sei eingedenk,
Dass dein Geschenk
Du selber bist.

* * * * * * *

Zu einem Geschenk
Joachim Ringelnatz

Ich will dir was dedizieren,
nein schenken, was nicht zuviel kostet.
Aber was aus Blech ist, rostet,
und die Messinggegenstände oxidieren.
Und was kosten soll es eben doch.
Denn aus Mühe mach ich extra noch
Was hinzu, auch kleine Witze.
Wär bei dem, was ich besitze,
etwas Altertümliches dabei,
doch was nützt dir eine Lanzenspitze.
An dem Bierkrug sind die beiden
Löwenköpfe schon entzwei.
Und den Buddha mag ich selber leiden.
Und du sammelst keine Schmetterlinge,
die mein Freund aus China mitgebracht.
Nein – das Sofa und so große Dinge
Kommen überhaupt nicht in Betracht.
Außerdem gehören sie nicht mir.
Ach, ich habe die ganze letzte Nacht
Rumgegrübelt, was ich dir
Geben könnte. Schlief deshalb nur eine,
allerhöchstens zwei von sieben Stunden,
und zum Schluss hab ich doch nur dies kleine,
lumpige beschissne Ding gefunden.
Aber gern hab ich für dich gewacht.
Was ich nicht vermochte, tu du's:
Drücke selbst ein Auge zu.
Und bedenke,
dass ich dir fünf Stunden Wache schenke.
Lass mich auch in Zukunft nicht in Ruh.

* * * * * * *

Christbaum für Alle
Karl Bröger

Dreißig Sommer rauschten in den Zweigen.
Guter Wind von Wäldern weht um jeden Ast.
Dreißig Winter waren stilles Neigen
unter weißer Pracht und Last,

Jetzt nach diesen traumerfüllten Jahren
schnitt man sie von ihrer Wurzel los;
hat sie in die laute Stadt gefahren.
Vor dem Bahnhof steht sie einsam, still und groß.

Hundert Birnen sind an sie verschwendet,
die am Abend hell und heiter glühn.
Von dem grellen Lichterglanz geblendet,
träumt die Tanne in dem ernsten Grün.

Lärm der Stadt braust her von allen Seiten,
überschwemmt den Platz, darauf sie steht.
Doch sie ist entrückt in blaue Weiten,
wo der gute Wind von Wäldern weht.

Manche schauen im Vorüberhasten
schnell hinauf zu dem entrückten Baum,
und es wird in ihnen wie ein Rasten
und von fernem Kinderglück ein Traum.

* * * * * * *

Dezember
Der Weihnachtsbaum
Robert Reinick

Juchheissassa, Juchheissa!
Wir bringen ihn gebracht
Den Christbaum, den Tannenbaum
Der Alles lustig macht! –

Du armer, armer Tannenbaum,
Wie war dir draußen weh!
Du strecktest deine Arme aus
Und trugst doch nichts als Schnee! –

So sag' uns doch, du schmucker Baum.
Was wirst du morgen tragen! –
Hoho! so darf man Narren wohl,
Doch keinen Christbaum fragen. –

Juchheissassa, Juchheissa!
Wie ist der Schnee so weiß,
Wie grün ist doch der Tannenbaum!
Der weiß schon, was er weiß! – --

* * * * * * *

Im Winter
Georg Trakl

Der Acker leuchtet weiß und kalt.
Der Himmel ist einsam und ungeheuer.
Dohlen kreisen über dem Weiher
Und Jäger steigen nieder vom Wald.

Ein Schweigen in schwarzen Wipfeln wohnt.
Ein Feuerschein huscht aus den Hütten.
Bisweilen schellt sehr fern ein Schlitten
Und langsam steigt der graue Mond.

Ein Wild verblutet sanft am Rain
Und Raben plätschern in blutigen Gossen.
Das Rohr bebt gelb und aufgeschossen.
Frost, Rauch, ein Schritt im leeren Hain.

Einkäufe
Theobald Tiger

Was schenke ich dem kleinen Michel
zu diesem kalten Weihnachtsfest?
Den Kullerball? Den Sabberpichel?
Ein Gummikissen, das nicht näßt?
Ein kleines Seifensiederlicht?
Das hat er noch nicht. Das hat er noch nicht!

Wähl ich den Wiederaufbaukasten?
Schenk ich ihm noch mehr Schreibpapier?
Ein Ding mit schwarzweißroten Tasten;
ein patriotisches Klavier?
Ein objektives Kriegsgericht?
Das hat er noch nicht. Das hat er noch nicht!

Schenk ich den Nachttopf ihm auf Rollen?
Schenk ich ein Moratorium?
Ein Sparschwein, kugelig geschwollen?
Ein Puppenkrematorium?
Ein neues gescheites Reichsgericht?
Das hat er noch nicht. Das hat er noch nicht!

Ach, liebe Basen, Onkels, Tanten –
Schenkt ihr ihm was. Ich find es kaum.
Ihr seid die Fixen und Gewandten,
hängt ihrs ihm untern Tannenbaum.
Doch schenkt ihm keine Reaktion!
Die hat er schon. Die hat er schon!

* * * * * * *

Großstadt – Weihnachten
Theobald Tiger

Nun senkt sich wieder auf die heim'schen Fluren
die Weihenacht! die Weihenacht!
Was die Mamas bepackt nach Hause fuhren,
wir kriegens jetzo freundlich dargebracht.

Der Asphalt glitscht. Kann Emil das gebrauchen?
Die Braut kramt schämig in dem Portemonnaie.
Sie schenkt ihm, teils zum Schmuck und teils zum Rauchen,
den Aschenbecher aus Emalch glasé.

Das Christkind kommt! Wir jungen Leute lauschen
auf einen stillen heiligen Grammophon.
Das Christkind kommt und ist bereit zu tauschen
den Schlips, die Puppe und das Lexikohn,

Und sitzt der wackre Bürger bei den Seinen,
voll Karpfen, still im Stuhl, um halber zehn,
dann ist er mit sich selbst zufrieden und im reinen:
»Ach ja, son Christfest is doch ooch janz scheen!«

Und frohgelaunt spricht er vom ›Weihnachtswetter‹,
mag es nun regnen oder mag es schnein,
Jovial und schmauchend liest er seine Morgenblätter,
die trächtig sind von süßen Plauderein.

So trifft denn nur auf eitel Glück hienieden
in dieser Residenz Christkindleins Flug?
Mein Gott, sie mimen eben Weihnachtsfrieden ...
»Wir spielen alle. Wer es weiß, ist klug.«

* * * * * * *

Weihnachten
Kurt Tucholsky

So steh ich nun vor deutschen Trümmern
und sing mir still mein Weihnachtslied.
Ich brauch mich nicht mehr drum zu kümmern,
was weit in aller Welt geschieht.
Die ist den andern. Uns die Klage.
Ich summe leis, ich merk es kaum,
die Weise meiner Jugendtage:
O Tannebaum!

Wenn ich so der Knecht Ruprecht wäre
und käm in dies Brimborium
bei Deutschen fruchtet keine Lehre –
weiß Gott! ich kehrte wieder um.
Das letzte Brotkorn geht zur Neige.
Die Gasse gröhlt. Sie schlagen Schaum.
Ich hing sie gern in deine Zweige,
o Tannebaum!

Ich starre in die Knisterkerzen:
Wer ist an all dem Jammer schuld?
Wer warf uns so in Blut und Schmerzen?
uns Deutsche mir der Lammsgeduld?
Die leiden nicht. Die warten bieder.
Ich träume meinen alten Traum:
Schlag, Volk, den Kastendünkel nieder!
Glaub diesen Burschen nie, nie wieder!
Dann sing du frei die Weihnachtslieder:
O Tannebaum! O Tannebaum!

* * * * * * *

Weihnachten
Theobald Tiger

Nikolaus der Gute
kommt mit einer Rute,
greift in seinen vollen Sack –
dir ein Päckchen – mir ein Pack.
Ruth Maria kriegt ein Buch
und ein Baumwolltaschentuch,
Noske einen Ehrensäbel
und ein Buch vom alten Bebel,
sozusagen zur Erheiterung,
zur Gelehrsamkeitserweiterung ..
Marloh kriegt ein Kaiserbild
und nen blanken Ehrenschild.
Oberst Reinhard kriegt zum Hohn
die gesetzliche Pension ...
Tante Lo, die, wie ihr wißt,
immer, immer müde ist,
kriegt von mir ein dickes Kissen. –
Und auch hinter die Kulissen
kommt der gute Weihnachtsmann:
Nimmt sich mancher Leute an,
schenkt da einen ganzen Sack
guten alten Kunstgeschmack.
Schenkt der Orska alle Rollen
Wedekinder, kesse Bollen –
(Hosenrollen mag sie nicht:
dabei sieht man nur Gesicht ...).
Der kriegt eine Bauerntruhe,
Fräulein Hippel neue Schuhe,
jener hält die liebste Hand –
Und das Land? Und das Land?
Bitt ich dich, so sehr ich kann:
Schenk ihm Ruhe –
lieber Weihnachtsmann!

* * * * * * *

Berliner Weihnacht 1918
Klabund

Am Kurfürstendamm da hocken zusamm
Die Leute von heute mit großem Tamtam.
Brillanten mit Tanten, ein Frack mit was drin,
Ein Nerzpelz, ein Steinherz, ein Doppelkinn.
Perlen perlen, es perlt der Champagner.
Kokotten spotten: Wer will, der kann ja
Fünf Braune für mich auf das Tischtuch zählen...
Na, Schieber, mein Lieber? Nee, uns kann's nich fehlen.
Und wenn Millionen vor Hunger krepieren:
Wir wolln uns mal wieder amüsieren.

Am Wedding ist's totenstill und dunkel.
Keines Baumes Gefunkel, keines Traumes Gefunkel.
Keine Kohle, kein Licht... im Zimmereck
Liegt der Mann besoffen im Dreck.
Kein Geld – keine Welt, kein Held zum lieben...
Von sieben Kindern sind zwei geblieben,
Ohne Hemd auf der Streu, rachitisch und böse.
Sie hungern – und fräßen ihr eignes Gekröse.
Zwei magre Nutten im Haustor frieren:
Wir wolln uns mal wieder amüsieren.

Es schneit, es stürmt. Eine Stimme schreit: Halt.
Über die Dächer türmt eine dunkle Gestalt...
Die Blicke brennen, mit letzter Kraft
Umspannt die Hand einen Fahnenschaft.
Die Fahne vom neunten November, bedreckt,
Er ist der letzte, der sie noch reckt...
Zivilisten... Soldaten... tach tach tach...
Salvenfeuer... ein Fall vom Dach...
Die deutsche Revolution ist tot...
Der weiße Schnee färbt sich blutigrot...
Die Gaslaternen flackern und stieren...
Wir wolln uns mal wieder amüsieren...

* * * * * * *

Bürgerliches Weihnachtsidyll
Klabund

Was bringt der Weihnachtsmann Emilien?
Ein Strauß von Rosmarin und Lilien.
Sie geht so fleißig auf den Strich.
O Tochter Zions, freue dich!

Doch sieh, was wird sie bleich wie Flieder?
Vom Himmel hoch, da komm ich nieder.
Die Mutter wandelt wie im Traum.
O Tannebaum! O Tannebaum!

O Kind, was hast du da gemacht?
Stille Nacht, heilige Nacht.
Leis hat sie ihr ins Ohr gesungen:
Mama, es ist ein Reis entsprungen!
Papa haut ihr die Fresse breit.
O du selige Weihnachtszeit!

* * * * * * *

Christbaumfeier
Klabund

Piano, Geige: Hupf mein Mädel (forte),
Im Christbaum zucken gelblich ein paar Lichter,
Und an die Rampe tritt Kommis und Dichter
Und stottert stockend tannendufte Worte.
Man trampelt: »Bravo, Bravo« mit den Füßen
Und prostet mit den Krügen nach dem Helden,
Indem sich schon zwei weiße Fräuleins melden,
Mit »Stille Nacht« die Menge zu begrüßen.
Man säuft, man schreit, man giert und man verlost
Die Lebenslust – Rosa, unwiderstehlich,
Bringt lächelnd ihrem Buben bei (allmählich),
Daß er mich Papa ruft. – Na danke. Prost.

* * * * * * *

Die heiligen drei Könige
Klabund

Wir sind die drei Weisen aus dem Morgenland,
Die Sonne, die hat uns so schwarz gebrannt.
Unsere Haut ist schwarz, unsere Seel ist klar,
Doch unser Hemd ist besch... ganz und gar. Kyrieeleis.

Der erste, der trägt eine lederne Hos',
Der zweite ist gar am A... bloß,
Der dritte hat einen spitzigen Hut,
Auf dem ein Stern sich drehen tut. Kyrieeleis.

Der erste, der hat den Kopf voll Grind,
Der zweite ist ein unehlich' Kind.
Der dritte nicht Vater, nicht Mutter preist,
Ihn zeugte höchstselbst der heilige Geist. Kyrieeleis.

Der erste hat einen Pfennig gespart,
Der zweite hat Läuse in seinem Bart,
Der dritte hat noch weniger als nichts,
Er steht im Strahl des göttlichen Lichts. Kyrieeleis.

Wir sind die heiligen drei Könige,
Wir haben Wünsche nicht wenige.
Den ersten hungert, den zweiten dürst',
Der dritte wünscht sich gebratene Würst. Kyrieeleis.

Ach, schenkt den armen drei Königen was.
Ein Schöpflöffel aus dem Heringsfaß –
Verschimmelt Brot, verfauler Fisch,
Da setzen sie sich noch fröhlich zu Tisch. Kyrieeleis.

Wir singen einen süßen Gesang
Den Weibern auf der Ofenbank.
Wir lassen an einem jeglichen Ort
Einen kleinen heiligen König zum Andenken dort.
Kyrieeleis.

Wir geben euch unseren Segen drein,
Gemischt aus Kuhdreck und Rosmarein.
Wir danken für Schnaps, wir danken für Bier.
Anders Jahr um die Zeit sind wir wieder hier.
Kyrieeleis.

Weihnacht
Klabund

Ich bin der Tischler Josef,
Meine Frau, die heißet Marie.
Wir finden kein' Arbeit und Herberg'
Im kalten Winter allhie.

Habens der Herr Wirt vom goldnen Stern
Nicht ein Unterkunft für mein Weib?
Einen halbeten Kreuzer zahlert ich gern,
Zu betten den schwangren Leib. –

Ich hab kein Bett für Bettelleut;
Doch scherts euch nur in den Stall.
Gevatter Ochs und Base Kuh
Werden empfangen euch wohl.

Wir danken dem Herrn Wirt für seine Gnad
Und für die warme Stub.
Der Himmel lohns euch und unser Kind,
Seis Madel oder Bub.

Marie, Marie, was schreist du so sehr? –
Ach Josef, es sein die Wehn.
Bald wirst du den elfenbeinernen Turm,
Das süßeste Wunder sehn. –

Der Josef Hebamme und Bader war
Und hob den lieben Sohn
Aus seiner Mutter dunklem Reich
Auf seinen strohernen Thron.

Da lag er im Stroh. Die Mutter so froh
Sagt Vater Unserm den Dank.
Und Ochs und Esel und Pferd und Hund
Standen fromm dabei.

Aber die Katze sprang auf die Streu
Und wärmte zur Nacht das Kind. –
Davon die Katzen noch heutigen Tags
Maria die liebsten Tiere sind.

* * * * * * *

Anbetung
Manfred Hausmann

Wir sind mit unserer Königsmacht
   schwermütig hergeritten.
Es schneite auf uns Tag und Nacht,
   auf Mann und Pferd und Schlitten.

Die Tür geht auf, es summt der Wind,
   wir beugen unsern Rücken,
da wir die Krippe und das Kind
   im Dämmerlicht erblicken.

Hier ist das Gold, der Weihrauch hier
   und hier, o Kind, die Myrrhen.
Du lächelst, und schon fühlen wir,
   wie wir uns ganz verwirren.

Wir haben anders dich geglaubt.
   Nun treten wir ins Dunkel
und heben ab von unserm Haupt
   der Kronen Goldgefunkel.

Das Wissen von der bunten Welt,
   vom Meer und seinen Häfen,
von Mond und Stern am Himmelszelt,
   wir streifen's von den Schläfen.

Das Ich, das trotzig sich erschuf
   Über den andern allen,
will nun wie ein verlorner Ruf
   im Innersten verhallen.

Wir neigen unsers Alters Gram
   auf deine kleinen Hände.
Und in dem Neigen wundersam
   geht alle Not zu Ende.

Die Pferde draußen schütteln sich
   und klirren mit den Glocken.
Und lautlos fallen Strich an Strich
   darüberhin die Flocken.

* * * * * * *

Der Dezember
Erich Kästner

Das Jahr ward alt. Hat dünnes Haar.
Ist gar nicht sehr gesund.
Kennt seinen letzten Tag, das Jahr.
Kennt gar die letzte Stund.
Ist viel geschehn. Ward viel versäumt.
Ruht beides unterm Schnee.
Weiß liegt die Welt, wie hingeträumt.
Und Wehmut tut halt weh.
Noch wächst der Mond. Noch schmilzt er hin.
Nichts bleibt. Und nichts vergeht.
Ist alles Wahn. Hat alles Sinn.
Nützt nichts, dass man's versteht.
Und wieder stapft der Nikolaus
durch jeden Kindertraum.
Und wieder blüht in jedem Haus
der golden grüne Baum.
Warst auch ein Kind. Hast selbst gefühlt,
wie hold Christbäume blühn.
Hast nun den Weihnachtsmann gespielt
und glaubst nicht mehr an ihn.
Bald trifft das Jahr der zwölfte Schlag.
Dann dröhnt das Erz und spricht:
„Das Jahr kennt seinen letzten Tag,
und du kennst deinen nicht."

* * * * * * *

Weihnachtslied, chemisch gereinigt
Erich Kästner

Morgen, Kinder, wird's nichts geben!
Nur wer hat, kriegt noch geschenkt.
Mutter schenkte Euch das Leben.
Das genügt, wenn man's bedenkt.
Einmal kommt auch eure Zeit.
Morgen ist's noch nicht soweit.

Doch ihr dürft nicht traurig werden.
Reiche haben Armut gern.
Gänsebraten macht Beschwerden.
Puppen sind nicht mehr modern.
Morgen kommt der Weihnachtsmann.
Allerdings nur nebenan.

Lauft ein bisschen durch die Straßen!
Dort gibt's Weihnachtsfest genug.
Christentum, vom Turm geblasen,
macht die kleinsten Kinder klug.
Kopf gut schütteln vor Gebrauch!
Ohne Christbaum geht es auch.

Tannengrün mit Osrambirnen –
Lernt drauf pfeifen! Werdet stolz!
Reißt die Bretter von den Stirnen,
denn im Ofen fehlt's an Holz!
Stille Nacht und heil'ge Nacht –
Weint, wenn's geht, nicht! Sondern lacht!

Morgen, Kinder, wird's nichts geben!
Wer nichts kriegt, der kriegt Geduld!
Morgen, Kinder, lernt fürs Leben!
Gott ist nicht allein dran schuld.
Gottes Güte reicht so weit ...
Ach, du liebe Weihnachtszeit!

* * * * * * *

Ach Kindlein
Heinrich Vogel

Ach Kindlein,
mach uns alle
hier
deines Heils gewiß,
denn draußen
vor dem Stalle
ist lauter
Finsternis.
Nimm alles,
was wir haben,
nimm unsre Schuld,
laß unser Herz
sich laben
an deiner
Gotteshuld!

* * * * * * *

Alter Berliner Weihnachtsmarkt
Karl Henkell

Lass die Glocke läuten vom Dome,
keiner hört es im Menschenstrome.
Christmarkt, Waldteufel, Trompeten, juchei! –
Wenig Wolle und viel Geschrei.
Alles besehen, wenig erstehen,
nur zum Pläsier mal darüber gehen,
eine Bassgeige sich kaufen wollen,
und mit einer Knarre nach Hause sich trollen,
Für eine Sechser Schmalzkuchen schmecken,
Mumpitz machen an allen Ecken.
Mag auch der Regen vom Himmel fließen,
dass muss der wahre Berliner genießen –
Schuster und Schneider, Jüngling und Mann,
jeder, der es sich leisten kann.

* * * * * * *

Vier Kerzen
Elli Michler

Eine Kerze für den Frieden,
die wir brauchen,
weil der Streit nicht ruht.

Für den Tag voll Traurigkeiten
eine Kerze für den Mut.

Eine Kerze für die Hoffung
gegen Angst und Herzensnot,
wenn Verzagtsein unsren Glauben
heimlich zu erschüttern droht.

Eine Kerze, die noch bliebe
als die wichtigste der Welt:
eine Kerze für die Liebe,
voller Demut aufgestellt,
dass ihr Leuchten den Verirrten
für den Rückweg ja nicht fehlt,
weil am Ende nur die Liebe
für den Menschen wirklich zählt.

Aus: Ich wünsche dir Zeit
© Don Bosco Verlag, München, 5.Aufl. 2010

* * * * * * *

Weihnachtszeit
Martin Greif

Wunder schafft die Weihnachtszeit.
Vor dem Dorf, darin verschneit
Jeder Hof und jedes Haus,
Vogelbeerbaum, Nacht für Nacht
Hundert Lichtlein trägt, entfacht,
Die da leuchten weit hinaus.
Achtet seiner Herrlichkeit
Niemand auch im Wintergraus,
Bläst der Wind doch keins ihm aus,
Alle strahlen dicht gereiht –
Wunder schafft die Weihnachtszeit.

* * * * * * *

Weihnachtslied
Jochen Klepper

Die Nacht ist vorgedrungen,
der Tag ist nicht mehr fern.
So sei nun Lob gesungen,
dem hellen Morgenstern!
Auch wer zur Nacht geweinet,
der stimme froh mit ein.
Der Morgenstern bescheinet
auch deine Angst und Pein.

Dem alle Engel dienen,
wird nun ein Kind und Knecht.
Gott selbst ist erschienen,
zur Sühne für sein Recht.
Wer schuldig ist auf Erden,
verhüll' nicht mehr sein Haupt,
er soll errettet werden,
wenn er dem Kinde glaubt.

Die Nacht ist schon im Schwinden,
macht euch zum Stalle auf!
Ihr sollt das Heil dort finden,
das aller Zeiten Lauf
Von Anfang von verkündet,
seit eure Schuld geschah.
Nun hat sich euch verbündet,
den Gott selbst ausersah!

Noch manche Nacht wird fallen
auf Menschenleid und -schuld.
Doch wandert nun mit allen
der Stern der Gotteshuld.
Beglänzt von seinem Lichte,
hält euch kein Dunkel mehr.
Von Gottes Angesichte
kam euch die Rettung her.

Gott will im Dunkel wohnen
und hat es doch erhellt!
Als wollte er belohnen,
so richtet er die Welt!
Der sich den Erdkreis baute,
der läßt den Sünder nicht-.
Wer hier dem Sohn vertraute,
kommt dort aus dem Gericht!

* * * * * * *

Das Lied vom verlorenen Jesuskind
Jean Anouilh

"Jesuskind, wo bist du? Du bist nicht mehr zu sehn.
Leer ist deine Krippe, wo Ochs und Esel stehn ...
Ich seh Maria, die Mutter, und Joseph Hand in Hand,
ich seh die schönen Fürsten vom fernen Morgenland.
Doch dich kann ich nicht finden: Wo bist du, Jesuskind?"
"Ich bin im Herzen der Armen, die ganz vergessen sind."

"Maria, voller Sorgen, die sucht dich überall,
draußen bei den Wirten, in jeder Eck im Stall.
Im Hof ruft Vater Joseph und schaut ins Regenfaß.
Sogar der Mohrenkönig, er wird vor Schrecken blaß.
Alles sucht und ruft dich: Wo bist du, Jesuskind?"
"Ich bin im Herzen der Kranken, die arm und einsam sind."

"Die Könige sind gegangen, sie sind schon klein und fern;
die Hirten auf dem Felde, sie sehn nicht mehr den Stern.
Die Nacht wird kalt und finster - erloschen ist das Licht.
Die armen Menschen seufzen: Nein, nein, das war Er nicht!
Doch rufen sie noch immer: Wo bist du, Jesuskind?"
"Ich bin im Herzen der Heiden, die ohne Hoffnung sind."

* * * * * * *

Die Weihnachtsmaus
James Krüss

Die Weihnachtsmaus ist sonderbar –
sogar für die Gelehrten.
Denn einmal nur im ganzen Jahr
entdeckt man ihre Fährten.

Mit Fallen und mit Rattengift
kann man die Maus nicht fangen.
Sie ist, was diesen Punkt betrifft,
noch nie ins Garn gegangen.

Das ganze Jahr macht diese Maus
den Menschen keine Plage.
Doch plötzlich aus dem Loch heraus
kriecht sie am Weihnachtstage.

Zum Beispiel war vom Festgebäck,
das Mutter gut verborgen,
mit einem mal das Beste weg
am ersten Weihnachtsmorgen.

Da sagte jeder rundheraus:
Ich hab´ es nicht genommen!
Es war bestimmt die Weihnachtsmaus,
die über Nacht gekommen.

Ein andres Mal verschwand sogar
das Marzipan von Peter;
Was seltsam und erstaunlich war.
Denn niemand fand es später.

Der Christian rief rundheraus:
ich hab es nicht genommen!
Es war bestimmt die Weihnachtsmaus,
die über Nacht gekommen!

Ein drittes Mal verschwand vom Baum,
an dem die Kugeln hingen,
ein Weihnachtsmann aus Eierschaum
nebst andren leck`ren Dingen.

Die Nelly sagte rundheraus:
Ich habe nichts genommen!
Es war bestimmt die Weihnachtsmaus,
die über Nacht gekommen!

Und Ernst und Hans und der Papa,
die riefen: welche Plage!
Die böse Maus ist wieder da
und just am Feiertage!

Nur Mutter sprach kein Klagewort.
Sie sagte unumwunden:
Sind erst die Süßigkeiten fort,
ist auch die Maus verschwunden!

Und wirklich wahr: Die Maus blieb weg,
sobald der Baum geleert war,
sobald das letzte Festgebäck
gegessen und verzehrt war.

Sagt jemand nun, bei ihm zu Haus,
bei Fränzchen oder Lieschen –
da gäb es keine Weihnachtsmaus,
dann zweifle ich ein bißchen!

Doch sag ich nichts, was jemand kränkt!
Das könnte euch so passen!
Was man von Weihnachtsmäusen denkt,
bleibt jedem überlassen.

* * * * * * *

Tannengeflüster
James Krüss

Wenn die ersten Fröste knistern
in dem Wald bei Bayrisch-Moos
geht ein Wispern und ein Flüstern
in den Tannenbäumen los,
ein Gekicher und Gesumm
ringsherum.

Eine Tanne lernt Gedichte,
eine Lärche hört ihr zu.
Eine dicke, alte Fichte
sagt verdrießlich: "Gebt doch Ruh!
Kerzenlicht und Weihnachtszeit
sind noch weit!

Vierundzwanzig lange Tage
wird gekräuselt und gestutzt
und das Wäldchen ohne Frage
wunderhübsch herausgeputzt.
Wer noch fragt; Wieso? Warum?
der ist dumm.

Was das Flüstern hier bedeutet,
weiß man selbst im Spatzennest:
Jeder Tannenbaum bereitet
sich nun vor aufs Weihnachtsfest.
Denn ein Weihnachtsbaum zu sein:
das ist fein!

* * * * * * *

Der Weihnachtsbaum in Eger am Marktplatz
Annie Götz-Kollmer

Sag, weißt du noch? – Im frühen Dämmerblau
Da flammte auf der große Lichterbaum
Und warf all seinen Glanz wie eine Märchenfrau
Um jedes Haus – bis zu der Sterne goldnem Traum.
Sag, weißt du noch? – Sein grünes Waldgezweig,
es barg so viel an Glück, an Kinderseligkeit,
es war, als ob ein Glanz herniedersteig',
der alle Tränen löschte – alles Weh und Leid.

Die alten Häuser standen so verträumt,
die Schritte klangen leiser und der Brunnen sang,
Vergangenheit und Heute waren ach so fest vereint
Und über allem schwebte der Weihnachtslieder Klang ...
Sag, weißt du noch? – Wie aus dem holden Spiel,
in jedes Herz, trotz Alltagspflicht und leisem Spott,
ein tiefes, seltsam helles Leuchten fiel? –
Der Weihnachtsbaum – er sprach vom lieben Gott

* * * * * * *

Winterpsalm
Lothar Zenetti

Es ist jetzt nicht die Zeit, um zu ernten.
Es ist jetzt nicht die Zeit, um zu säen.
An uns ist es, in winterlicher Zeit
Uns eng um das Feuer zu scharen
und den gefrorenen Acker
in Treue geduldig zu hüten.
Andere vor uns haben gesät,
andere nach uns werden ernten.
An uns ist es, in Kälte und Dunkelheit
beieinander zu bleiben und
während es schneit, unentwegt
wachzuhalten die Hoffnung.
Das ist es,
das ist uns aufgegeben
in winterlicher Zeit.

* * * * * * *

Jahr für Jahr
Anton Trötscher

Nun, kleines Bäumchen, sei willkommen,
daß wir dich schmücken ganz und gar.
Ein Kleid, vom Lichterglanz umsponnen,
bereiten wir dir Jahr für Jahr.

Du sollst ein Traumbild uns erscheinen,
fast allem Irdischen entrückt.
Dem Zauber gleich von Edelsteinen
Der Tand aus Glas uns sehr entzückt.

Das gibt ein Blitzen in den Zweigen
Und ein Gefunkel unerhört.
Mit Engelshaar, so wird sich's zeigen,
wird märchenhaft dein Schein verklärt.

Dann flammt beim Schein der hellen Kerzen
Die Hoffnung auf, nie zu vergeh'n,
der heiß gehegte Wunsch im Herzen,
die Heimat noch einmal zu seh'n.

Denn Weihnacht im Sudetenland,
wie zauberhaft, wie schön sie war.
Sie bleibt uns in Erinnerung
Und unsre Sehnsucht immerdar.

* * * * * * *

Weihnachtsgaben
Ernst Ferdinand Neumann

Wie auch der Jahre Last und Zahl
Dir Silberfäden schon durchs Haar gezogen;
Und deiner Seele oft den Frieden stahl,
Wie dich auch heiß ersehntes Glück belogen:

An einem Tag im Jahre ruht dein Ringen
Um Frieden, den dir nahm die Zeit.
Und alle Jahre, die da von dir gingen,
Versinken still mit ihrem Leid.

Am Weihnachtstag, bei Kerzenfeierbrand,
Wenn du am grünen Nadelbaume stehst,
Und legst darunter, wie mit Opferhand,
Das Wunschgewes'ne, was du neu erflehst:

Da fühlst du, wie die trüben Schatten weichen,
Zum Kinde zieht dich's willenlos hinab;
Und unsichtbare Helferhände reichen
Vom Baum herab dir neu den Wanderstab.

* * * * * * *

Winterfriede
Maria Stona

Heilig tiefer Waldesfriede,
Schneebedeckt lehnt Baum an Baum,
ihrer Flocken weiche Fülle
fassen all die Wipfel kaum.

Licht die Wiesen, licht die Weiten,
licht die Kronen über mir,
einst – im weißgebauten Tempel
einer Gottheit – steh ich hier.

Leise klingen Kirchenglocken
Durch der Lüfte stilles Meer,
wie ein sanftes Engelsingen
schwebt es lieblich zu mir her.

Weihnachtsruf
Ernst Ferdinand Neumann

Wild klingt ein Rufen durch die Zeit,
Es tönt so laut und hart der Streit,
Als wenn zu blut'gem Strauß und Kriege,
Erneut der Haß die Menschen trüge.

Und doch! - Wie wirbt die Festeszeit,
Mit kindlich froher Frömmigkeit,
Am immergrünen Tannenbaume
Um Frieden in dem Erdenraume.

Ist es nicht schon wie Weihnachtstraum
Mit rauschem Gold ein grüner Baum?
Und unter seinen vollen Zweigen
Muß grimmer Haß und Fehde schweigen.

Fühlst du nicht selbst den hehren Tag,
An deines Herzens höherm Schlag:
Wer soll dann Haß und Streit bezwingen,
Und uns von froher Weihnacht singen? –

Ob sich's wohl jährt noch tausendmal,
Bis daß der Mensch in seiner Qual,
Bedeckt mit seines Hasses Wunden,
Den Weg nach Bethlehem gefunden? - -

* * * * * * *

Advent, Advent, ein Lichtlein brennt

Advent, Advent,
ein Lichtlein brennt.
Erst ein, dann zwei,
dann drei, dann vier,
dann steht das Christkind vor der Tür.

Und wenn die fünfte Kerze brennt,
dann hast du Weihnachten verpennt!

* * * * * * *

Weihnachtstraum
Ernst Ferdinand Neumann

Nun brennen die Lichter wieder
Am grünen Baum.
Nun steigt zur sehnenden Menschheit hernieder
Der Weihnachtstraum.
Nun rauscht rings die Feier - voll Nehmen und Geben –
Und neu schreitet wieder
Die Liebe durchs Leben.

Nun ist das Hasten und Jagen
Auf Stunden zu Ende.
Es ruhen vom Schaffen und sorgenden Tagen
Die fleißigen Hände.
Entrückt dem Alltag - an Zeit und Raum –
Menschheit nun träume
Den lieblichsten Traum.

Die Welt, sie geht in Trümmer,
Das ist gewiß.
Doch bleibt der Menschheit immer
Ihr Paradies.
Wenn Erde und Sonne in Staub einst zerfällt - -
Träumt sehnende Seele,
Sich zur besseren Welt. - -

* * * * * * *

Christkind, komm in unser Haus...
Verfasser unbekannt

Christkind, komm in unser Haus.
Pack die großen Taschen aus.
Stell den Schimmel untern Tisch,
dass er Heu und Hafer frisst.
Heu und Hafer frisst er nicht,
Zuckerbrezeln kriegt er nicht!

* * * * * * *

Weihnachtsglocken
L.H..

Winter ist es! – leise klingen
Weihnachtsglocken aus der Fern,
und es leuchtet und es funkelt
dort im Osten hell ein Stern.

Seht, dort über Beth'lems Höhen
steigt er strahlend hoch empor,
und es jubelt und es singet
durch die Nacht der Engel Chor:

Friede, Friede allen Menschen,
werfet ab der Erde Leid,
denn des Sternes helles Leuchten
bringt euch frohe sel'ge Zeit!

Lasst die bangen Sorgen schwinden,
Gott hat alles wohl gemacht,
aus des trüben Winters Stürmen
ist der Erde Glück erwacht!

Und auf Erden lauschen alle,
schau'n hinauf zum hellen Stern,
Weihnacht, Weihnacht ist gekommen,
tönt es nah und tönt es fern.

Lasset frohe Lieder schallen,
hoch vom Himmel kam das Glück;
Frieden füllet alle Herzen,
Frieden strahlt aus jedem Blick!

Heller nun die Glocken klingen,
und es mischt sich mit dem Klang
in den Häusern, in den Hütten
froher Menschen Jubelsang.

* * * * * * *

Weihnachtsgeschenke
Franz Joseph Koenigsbrun-Schaup

Weihnachtsgeschenke!
Ich denke
Dabei an die infame
Weihnachtsreklame,
An Weihnachtstischdichter
Und ähnlich Gelichter,
An das Paradies der Weihnachtsbasare,
An Schwindelware,
An abgehetzte Kommis,
Brutale
Prinzipale,
Patzige Käufer,
Keuchende Botenläufer,
An arme Laffen,
Die vor den Ladenfenstern gaffen;
Ich denke an Elend, Habsucht, Neid und Protzerei,
An Missduft, Gedränge und Geschrei.
Die Weihnachtsgeschenke haben entweiht
Die liebe, heilige Weihnachtszeit.
Dafür ist aber der Weihnachtsmarkt
Ein "eminent
Volkswirtschaftliches Moment."
Unschuldige, süße Pfeffernüsse
und den weiland
Frieden
Schenk uns der Heiland!

* * * * * * *

Brief an den lieben Gott
Verfasser unbekannt

Im Spessart lebte einst eine alte Frau.
Für sie war die Welt nicht rosig, eher grau.
Mit ihrem Einkommen war es schlecht bestellt.
Mit einem Wort: 'sie hatte kein Geld.'
Sie überlegte lange hin und her
woher denn Geld zu kriegen wär.
Ihr kam die Idee, so sapperlott,
sie schrieb einen Brief an den lieben Gott.
"Lieber Gott ich bin alt und arm
das Geld ist zu wenig, hab doch Erbarm
und schicke mir schnellstens einhundert Mark,
sonst müsste ich hungern und das ist arg...
Eine andere Hilfe weiß ich nicht mehr
und ohne Moneten ist's doch verdammt schwer.
Aber bitte beeile Dich mit dem Geld,
sonst ist's nicht mehr schön auf dieser Welt."
Der Brief wird frankiert in den Kasten gesteckt,
der Postbote hat ihn sogleich auch entdeckt.
Er sieht die Adresse, was soll er machen,
"An den lieben Gott", das ist ja zum Lachen.
Er denkt sich aber, ein Spaß muss sein,
der Brief kommt ins Fach vom Finanzamt hinein.
Am nächsten Tag dort angekommen,
vom Beamten in Empfang genommen.
Wenn Sie nun glauben, er schmeißt weg diesen Brief,
da irren Sie sich, da liegen Sie schief.
Er liest die Adresse und denkt gleich daran,
wie man der Frau wohl helfen kann.
Ja, glauben Sie mir, das ist kein Scherz,
es gibt beim Finanzamt auch Menschen mit Herz.
Ihm kommt ein Gedanke und das ist sehr fein,
das könnt für die Frau eine Hilfe sein.
Er fängt gleich an durchs Büro zu wandern
und sammelt recht fleißig von Einem zum Andern.
Doch leider war der Erlös etwas karg,
statt hundert, bekam er nur siebzig Mark.
Doch dies wurden dann unverwandt
gleich an die arme Frau gesandt.
Die Frau, sie freut sich, kann's kaum ermessen,
dass sie der Herrgott nicht hat vergessen.

So schrieb sie rasch einen Dankesbrief,
in Eile sie zum Postamt lief.
Sie schrieb: "Lieber Gott, ich bin wieder stark
und danke Dir für die hundert Mark.
Doch solltest Du mal wieder an mich denken
und mir gütigst ein paar Märkchen schenken,
dann möchte ich Dich um eines bitten,
das Geld nicht übers Finanzamt zu schicken,
denn die Lumpen haben mir ungelogen,
von den hundert Mark, dreißig Mark abgezogen."

* * * * * * *

Lieber, guter Weihnachtsmann
Unbekannter Dichter

Lieber, guter Weihnachtsmann,
zieh die langen Stiefel an,
kämme deinen weißen Bart,
mach' dich auf die Weihnachtsfahrt.

Komm' doch auch in unser Haus,
packe die Geschenke aus.
Ach, erst das Sprüchlein wolltest du?
Ja, ich kann es, hör mal zu:

Lieber, guter Weihnachtsmann,
guck mich nicht so böse an.
Stecke deine Rute ein,
will auch immer artig sein!

* * * * * * *

Die Weihnachtsnacht
Rudolf Wittner

Still und leis' die Flocken fallen,
vom Abendhimmel sanft und sacht',
in verzauberten Kristallen,
in der heiligen Weihnachtsnacht.

In der Ferne Glocken läuten,
durch die Lüfte schwebt der Schall,
auf Christi Geburt sie deuten,
in Bethlehems armen Stall.

Kinder harren in den Stuben,
alle Mädchen, alle Buben,
kommt das Christkind mit Santa Klaus?
Finden sie auch unser Haus?

Lauscht, ich glaub', ich hör' ein Klingen,
leis' und zart als ob Englein singen,
Christkindl hat allen was gebracht,
wie schön und hehr ist diese Nacht.

* * * * * * *

Nikolausabend
Unbekannter Dichter

Niklaus, Niklaus, lieber Mann,
Klopf an unsre Türe an!
Wir sind brav, drum bitte schön,
lass den Stecken draußen stehn!

Niklaus, Niklaus, huckepack,
Schenk uns was aus deinem Sack!
Schüttle deine Sachen aus,
Gute Kinder sind im Haus

* * * * * * *

Der Pfefferkuchenmann
Unbekannter Dichter

Er ist nicht mal aus Afrika
und doch so braungebrannt.
Wo kommt er her? Ich dacht mir's ja:
aus Pfefferkuchenland!
Hat Augen von Korinthen
und Mandeln drum und dran.
Wie schön ihn alle finden –
den Pfefferkuchenmann!

Er freut sich auf den Weihnachtsbaum,
da möcht er drunterstehn.
Den Lichterglanz - er glaubt es kaum -,
den will er sich besehn,
mit Augen von Korinthen
und Mandeln drum und dran.
Wie herrlich wird er's finden –
der Pfefferkuchenmann!

Wär ich nur nicht solch Leckerschnut'
und könnte widerstehn,
dann wär' ja alles schön und gut,
wär' alles gut und schön.
Wie wohl Korinthen schmecken?
Sind Mandeln ein Genuss?
Ich will ganz schnell mal lecken
am süßen Zuckerguss.

Und steht der Baum im Kerzenlicht,
und ist es dann soweit –
da fehlt doch wer, der sieht das nicht,
nun tut's mir selber leid.
Vernascht sind die Korinthen,
die Mandeln drum und dran ...
Er ist nicht mehr zu finden –
der Pfefferkuchenmann

* * * * * * *

Nikolaus im Walde
Unbekannter Dichter

Es rauscht der Wind im Winterwalde
durch die kühle, graue Flur
und ein jeder hofft - schon balde,
find er St. Nikolauses Spur.

Ach, wann wird er endlich kommen,
dieser heiß ersehnte Gast?
Kinder blicken teils benommen
von Baum zu Baum, von Ast zu Ast.

In den Blicken heißes Sehnen,
Fragen, was wird dann geschehn?
Und mancher tut schon mal erwähnen:
"Ich hab St. Nikolaus geseh´n".

Langsam neigt der Tag sich nieder,
die Winternacht, sie steigt herauf,
als ein leises Raunen wieder;
stoppt der Kinder frommen Lauf.

Da aus dunstigem Gefilde
steigt wie eine Nebelnacht,
ein stilles, schattiges Gebilde;
und die Dämmerung ist erwacht.

Kinderblicke werden helle
die Gesichter sind verzückt,
als Niklaus an der Tagesschwelle,
tritt in ihren Sehnsuchtsblick.

Du guter alter Nikolaus,
Du Freund der Kinder nah und fern,
leer Deinen Sack heut´ bei uns aus,
wir alle haben Dich so gern.

* * * * * * *

Das Honigkuchenherz
Verfasser unbekannt

Vor der Bude beim Zuckerbäcker stand
der Opa mit seinem Enkelkind an der Hand.
Fritzchen wählte nach langem Suchen
ein großes Herz aus Honigkuchen.

Nun ging der Opa mit Fritzchen die Runde,
es dauerte schon eine ganze Stunde.
Vor jeder Bude blieb Fritzchen stehen,
überall gab es Neues zu sehen.

Plötzlich sagte er ganz leise „Opilein...
Opa, ich muss mal, auch bloß ganz klein."
„Schon recht", sagte der Opa, der Gute,
„komm, Fritzchen, geh einfach hinter die Bude."

Fest in der Hand den Honigkuchen
ist Fritzchen vorne das Knöpfchen am Suchen.
Der kalte Wind pfiff ihm um die Ohren,
die Fingerchen waren schon blau gefroren.

Deshalb traf er einige Male
das Lebkuchenherz mit seinem Strahle.
Das kleine Fritzchen merkte es gleich,
denn der Honigkuchen wurde ganz weich.

Danach sagte er ohne Unterlass
„Opa, mein schönes Herz ist nass!"
Da ging halt der Opa, der einzig Gute,
mit Fritzchen zurück an die Zuckerbude
und stillte den großen Schmerz
mit einem neuen Lebkuchenherz.

Nun hatte er zwei Herzen und es war ja klar,
dass eines davon nicht in Ordnung war.
Doch Fritzchen wollte sich damit nicht befassen,
und dieses den Opa entscheiden lassen.

Der Opa wusste auch hier in der Tat
gleich wieder einen guten Rat:
„Weißt Du, mein Junge, das machen wir so,
das schenken wir der Oma, die tunkt sowieso!"

Autoren und Dichter

	ab Seite:
Andersen, Hans-Christian (02.04.1805 – 04.08.1875)	149
Anouilh, Jean (23.06.1910 – 03.10.1987)	327
Anzengruber, Ludwig (29.11.1832 – 10.12.1889)	188
Arndt, Ernst Moritz (26.12.1769 – 29.01.1860)	52 - 58
Arnim, Ludwig Achim von (26.01.1781 – 21.01.1831)	88, 90, 152
Auch, August (05.09.1817 – 26.07.1895)	164
Bierbaum, Otto (28.06.1865 – 1.2.1910)	242 - 250
Blüthgen, Victor (04.01.1844 – 02.04.1920)	203
Bodelschwingh, Friedrich von (06.03.1831 – 02.04.1910)	189
Brentano, Clemens (09.09.1778 – 28.07.1842)	62, 63, 65, 66, 68, 70, 75, 76, 80, 87
Brockes, Berthold Heinrich (1680 -1747)	30
Bröger, Karl (10.03.1886 – 04.05.1944)	311
Brüggemann, Hans (1480 - 1540)	16
Busch, Wilhelm (15.04.1832 – 09.01.1908)	190, 192
Chamisso, Adalbert von (1781 – 1838)	94
Claudius, Hermann (19.10.1878 – 08.09.1980)	303
Claudius, Matthias (15.08.1740 – 21.01.1815)	47, 48
Cornelius, Peter (24.12.1824 – 26.10.1874)	194
Dahn, Felix (09.02.1834 – 03.01.1912)	195
Dauthendey, Max (25.07.1867 – 29.08.1918)	257
Dehmel, Paula (31.12.1862 – 09.07.1918)	226, 228, 229
Dehmel, Richard (18.11.1863 – 08.02.1920)	232, 233, 234, 235
Dieffenbach, Georg Christian (04.12.1822 - 10.05.1901)	181
Droste-Hülshoff, Annette von (12.01.1797 – 24.05.1848)	112, 114, 116, 118, 120, 122, 124
Eichendorff, Joseph Freiherr von (10.03.1788 – 26.11.1857)	99, 100,
Ernst, Otto (07.10.1862 – 05.03.1926)	223, 224
Falke, Gustav (11.01.1853 – 08.02.1916)	210, 211, 213
Fontane, Theodor (30.12.1819 – 20.09.1898)	176, 177, 178, 179
Geibel, Emanuel (17.10.1815 – 06.04.1884)	163
Gellert, Christian Fürchtegott (04.07.1715 – 13.12.1769)	45, 46
Gerok, Karl (23.01.1815 – 14.01.1890)	154, 155, 156, 158, 159
Goethe, Johann Wolfgang von (28.08.1749 – 22.03.1832)	51
Greif, Martin (18.06.1839 – 01.04.1911)	325
Grillparzer, Franz (15.01.1791 – 21.01.1872)	105, 106, 107

Gryphius, Andreas (02.10.1616 – 16.07.1664)	26
Hagenbach, Karl Rudolph (04.03.1801 - 07.06.1874)	137
Hausmann, Manfred (1898-1986)	321
Hebbel, Friedrich (18.03.1813 – 13.12.1863)	153
Heine, Heinrich (13.12.1797 – 17.02.1856)	127, 128
Herder, Johann Gottfried (25.08.1744 – 18.12.1803)	49, 50
Hesse, Hermann (02.07.1877 – 09.08.1962)	296, 298
Hille, Peter (11.09.1854 – 07.05.1904)	214
Hoffmann von Fallersleben, August Heinrich (02.04.1798 – 19.01.1874)	129 - 135
Hofmannsthal, Hugo von (01.02.1874 – 15.07.1929)	293
Holz, Arno (26.04.1863 – 26.10.1929)	230
Kästner, Erich (23.02.1899 – 29.07.1974)	322, 323
Keller, Gottfried (19.07.1819 – 15.07.1890)	174
Keller, Paul (06.07.1873 – 20.08.1932)	293
Kerner, Justinus (18.09.1786 – 21.02.1862)	95, 96, 97, 98
Kernstock, Ottokar (25.07.1848 – 05.11.1928)	209
Kinkel, Gottfried (1815 - 1882)	162
Klabund (4.11.1890 – 14.08.1928)	317, 318, 319, 320
Klepper, Jochen (22.03.1903 – 11.12.1942)	326
Kletke, Hermann (14.03.1813 – 02.05.1886)	151
Kolping, Adolf (08.12.1813 – 04.12.1865)	161
Kritzinger, Friedrich Wilhelm (24.01.1816 – 12.07.1890)	165
Krüss, James (31.05.1926 – 02.08.1997)	328, 330
Lachmann, Hedwig (29.08.1865 – 21.02.1918)	251, 252, 253
Lenau, Nikolaus (13.08.1802 – 22.08.1850	140
Leonhardt, Mathilde (31.10.1869 - ?)	287
Liliencron, Detlef von (03.06.1844 – 22.07.1909)	204, 206
Löns, Hermann (29.08.1866 – 26.09.1914)	254, 258
Loewenberg, Jakob (09.03.1856 – 09.02.1929)	215
Lukas (1.JH n.Chr.)	15
Luther, Martin (10.11.1483 – 18.02.1546)	17
Merkle, Regine (1875 - 1903)	294, 297
Meyer, Conrad Ferdiand (11.10.1825 – 28.11.1898)	182, 184, 185
Michler, Elli (12.02.1923 – 18.11.2014)	325
Möller, Marx (15.03.1868 – 09.11.1921)	288
Mörike, Eduard (08.09.1804 – 04.07.1875)	139, 141, 142, 143, 144

Mohr, Joseph (11.12.1792 – 4.12.1848)	145
Morgenstern, Christian (06.05.1871 – 31.03.1914)	290, 291, 292
Mühsam, Erich (06.04.1878 – 10.07.1934)	299, 300
Müller, Wilhelm (07.10.1794 – 01.10.1827)	108, 109
Müller-Jahnke, Clara (05.02.1860 – 04.11.1905)	215 - 220
Novalis (02.05.1772 – 25.03.1801)	59
Opitz, Martin (23.12.1597 – 20.08.1639)	18
Otto, Louise (26.03.1819 – 13.03.1895)	172
Paoli, Betty (30.12.1814 – 05.07.1894)	162
Platen, August von (24.10.1796 – 05.12.1835)	110
Pocci, Franz Graf von (07.03.1807 – 07.05.1876)	149, 150
Rambold, Franz Xaver (1883-1938)	304
Redern, Hedwig von (23.04.1866 – 22.02.1935)	253
Reinick, Robert (22.02.1805 – 07.02.1852)	146, 148, 312
Riedel, Carl (06.10.1827 – 03.06.1888)	185
Rilke, Rainer Maria (04.12.1875 – 29.12.1926)	295, 296, 297
Ringelnatz, Joachim (07.08.1883 – 17.11.1934)	305, 306, 308, 309, 310
Rist, Johann (08.03.1607 - 31.08.1667)	24
Ritter, Anna (23.02.1865 – 31.10.1921)	235-241
Röling, Johann (23.09.1634 – 25.08.1680)	27
Roquette, Otto (19.04.1824 – 18.03.1896)	171
Rosegger, Peter (31.07.1843 – 26.06.1918)	202
Rückert, Friedrich (16.05.1788 – 31.01.1866)	101, 103, 104
Saar, Ferdinand von (30.09.1833 – 24.07.1906)	192, 193
Sadee, Leopold (13.08.1879 – 08.02.1929)	302
Salus, Hugo (03.08.1866 – 04.02.1929)	254, 255, 256
Schefer, Leopold (30.07.1784 - 16.02.1862)	126
Schenkendorf, Max von (11.12.1783 . 11.12.1817)	92, 93
Scherenberg, Ernst (21.07.1839 – 19.09.1905)	197
Schlegel, August Wilhelm (08.09.1767 – 12.05.1845)	52
Schleifer, Leopold Mathias (9.03.1771 - 26.09.1842)	60
Schopenhauer, Adele (12.07.1797 – 25.08.1849)	127
Schröder, Rudolf Alexander (26.01.1878 – 22-08.1862)	301
Seidel, Heinrich (25.06.1842 – 07.11.1906)	198, 200
Sievers, Otto (05.05.1849 - 25.07.1889)	212
Spitteler, Carl (24.04.1845 – 29.12.1924)	201

Stelter, Karl (19.JH)	136
Stieler, Karl (15.12.1842 – 12.04.1885)	198
Storm, Theodor (14.09.1817 – 04.07.1888)	165, 166, 167, 168, 170
Strachwitz, Moritz Graf von	180
Thoma, Ludwig (21.01.1867 – 26.08.1921)	258, 259, 260, 284, 285
Tieck, Ludwig (31.05.1773 – 28.04.1853)	62
Tiger, Theobald siehe Kurt Tucholsky (09.01.1890 – 21.12.1935)	313, 314, 316
Traeger, Albert (12.06.1830 - 26.03.1912)	186
Trakl, Georg (03.02.1887 – 03.11.1914)	312
Trojan, Johannes (14.08.1837 – 21.09.1915)	196
Tucholsky, Kurt (09.01.1890 – 21.12.1935)	315
Uhland, Ludwig (26.04.1787 – 13.11.1862)	98
Vogel, Heinrich (09.04.1902 – 26.12.1986)	324
Weber, Friedrich Wilhelm (25.12.1813 – 05.04.1894)	153
Wildenbruch, Ernst von (03.02.1845 – 15.01.1909)	207, 208
Wille, Bruno (06.02.1860 – 31.08.1928)	222
Zäunemann, Sidonia Hedwig (15.01.1711 – 11.12.1740)	32, 35, 43
Zesen, Philipp von (08.10.1619 – 13.11.1689)	34
Zoozmann, Richard (13.03.1863 - 15.02.1934)	221

Von demselben Autor sind bei BOD bereits erschienen:

Alle Tage Feiertage
ISBN 978-3-7386-0409-2, 280 S.
Allerlei Anlässe zum Aktionieren, Feiern und Gedenken

Feste & Feiern
ISBN 978-3-7386-0407-8, 104 S.
Ein kleiner privater Kalender mit allerlei Feier- und Gedenktagen

100 Kinderlieder
ISBN 978-3-7322-3024-2, 112 S.
100 Kinderlieder, altbekannt und immer wieder gern gesungen

Liederbuch (Deutsche Volkslieder)
ISBN 978-3-8423-6702-9, 312 S.
300 Volkslieder aus 8 Jahrhunderten und aller Herren Länder

Tausenderlei über die Freiheit
ISBN 978-3-7322-9721-4, 140 S.
Mehr als 1000 Zitate, Bonmots und Aphorismen über die Freiheit

Tausenderlei über das Glück
ISBN 978-3-7322-5525-2, 160 S.
Mehr als 1000 Zitate, Bonmots und Aphorismen über das Glück

Tausenderlei über die Liebe
ISBN 978-3-8423-7474-4, 140 S.
Mehr als 1000 Zitate, Bonmots und Aphorismen zum Thema Nr. Eins

Weihnachtsgedichte– Verse, Reime und Gedichte zum Fest
ISBN , 352 S.
290 Werke bekannter und unbekannter Dichter zum Weihnachtsfest

Weihnachtsgeschichten - Erzählungen und Märchen
ISBN, 392 S.
85 kurze und lange Texte zur Weihnachtszeit

100 Weihnachtslieder
ISBN 978-3-7322-3375-5, 112 S.
100 Weihnachtslieder aus der Heimat und der ganzen Welt

Lob und Tadel an tessitore@web.de